新工科·普通高等教育汽车类系列教材

汽车评估

主编　马晓春　黄秋菊
参编　于　迪　吴艳秀

机械工业出版社

本书围绕汽车评估中涉及的理论知识及实践应用,按照基础知识、新汽车评估和旧汽车鉴定评估的顺序编写。全书共 8 章,依次为汽车基础知识、汽车的结构与特点、汽车技术等级的评定、新汽车评估、旧汽车鉴定评估、旧汽车收购评估、旧汽车销售评估、旧汽车评估系统与软件。

本书可作为高等院校交通运输、汽车服务工程、汽车运用工程等专业的教材,也适用于高职高专汽车类专业使用,还可作为从事汽车评估、汽车维修、汽车市场预测、汽车营销工作人员的学习、培训用书。

本书配有 PPT 课件,免费赠送给采用本书作为教材的教师,可登录 www.cmpedu.com 注册下载,或联系编辑(tian.lee9913@163.com)索取。

图书在版编目(CIP)数据

汽车评估/马晓春,黄秋菊主编. —北京:机械工业出版社,2020.10(2025.1重印)

新工科·普通高等教育汽车类系列教材

ISBN 978-7-111-66637-0

Ⅰ.①汽… Ⅱ.①马… ②黄… Ⅲ.①汽车-评估-高等学校-教材 Ⅳ.①U472

中国版本图书馆 CIP 数据核字(2020)第 184137 号

机械工业出版社(北京市百万庄大街 22 号 邮政编码 100037)
策划编辑:宋学敏 责任编辑:宋学敏 刘 静
责任校对:张玉静 封面设计:张 静
责任印制:郜 敏
中煤(北京)印务有限公司印刷
2025 年 1 月第 1 版第 3 次印刷
184mm×260mm・15.25 印张・345 千字
标准书号:ISBN 978-7-111-66637-0
定价:43.00 元

电话服务 网络服务
客服电话:010-88361066 机 工 官 网:www.cmpbook.com
　　　　　010-88379833 机 工 官 博:weibo.com/cmp1952
　　　　　010-68326294 金 书 网:www.golden-book.com
封底无防伪标均为盗版 机工教育服务网:www.cmpedu.com

前　　言

据统计，2019 年我国汽车保有量已达 2.6 亿辆，汽车保有量超 200 万辆的城市有 30 个。随着汽车技术的发展，混合动力汽车、纯电动汽车、无人驾驶汽车出现并迅速发展，传统汽车也在结构与性能方面探索用新的技术来提高与改善汽车的使用价值。新汽车的生产与销售在加快汽车产品更新换代的同时，还使旧汽车的市场占有率快速增加，因而需要对新汽车、旧汽车市场进行行业规范，实现公平合理的定价及有效有序的竞争，提高汽车后市场服务质量。

新汽车评估不仅要注重汽车企业的利润和发展，更要满足消费者的实际需求和社会环境的限定。因此在汽车定价时，要充分做好市场调研，要促进社会的进步，满足人们对物质与精神文化的诉求，定价的策略和方法要与时俱进，有的放矢。

旧汽车评估主要的问题出现在市场比较混乱、国家监督的政策法规不完善、专业技术人员欠缺等方面，因此需要懂理论会操作的专业人员制定规则、规范市场，促使旧汽车评估、销售、收购科学合理、公开公平地开展。

随着我国使用互联网人数的逐年增加，使用汽车评估系统与软件就显得更有效率，它可以不分人群、不分地域、不分国界，消费者可随时随地获取信息。

本书围绕汽车评估中涉及的理论知识和实践应用编写，知识体系完整，涵盖汽车评估的各个方面，内容编排合理、深浅适中、条理清晰、文字规范，并且理论联系实际，便于学生学习。

本书由东北林业大学马晓春、哈尔滨职业技术学院黄秋菊任主编。参加编写的还有：东北林业大学于迪和哈尔滨华德学院吴艳秀。具体编写分工如下：第 1 章、第 2 章由于迪编写，第 3 章、第 4 章由吴艳秀编写，第 5 章、第 6 章由黄秋菊编写，第 7 章、第 8 章由马晓春编写。

在本书编写过程中，编者参阅了大量文献资料，在此谨向其作者表示真挚的谢意。

由于编者的水平有限，书中难免有不当之处，恳请广大读者批评指正。

编　者

目　录

前言
第1章　汽车基础知识 ………………… 1
1.1　汽车的定义、分类及型号编制 …… 1
1.1.1　汽车的定义 ………………… 1
1.1.2　汽车的分类 ………………… 1
1.1.3　汽车型号与识别代码 ……… 5
1.2　汽车的贬值和使用寿命 …………… 9
1.2.1　汽车损耗及实体性贬值 …… 9
1.2.2　汽车的使用寿命 …………… 13
1.3　汽车报废 …………………………… 19
1.3.1　报废汽车的定义及原因 …… 19
1.3.2　汽车报废标准 ……………… 20
1.3.3　汽车报废涉及的问题 ……… 24
思考题 ……………………………………… 26

第2章　汽车的结构与特点 …………… 27
2.1　传统汽车的结构与特点 …………… 27
2.1.1　汽车结构参数 ……………… 27
2.1.2　汽车总体构造 ……………… 29
2.1.3　汽车的布置型式 …………… 32
2.2　新能源汽车的结构与特点 ………… 34
2.2.1　新能源汽车的定义 ………… 34
2.2.2　新能源汽车的分类 ………… 34
2.2.3　新能源汽车细节造型特点分析 …………………………… 51
2.3　智能汽车 …………………………… 55
2.3.1　智能汽车的定义 …………… 56
2.3.2　智能汽车的组成 …………… 57
2.3.3　形色各异的智能汽车 ……… 57
2.3.4　各个国家研制的智能汽车 … 58
2.3.5　智能汽车的层次与体系架构 … 59
思考题 ……………………………………… 61

第3章　汽车技术等级的评定 ………… 62
3.1　新汽车技术等级的评定 …………… 62
3.1.1　汽车的主要技术参数 ……… 62
3.1.2　汽车的主要性能指标 ……… 64
3.1.3　汽车性能检测的仪器 ……… 67
3.2　旧汽车技术等级的评定 …………… 77
3.2.1　静态检查 …………………… 77
3.2.2　动态检查 …………………… 81
3.2.3　仪器检查 …………………… 87
3.3　评定标准 …………………………… 88
思考题 ……………………………………… 89

第4章　新汽车评估 …………………… 90
4.1　新汽车的价格 ……………………… 90
4.1.1　新汽车的价值 ……………… 90
4.1.2　新汽车的价格定义及种类 … 91
4.1.3　汽车价值与价格的区别 …… 92
4.1.4　新汽车价格的构成 ………… 92
4.1.5　影响新汽车价格的因素 …… 93
4.1.6　汽车的特征价格 …………… 97
4.1.7　消费者的购车动机和购车行为分析 …………………………… 100
4.2　新汽车的定价目标 ………………… 105
4.2.1　利润导向的汽车定价目标 … 106
4.2.2　销量导向的汽车定价目标 … 107
4.2.3　竞争导向的汽车定价目标 … 108
4.2.4　质量导向的汽车定价目标 … 109
4.2.5　销售渠道导向的汽车定价目标 …………………………… 110
4.3　新汽车的定价方法 ………………… 110
4.3.1　定价理论的发展 …………… 110
4.3.2　定价理论的特征 …………… 111
4.3.3　汽车成本导向定价法 ……… 112
4.3.4　汽车需求导向定价法 ……… 114
4.3.5　汽车竞争导向定价法 ……… 116
4.4　新汽车的定价策略 ………………… 118
4.4.1　汽车新产品定价策略 ……… 119
4.4.2　折扣和折让定价策略 ……… 122
4.4.3　针对汽车消费者心理的定价策略 …………………………… 124
4.4.4　针对汽车产品组合的定价

　　　　策略 ………………………… 125
　4.4.5 基于消费者感知的汽车定价
　　　　策略 ………………………… 126
　4.4.6 产品价值和价格的四种组合
　　　　策略 ………………………… 128
　4.4.7 制定汽车价格策略应注意的
　　　　问题 ………………………… 129
4.5 新汽车评估实例 …………………… 130
　4.5.1 新汽车评估方法与步骤 …… 130
　4.5.2 实例：评估宝马 3 系（2013 版）
　　　　320L：豪华型 ……………… 131
思考题 ……………………………………… 134

第 5 章　旧汽车鉴定评估　135

5.1 资产评估 …………………………… 135
　5.1.1 资产评估的概念 ……………… 135
　5.1.2 资产评估的目的 ……………… 137
　5.1.3 资产评估的种类和特点 …… 139
　5.1.4 资产评估的作用 ……………… 140
　5.1.5 资产评估与清产核资的区别与
　　　　联系 ………………………… 141
　5.1.6 资产评估时应考虑的主要
　　　　因素 ………………………… 141
5.2 汽车资金的时间价值 ……………… 142
　5.2.1 资金的时间价值 ……………… 142
　5.2.2 相关概念 ……………………… 143
　5.2.3 资金时间价值的计算公式 … 144
　5.2.4 计算举例 ……………………… 146
　5.2.5 车辆投资方案的选择 ……… 147
5.3 旧汽车评估概述 …………………… 149
　5.3.1 旧汽车及其评估的定义和
　　　　要素 ………………………… 149
　5.3.2 旧汽车评估的特点 …………… 151
　5.3.3 旧汽车评估的依据、目的及
　　　　意义 ………………………… 152
5.4 旧汽车评估的方法 ………………… 154
　5.4.1 现行市价法 …………………… 155
　5.4.2 收益现值法 …………………… 159
　5.4.3 清算价格法 …………………… 166
　5.4.4 重置成本法 …………………… 168
思考题 ……………………………………… 179

第 6 章　旧汽车收购评估　181

6.1 旧汽车的合法鉴定 ………………… 181
　6.1.1 合法性的鉴别 ………………… 181

　6.1.2 汽车的主要证件 ……………… 181
　6.1.3 查验汽车号牌 ………………… 183
　6.1.4 各种汽车识伪检查 …………… 185
　6.1.5 车辆核查 ……………………… 188
6.2 旧汽车评估原则 …………………… 195
　6.2.1 工作原则 ……………………… 195
　6.2.2 经济原则 ……………………… 196
6.3 旧汽车收购估价 …………………… 196
　6.3.1 汽车折旧 ……………………… 196
　6.3.2 旧汽车收购定价的影响因素 … 200
　6.3.3 旧汽车收购定价的方法 …… 201
　6.3.4 实例分析 ……………………… 202
思考题 ……………………………………… 204

第 7 章　旧汽车销售评估　205

7.1 旧汽车销售市场 …………………… 205
　7.1.1 旧汽车市场营销 ……………… 205
　7.1.2 旧汽车交易市场的定义和
　　　　功能 ………………………… 208
　7.1.3 国内旧汽车交易市场概况 … 208
　7.1.4 国外旧汽车交易市场简介 … 211
7.2 旧汽车销售的特点、类型和风险 … 213
　7.2.1 旧汽车销售的特点 …………… 213
　7.2.2 旧汽车销售的类型 …………… 214
　7.2.3 旧汽车销售的风险 …………… 216
7.3 旧汽车销售定价 …………………… 217
　7.3.1 旧汽车销售定价的步骤 …… 217
　7.3.2 旧汽车销售中的四种价格 … 223
思考题 ……………………………………… 223

第 8 章　旧汽车评估系统与软件　224

8.1 旧汽车鉴定估价信息系统 ………… 224
　8.1.1 建立旧汽车鉴定估价信息系统
　　　　的意义 ……………………… 224
　8.1.2 旧汽车鉴定估价信息系统的
　　　　开发概述 …………………… 224
　8.1.3 旧汽车鉴定估价信息系统开发
　　　　的方法 ……………………… 226
　8.1.4 旧汽车鉴定估价信息系统的
　　　　分析与设计 ………………… 228
8.2 汽车评估软件 ……………………… 231
　8.2.1 软件介绍 ……………………… 231
　8.2.2 软件使用 ……………………… 232
思考题 ……………………………………… 235

参考文献　236

第1章　汽车基础知识

1.1　汽车的定义、分类及型号编制

1.1.1　汽车的定义

根据 GB 18352.6—2016《轻型汽车污染物排放限值及测量方法（中国第六阶段）》的规定，汽车是指由动力驱动，具有四个或四个以上车轮的非轨道承载的车辆，包括与电力线相连的车辆（如无轨电车），主要用于：① 载运人员和/或货物（物品）；② 牵引载运货物（物品）的车辆或特殊用途的车辆；③ 专项作业。

汽车是应用最广、数量最大、最常见、与广大人民群众关系最为密切的一种机动车。机动车是指由动力装置驱动或牵引、在道路上行驶供人员乘用或运送物品以及进行专项作业的轮式车辆，其主要类型有：汽车、挂车、汽车列车、摩托车及轻便摩托车、拖拉机运输机组和轮式专用机械车，但不包括任何在轨道上运行的车辆。

1.1.2　汽车的分类

汽车的类型较多，通常可按其用途、动力装置类型、行驶道路条件及驱动形式等进行分类。

1. 按用途分类

（1）**普通运输汽车**　现行国家标准 GB/T 3730.1—2001《汽车和挂车类型的术语和定义》将汽车分为乘用车和商用车，具体分类如图1-1所示。

1）乘用车。乘用车是指在设计和技术特性上主要用于载运乘客及其随身行李和临时物品的汽车，包括驾驶人座位在内总座位数不超过 9 个座位，它也可以牵引一辆挂车。

乘用车包括普通乘用车、活顶乘用车、高级乘用车、小型乘用车、敞篷车、仓背乘用车（以上六种乘用车俗称轿车）、旅行车、多用途乘用车、短头乘用车、越野乘用车及专用乘用车（如旅居车、防弹车、救护车和殡仪车）等。

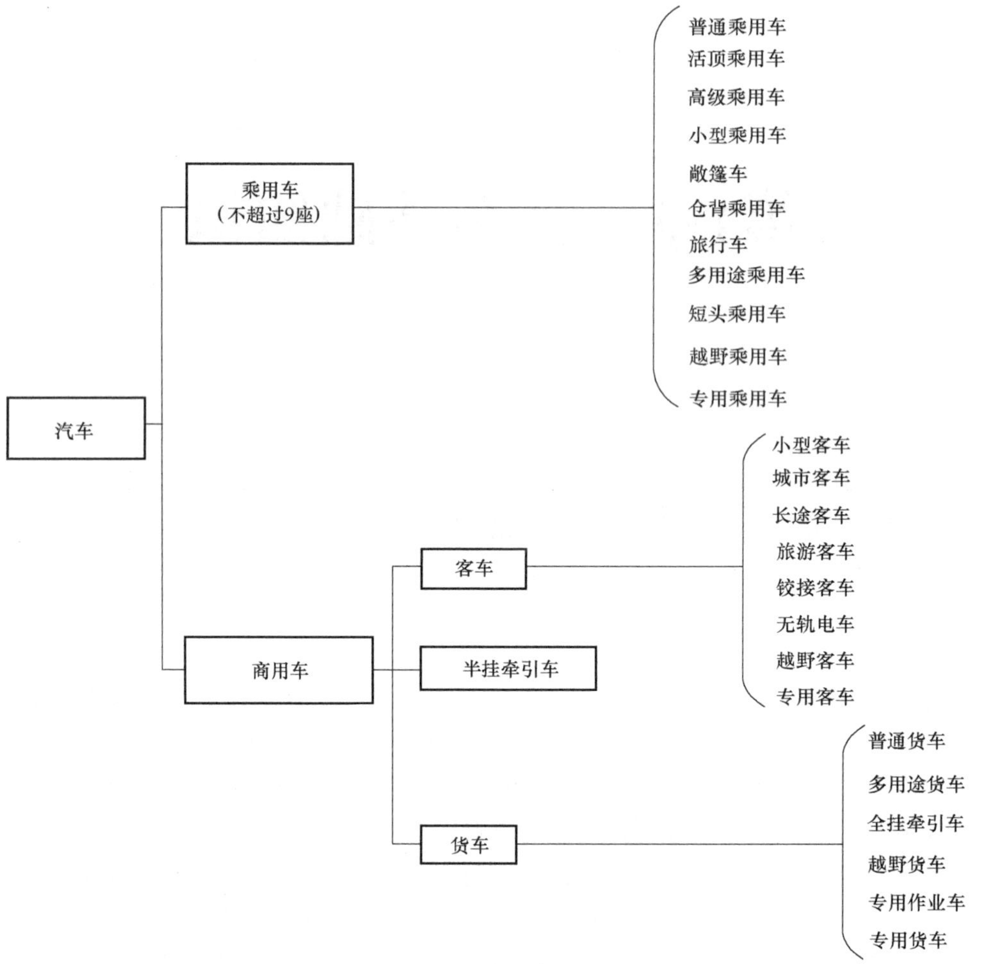

```
                                    ┌ 普通乘用车
                                    │ 活顶乘用车
                                    │ 高级乘用车
                                    │ 小型乘用车
                     ┌─乘用车────────┤ 敞篷车
                     │ (不超过9座)   │ 仓背乘用车
                     │              │ 旅行车
                     │              │ 多用途乘用车
                     │              │ 短头乘用车
                     │              │ 越野乘用车
                     │              └ 专用乘用车
                     │
                     │                          ┌ 小型客车
                     │                          │ 城市客车
                     │                          │ 长途客车
      汽车───────────┤              ┌─客车─────┤ 旅游客车
                     │              │           │ 铰接客车
                     │              │           │ 无轨电车
                     │              │           │ 越野客车
                     │              │           └ 专用客车
                     └─商用车───────┼─半挂牵引车
                                    │
                                    │           ┌ 普通货车
                                    │           │ 多用途货车
                                    └─货车─────┤ 全挂牵引车
                                                │ 越野货车
                                                │ 专用作业车
                                                └ 专用货车
```

图 1-1　汽车分类

2) 商用车。商用车是指在设计和技术特性上用于运送人员和货物的汽车，并且可以牵引挂车。商用车是载运乘客及其随身行李的车辆，包括驾驶人座位在内座位数超过9 座。

商用车包括客车（分为小型客车、城市客车、长途客车、旅游客车、铰接客车、无轨电车、越野客车、专用客车）、半挂牵引车、货车（分为普通货车、多用途货车、全挂牵引车、越野货车、专用作业车、专用货车）等。

图 1-2a 所示为牵引全挂车的汽车（货车或牵引车），用牵引钩和挂环挂接；图 1-2b 所示为半挂车的牵引车，用牵引座和牵引销连接；图 1-2c 所示为双挂汽车列车，由半挂牵引车和一辆半挂车、一辆全挂车组合；图 1-2d、图 1-2e、图 1-2f 所示为牵引特种挂车，用旋转式枕座与货物连接。

(2) 专用汽车　专用汽车是用基本车型改装，装上专用设备或装置，完成某种或某些专门作业任务的汽车。按其用途可分为专用作业车和专用运输车。

1) 专用作业车。它是指在汽车上安装特殊设备进行特定作业的汽车，如售货车、

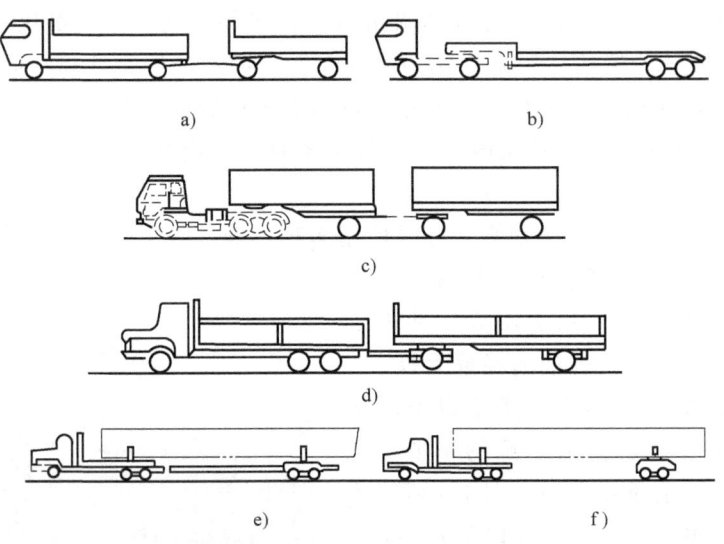

图 1-2 半挂牵引车与全挂牵引车

电视转播车、检阅车、救护车、消防车、救险车、垃圾车、应急车、街道清洗车、扫雪车等。图 1-3 所示为消防车。

2）专用运输车。它是车身经过改装，用来运输专门货物的汽车，如冷藏车、集装箱运输车等。

（3）特殊用途汽车

1）竞赛汽车。它是按照特定的竞赛规范而设计或改装的汽车，如一级方程式汽车、拉力赛汽车等。

2）娱乐汽车。它是指专供人们娱乐消遣的汽车，如房车、高尔夫球场专用汽车、海滩游玩汽车等。

2．按动力装置类型分类

（1）内燃机汽车

1）活塞式内燃机汽车。它是以活塞式内燃机为动力的汽车，活塞式内燃机

图 1-3 消防车

的燃料有汽油、柴油和代用燃料，代用燃料主要有合成液体石油、液化石油气、天然气、醇类等燃料。按照燃料的不同，内燃机汽车分为汽油机汽车、柴油机汽车和代用燃料汽车。

2）燃气轮机汽车。采用燃气机轮作为动力的车辆具有很大的优点：

① 加速性能好。燃气轮机功率大，从空载到最大功率只需不到 3s，将 50t 车辆从 0 加速到 30km/h 只需要 6s 左右，比柴油机快 2~3 倍，极大地提高了车辆的机动性与生

存性。

② 功率密度高。与同功率档的柴油机相比，燃气轮机的功率质量比为1.360，而柴油机为0.566；燃气轮机的体积功率比为0.000 73，而柴油机为0.000 96，在同等功率下，燃气轮机可以做得更小更轻，以便车辆承担更多负载或燃料。

③ 噪声低。柴油机工作时噪声大、颗粒污染物多，而燃气轮机排气温度低，杂质少，噪声低50%以上。

同时燃气轮机还具有起动方便、可以使用多种燃料、低转速高转矩等一系列优点。与此同时使用燃气轮机还存在一些缺点，如空气滤清量大、制造及使用成本高、冲击负荷大、频繁变换工况导致燃油消耗量大等。

（2）**电动汽车** 电动汽车是指以电动机为驱动机械，并有自身供电能源的车辆。电动汽车是汽车发展的重要方向。图1-4所示为电动汽车。目前电动汽车主要有以下几种：

1）蓄电池电动汽车。这是由蓄电池提供电能的汽车。蓄电池有铅酸蓄电池、镍镉蓄电池、镍氢蓄电池或锂离子蓄电池。传统的铅酸蓄电池有质量大、比能量低、充电时间长、寿命短等缺点，传统的铅酸蓄电池电动汽车的续驶里程短。目前，主要发展锂离子蓄电池替代传统的铅酸蓄电池。

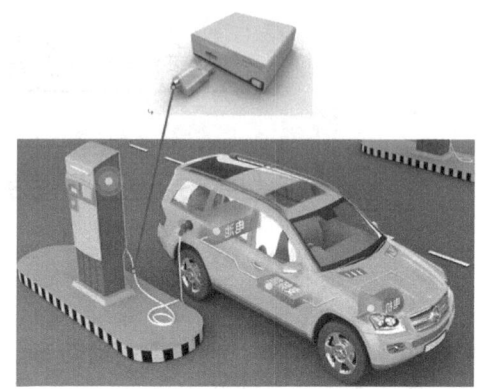

图1-4 电动汽车

2）燃料电池电动汽车。这种汽车的工作原理是使燃料在转化器中产生反应而释放出氢气，再将氢气输入燃料电池中与氧气结合而发出电力，先推动电动机工作再驱动车辆行驶。

3）混合动力电动汽车。它是装备两套动力装置的车辆。这种车辆通常装有内燃机-发电机组以及蓄电池。汽车低负荷时，发电机组除向驱动汽车的电动机供电外，多余的电能存入蓄电池；汽车高负荷时，蓄电池参与功能。这种车辆的优点是油耗和排放仅为同级别内燃机汽车的1/3，而且克服了蓄电池电动汽车动力性差、续驶里程短的缺点，其缺点是传动系统结构和动力控制系统复杂。

（3）**喷气式汽车** 这是依靠航空发动机或火箭发动机以及特殊燃料，并以喷气反作用力驱动的轮式汽车。这种汽车只能用于创造速度纪录，普通汽车和竞赛汽车都不允许采用这种结构形式。

（4）**太阳能汽车** 太阳能汽车是以太阳能为动力的汽车。这种汽车上装有太阳能电池板，将太阳能转变为电能供汽车使用。太阳能汽车的优点是使用太阳能，缺点是电池板供能低。

3. 按行驶道路条件分类

（1）**公路用汽车** 公路用汽车是指适于公路和城市道路行驶的汽车。这种汽车的外廓尺寸（总长、总宽、总高）和单轴负荷等均受交通法规的限制。

（2）**非公路用汽车** 非公路用汽车分为两类：①其外廓尺寸和单轴负荷等参数超

过公路用汽车法规的限制，只能在矿山、机场、工地、专用道路等非公路地区使用；②在其设计上所有车轮同时驱动（包括一个驱动轴可以脱开的车辆），允许在非道路上行驶的一种车辆，称为越野汽车。根据国家标准GB/T 3730.1—2001 的规定，越野汽车有越野乘用车、越野客车和越野货车之分。图 1-5 所示为生活中常见的越野乘用车。

图 1-5　越野乘用车

4．按驱动形式分类

按驱动形式，汽车分为非全轮驱动汽车和全轮驱动汽车两种类型。在非全轮驱动汽车中，部分车轮为驱动轮，有前轮驱动和后轮驱动两种形式，分别为前轮驱动的汽车和后轮驱动的汽车。所有车轮都是驱动轮的汽车为全轮驱动的汽车。前轮驱动、后轮驱动和全轮驱动的汽车分别为前轮、后轮和全部车轮与发动机相连，接受发动机输出的动力和运动，其驱动轮分别为前轮、后轮和全部车轮。普通轿车、客车和货车为非全轮驱动汽车，越野汽车为全轮驱动汽车。

汽车的驱动形式常用符号"$n×m$"表示，其中 n 是车轮总数（装在同一个轮毂上的双轮胎仍算一个车轮），m 是驱动轮数。例如，汽车的驱动形式为 4×2，为非全轮驱动汽车，其车轮总数为 4，驱动轮数为 2；又如，汽车的驱动形式为 4×4、6×6、8×8 等，为全轮驱动汽车，车轮总数和驱动轮数相同，分别为 4、6 和 8。

1.1.3　汽车型号与识别代码

1．国产汽车型号编制规则

参考 GB 9417—1988《汽车产品型号编制规则》[一]，汽车型号应能表明汽车的厂牌、类型和主要特征参数等。汽车型号应由汉语拼音字母和阿拉伯数字组成，不适用于军用特种车辆（如装甲车、水陆两用车、导弹发射车等）。汽车的产品型号由企业名称代号、车辆类别代号、主参数代号、产品序号组成，必要时附加企业自定代号。对于专用汽车及专用半挂车还应增加专用汽车分类代号。汽车编号包括首部、中部和尾部三部分，如图 1-6 所示。

（1）**首部**　由 2 个或 3 个拼音字母组成，是企业代号，如 CA 代表一汽、EQ 代表二汽、SH 代表上汽等。

（2）**中部**　由 4 位数字组成，分为首位、中间两位和末位数字三部分，其含义见表 1-1。

[一]　此标准虽已作废，但仍被许多企业参考使用。

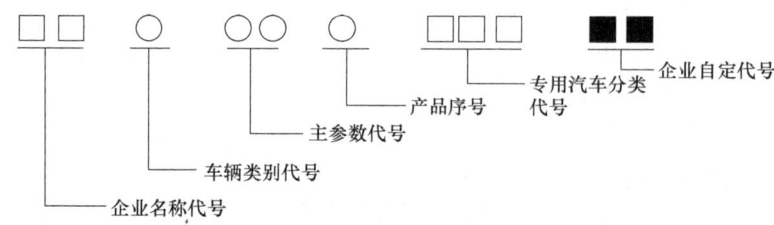

图 1-6 汽车编号组成

表 1-1 汽车型号中部 4 位阿拉伯数字代号的含义

首位数字表示汽车类型		中间两位数字表示各类汽车的主要特征参数	末位数字表示企业自定产品序号
1	载货汽车	表示汽车总质量(单位为 t)的数值： 当汽车总质量小于 10t 时,前面以"0"占位 当汽车总质量大于 100t 时,允许用 3 位数字	以 0,1,2,…依次排列
2	越野汽车		
3	自卸汽车		
4	牵引汽车		
5	专用汽车		
6	客车	表示汽车总长度的数字,单位为 0.1m 当表示汽车总长度小于 10m 时,单位为 m	
7	轿车	表示汽车发动机的工作容积的数值,单位为 0.1L	
8	—	—	
9	半挂车及专用半挂车	表示汽车的总质量(单位为 t)的数值： 当汽车总质量小于 10t 时,前面以"0"占位 当汽车总质量大于 100t 时,允许用 3 位数字	

（3）尾部　由两部分组成。前部分由 3 个拼音字母组成，表示专用汽车分类代号，如 X 表示厢式汽车、G 表示罐式汽车、Z 表示专用自卸汽车、T 表示特种结构汽车、J 表示起重举升汽车、C 表示仓栅式汽车等（见表 1-2）；后部分表示企业自定代号，可用汉语拼音字母和阿拉伯数字表示，尾数由企业自定。

例如，型号 CA 1092 表示一汽生产的货车，质量为 9t，末位数字 2 表示在原车型 CA 1091 的基础上改进的新型；型号 CA 7226L 表示一汽生产的轿车，发动机工作容积 2.2L，序号 6 表示安装 5 缸发动机的车型，尾部字母 L 表示加长型（小红旗加长型中级轿车）。

表 1-2 专用汽车分类代号

厢式汽车	罐式汽车	专用自卸汽车	特种结构汽车	起重举升汽车	仓栅式汽车
X	G	Z	T	J	C

以原汉阳特种汽车制造厂生产的第一代质量为 9.7t 的食用植物油加油车型号为例，

其产品型号及含义如图1-7所示。

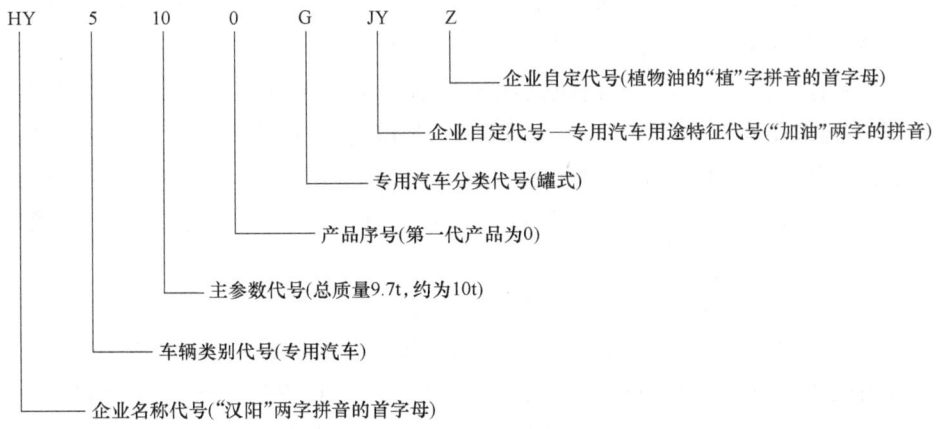

图1-7 专用汽车产品型号含义举例

2. 车辆识别代号的基本内容与组成

（1）VIN基本内容　车辆识别代号（Vehicle Identification Number，VIN），又称底盘编号、车架号、17位码，是一个根据国际标准ISO 4030或ISO 3779，由17个大写英文字母（其中不包括I、O、Q）或阿拉伯数字组成的30年周期内全球唯一的道路机动车识别号码，相当于机动车的"身份证号码"。

VIN根据每个国家的车辆管理标准确定，包含了车辆的生产厂家、年代、车型、车身型式及代码（对于承载式车身和极个别底盘车）、发动机代码及组装地点等信息。新的行驶证在"车架号"一栏一般都打印VIN。绝大多数底盘车的VIN与所装配车身的制造商无关。

我国境内生产的机动车VIN执行GB 16735标准，其首位是字母L和H，执行"3位厂商代码+5位特征代码+1位验证数字+1位制造年份+1位装配厂代码+6位尾号（或3位小厂代码+3位尾号）"的ISO 4030标准格式。小型车的VIN一般能够在前风窗玻璃的右下角查阅到。

每一辆机动车（汽车等）都必须有一个30年周期内全世界唯一的车辆识别代号，且必须打印在车辆的某处不可拆卸的构件上。VIN不论是ISO 4030还是ISO 3779标准，均不得出现字母I、O、Q，以免同数字1、0和9混淆。前三位世界制造厂识别代号（WMI）所属的国家和地区由ISO 3780指定，对应我国国标是GB 16737。

我国于2020年1月1日起实行VIN的现行标准《道路车辆　车辆识别代号（VIN）》（GB 16735—2019），以取代2004年版的标准。根据其附属标准《道路车辆　世界制造厂识别代号（WMI）》（GB 16737—2019），我国VIN的首位是L或H，其中"H"字头为2019年新引入。

（2）VIN的构成　根据GB 16735—2019的说明，17位VIN需满足以下格式：

第1~3位——世界制造厂识别代号（World Manufacturer Identifier，WMI），记载厂商的地理区域和国别。

第4~9位——车辆说明部分（Vehicle Descriptor Section，VDS），包含5位车辆一

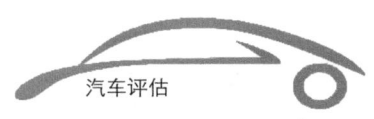

般特征代码和 1 位检验位。

第 10~17 位——车辆指示部分（Vehicle Indicator Section，VIS），包含一位年份代码、一位装配厂代码和 6 位生产顺序号。

1）世界制造厂识别代号。车辆识别代号的前三位是 WMI，决定了机动车辆的制造厂商，有的还记载了车辆的类型（如中国一汽的 LFP 是轿车，LFW 是载货汽车，LFV 是一汽大众）。其中第一位的范围决定了厂商所属的地理区域，前两位决定了厂商的国家或地区，每个前两位范围对应的国家或地区由 ISO 3780 标准指定，第三位确定了车辆的制造厂。

我国大陆的 WMI 码前两位是 LA~LZ、L0~L9，最新标准 GB 16737—2019 又引入了国际为我国大陆新分配的范围 HA~HZ、H0~H9，台湾地区是 RF~RK。

2）车辆说明部分。VIN 的第 4~8 位是机动车的一般特征代码，可记载车辆类型、车辆结构特征、车辆装置特征、技术特性参数等一般特征信息。具体内容见表 1-3。

表 1-3　车辆的一般特征代码的内容

车辆类型	一般特征代码必须包含的内容
乘用车	车身类型、动力系统特征[①]
客车	车辆长度、动力系统特征[①]
货车（含牵引车、专用作业车）	车身类型、车辆最大设计总质量、动力系统特征[①]
挂车	车身类型、车辆最大设计总质量
非完整车辆	车身类型[②]、车辆最大设计总质量、动力系统特征[①]

[①] 其中对于仅发动机驱动的车辆至少包括对燃料类型、发动机排量和/或发动机最大净功率的描述；对于其他驱动类型的车辆，至少应包括驱动电机峰值功率（若车辆具有多个驱动电机，应为多个驱动电机峰值功率之和）、发动机排量和/或发动机最大净功率（若有）的描述。
[②] 车身类型分为承载式车身、驾驶室-底盘、无驾驶室-底盘等。

国家标准及其母标准 ISO 4030 规定 VIN 的第 9 位是检验位，其作用是检验 VIN 誊写的准确性。

3）车辆指示部分。VIN 的第 10 位是制造年份代码，每 30 年一周期（机动车的寿命一般不超过 30 年）。车型年份与指示字母的对应关系见表 1-4。

表 1-4　车型年份与指示字母的对应关系

年份	代码	年份	代码	年份	代码	年份	代码
1991	M	2001	1	2011	B	2021	M
1992	N	2002	2	2012	C	2022	N
1993	P	2003	3	2013	D	2023	P
1994	R	2004	4	2014	E	2024	R
1995	S	2005	5	2015	F	2025	S
1996	T	2006	6	2016	G	2026	T
1997	V	2007	7	2017	H	2027	V
1998	W	2008	8	2018	J	2028	W
1999	X	2009	9	2019	K	2029	X
2000	Y	2010	A	2020	L	2030	Y

VIN 的第 11 位是装配厂代码。不同的厂房有不同的装配厂代码。例如广汽丰田的 VIN 第 11 位为 G（"广州"的首字母）。

如果车辆制造厂生产年产量大于或等于 1000 辆的完整车辆和/或非完整车辆，VIS 的第 3~8 位字码（即 VIN 的第 12~17 位）用来表示生产顺序号。

如果车辆制造厂生产年产量小于 1000 辆的完整车辆和/或非完整车辆，则 VIS 的第 3、4、5 位字码（即 VIN 的第 12~14 位）应与第一部分的 3 位字码一同表示一个车辆制造厂，VIS 的第 6、7、8 位字码（即 VIN 的第 15~17 位）用来表示生产顺序号。

例如，中国重汽集团济南豪沃客车有限公司制造的 JK6126GPHEVN5Q2 插电式混合动力城市客车（底盘为承载式车身），其 VIN 就有 LB9CBDPM×××JHW××× 和 LE9CBDPM×××JHW××× 两种，但两种 VIN 表示的车型都是一样的。这里第 2 位 B 和 E 是厂商申请的尾号扩展码，第 3 位 9 是小厂商的标志，JHW 是真正的厂商代码（济南豪沃）。

1.2 汽车的贬值和使用寿命

1.2.1 汽车损耗及实体性贬值

一般来说，汽车的损耗有两种形式，即有形损耗和无形损耗。

1. 汽车的有形损耗及贬值

（1）**汽车的有形损耗** 汽车的有形损耗是指其本身实物形态上的损耗，又称物质损耗。它是汽车在存放和使用过程中，由于物理和化学原因而导致车辆实体发生的价值损耗，即由于自然力的作用而发生的损耗。有形损耗的发生有两种情况：

1）汽车在使用过程中，由于零部件发生摩擦、冲击、振动、腐蚀、疲劳和日照老化等现象而产生损耗。这种有形损耗通常表现为汽车零部件的原始尺寸、间隙发生变化，公差配合性质和精度降低；零部件变形，产生裂纹，以致断裂损坏等。汽车有形损耗具有一定的规律性，大致可分为三个阶段。

第一阶段为初期磨损阶段。在这个阶段，汽车的行驶速度不能太高，最好不要满载运行。因为汽车零部件在加工装配过程中，其相对运动的表面不可避免地具有一定的粗糙度，当相互配合做相对运动时，表面上的凸峰由于摩擦很快被磨平，配合间隙适中。对于汽车磨合期里程的长短，各汽车公司都有严格的规定。一般欧美国家的汽车约为 7000km，日本汽车约为 5000km，也有的汽车为 3000km，甚至有的车型，如天津一汽产的雅酷自动档 1.3L 排量的汽车，则为 1500km。使用中必须按汽车厂家的规定，跑到磨合期的里程数，必须按时去进行首次保养，更换机油，清洗空气滤清器，调整间隙等，使汽车处于最佳状态。

第二阶段为正常磨损阶段。在这个阶段汽车零部件表面上的高低不平已被磨去，磨损速度较第一阶段缓慢，磨损情况较稳定，磨损量基本随行驶里程的增加而均匀正常地增加，持续时间较长。这一阶段车主应严格按照汽车制造厂家在使用手册中规定的技术要求使用汽车，也就是通常所说的正常使用，尽可能延长其正常磨损阶段。

第三阶段是急剧磨损阶段。这一阶段由于破坏了正常磨损关系,从而使磨损加剧,磨损量急剧上升。此时,汽车各零部件的精度、技术性能和效率明显下降,使用费用急剧增加,油耗、排放超常提高,显示出汽车已达到它的使用寿命。

从上述磨损规律可知:如果汽车在使用中加强维护保养,合理使用,则可延长其正常使用阶段的期限,从而提高经济效益,减少使用费用的支出。此外,对汽车要定期进行检查,发现问题,及时解决,"小病不理,大病吃苦",在进入急剧磨损阶段之前,就进行维修,以免汽车遭到不可逆转的破坏性损耗。

2)汽车在存放闲置过程中,由于自然力的作用,而受到腐蚀、老化或由于管理不善和缺乏必要的养护而自然丧失精度和工作能力。这种损耗与闲置时间和保管条件有关。例如,起动用蓄电池在长期闲置中,如没有定期进行养护,则会使其丧失工作能力而报废。又如,发动机在长期的闲置中,首先应该进行封存,或至少每年要进行维修养护保养和发动一次,否则就有可能因缸内锈蚀而影响其使用寿命。

汽车存在着的上述两种损耗形式往往不是以单一形式表现出来的,而是共同作用。其损耗的技术后果是汽车的使用性能变差,价值降低,到一定程度可使汽车完全丧失使用价值。在经济上,会导致汽车使用费用不断上升,经济效益逐步下降。在有形损耗严重时,若不采取措施,会引起行车事故,从而带来极大的经济损失,甚至危及生命。

(2) 汽车实体性贬值 汽车实体性贬值是指因车辆的有形损耗引起的车辆贬值。车辆的有形损耗没有办法避免,因此车辆的实体性贬值会随着车辆的使用时间延续而不断积累。车辆经过修理后,有形损耗予以消除,但是因有形损耗而产生的实体性贬值则不会消失。

在评估工作中,根据评估师主观的估算或是行业的约定俗成来确定车辆的有形损耗,常用的方法称为观察法。观察法是评估师通过观察,凭借视觉、听觉、触觉,或借助少量的检测工具,对车辆进行检查,根据经验对鉴定对象的状态、损耗程度做出判断,综合分析车辆的设计、使用、磨损、修理、改装情况和剩余使用寿命等因素,判断评估对象的有形损耗率,从而估算出车辆的实体性贬值。在不具备测试条件的情况下,这是最常使用的方法,也被称为成新率法,即确定某车辆有几成新。

注意:旧车评估师在检查旧车车况时,要仔细确定需要马上更换的部件,并估算需要修理、更换部件的费用,这些费用也属于实体性贬值,需要反映在交易价格中。例如捷达的一个轮胎磨损较严重,换轮胎和做四轮定位的费用加起来需要 600 元左右;左侧车门上有划痕,需要修复一下,价格大约是 300 元。这些费用合起来是 900 元,谈价格时需要很有技巧性地、掌握分寸地将其考虑进去。

2. 汽车的无形损耗及贬值

(1) 汽车的无形损耗 无形损耗是指由于科学技术的进步和发展、市场供需关系的变化、国家政策调整等因素,从而导致车辆的损耗与贬值。这也分两种情况。

1)因技术不断进步引发劳动生产率的提高。现在再生产制造与原性能和结构相同的车辆,其社会必要劳动时间减少,致使重新生产制造结构相同车辆的成本降低,造成现有车辆的价值损耗而贬值。这种无形损耗并不影响汽车本身的技术特性和功能,汽车可以继续使用,一般也不需要更新。但是,若汽车的贬值速度比维修汽车的费用提高的速度还要快，修理费用高于贬值后的车辆价值，这时就应考虑更新了。

2）因科学技术的进步，不断出现性能更完善、运输效率更高的车辆而使原有车辆在技术上显得陈旧和落后，而产生损耗和贬值。这时，如果继续使用原有车辆，就会降低经济效益，这种经济效益的降低，反映在原有车辆使用价值的局部或全部丧失，这就产生了用新的车辆来取代原有旧车辆的必要性。不过这种更新的经济合理性取决于原有车辆的贬值及经济效益下降的幅度。例如，电控燃油喷射系统的成功使用，使汽车的燃油经济性和排放污染都有明显的改善，使原有化油器汽车产生贬值，并逐渐被淘汰而退出市场。

二手车市场属于易受外部环境影响的市场，通俗地来讲，由于与车辆本身的实物状态和技术状况无关的外部原因导致的车辆的价值损耗都属于汽车的无形损耗。

（2）**汽车的贬值** 根据导致车辆贬值的因素不同，将其分为功能性贬值、经济性贬值和营运性贬值。

1）功能性贬值。功能性贬值是指由于科学技术的发展导致的车的贬值。由于科学技术日新月异，车的换代很快，大部分车都存在这种贬值。同型号全新车的价格越低，就表示旧车的功能性贬值越大。在评估的过程中，分两种情况对功能性贬值进行估算：

① 如果在现实市场上能够买到与被评估车相同的，且制造厂家继续生产的全新车，那么该车的功能性贬值即为被评估车原购车价与全新车的市场价之间的差值。这也是常用的确定功能性贬值的方法。

② 如果该车属于已停产车或已淘汰车，找不到该车型新车的市场价，只好采用类比法来计算。类比法采用的是与被评估车的类别、主要性能参数、结构特征相同，只是生产序号不同，并做局部改动的车，但是这种车通常比原车型有所改进，故其价值通常会比原车型价值更高。因此，在类比时，需要根据参照车的功能变化情况测算全新的原车在目前市场上的价格。

2）经济性贬值。除了由于科学技术的发展和生产力水平提高外，外部经济环境的变化也会引起车辆贬值。外部经济环境有国家宏观经济政策、通货膨胀、市场需求变化和不断增强的环境保护要求等。例如油价的上涨令车主对大排量的汽车望而生畏，大量的"油老虎"流入了二手车交易市场，一些车型的折旧率飙升，反而是小排量的汽车受到青睐。另外，商业银行提高车贷门槛或是国家提高排放标准等外部因素都会导致旧的大排量车型价格的显著下跌。

许多人都知道买车需要全面考虑购车成本与养车成本，常听到一个词——保值率，保值率与成新率一样是旧车评估的一个重要指标。保值率是指车辆用一段时间后，将其卖出时的交易价格与其新车账面原值的比值。它取决于汽车的品牌、汽车性能、配件价格及维修便捷程度等多项因素，是汽车综合水平的体现。消费者非常重视车型的保值率，许多购车指导刊物或网站都将保值率视为重要的车型推荐理由。

保值率高的车型的最大优势在于它的价格受降价风潮影响不大，使消费者承受较小的因产品贬值而造成的经济损失。相反，保值率低的车型受降价风潮的影响很大，车辆很容易贬值。简单的保值率计算公式并不能客观实际地表现二手车真正意义上的保值率。消费者需要知道的保值率应该是以汽车原价为依据，加之考虑到周围环境如功能性

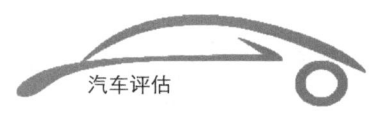

贬值、经济性贬值等诸多因素归结出的一个综合指标。

中国汽车保值率研究委员会发布《2018 中国汽车保值率报告》暨新能源汽车保值率研究成果。整体来看,各级细分市场的车龄保值率随着车龄的增长而逐步分化,车龄 1~5 年保值率表现最佳为中大型运动型多功能汽车(SUV),表现最差为微型轿车,其余各级别表现差异不大,相对稳定集中。表 1-5 为国产各级别车型车龄 1~5 年保值率,表 1-6 为小型轿车保值率。汽车保值率不仅在消费者选购汽车时起决策作用,更为我国二手车市场交易、汽车金融租赁、汽车维修与保养、汽车生产规划等方面的发展提供了重要而又现实的指导意义。

表 1-5 国产各级别车型车龄 1~5 年保值率

车型级别	1 年保值率	2 年保值率	3 年保值率	4 年保值率	5 年保值率
微型轿车	62.88%	55.95%	48.94%	42.42%	36.47%
小型轿车	66.94%	61.34%	53.56%	47.92%	42.42%
紧凑型轿车	67.22%	60.31%	53.64%	48.10%	42.46%
中级轿车	70.61%	64.03%	57.63%	51.33%	45.38%
中高级轿车	69.24%	62.56%	56.73%	51.06%	46.30%
小型 SUV	70.78%	64.33%	58.41%	51.60%	46.62%
紧凑型 SUV	69.61%	61.85%	54.69%	48.50%	43.10%
中型 SUV	70.70%	65.39%	57.61%	51.14%	46.12%
中大型 SUV	75.81%	70.48%	64.13%	60.40%	55.66%
MPV	70.53%	62.98%	56.26%	49.76%	44.82%

表 1-6 小型轿车保值率

车系名称	1 年保值率	2 年保值率	3 年保值率	4 年保值率	5 年保值率
广汽本田 飞度	78.52%	72.14%	65.42%	56.92%	50.43%
一汽丰田 威驰	74.67%	68.17%	62.67%	57.29%	50.75%
上汽大众 POLO 两厢	72.02%	66.34%	61.14%	53.39%	47.55%
广汽丰田 致炫	70.39%	66.19%	60.19%	54.09%	—
上汽大众 CROSS POLO	70.46%	65.09%	59.88%	53.62%	46.29%
东风日产 骊威	68.28%	63.86%	58.22%	53.78%	49.33%
长安铃木 雨燕	69.85%	64.25%	57.73%	52.35%	47.12%
东风悦达起亚 K2 三厢	67.45%	62.36%	56.48%	51.94%	47.60%
上汽通用雪佛兰 赛欧 3	66.98%	61.23%	56.08%	—	—
上汽大众斯柯达 晶锐	71.21%	65.12%	55.18%	47.85%	44.17%

3)营运性贬值。由于设计水平和制造技术的提高,市场上出现了性能更优的同类车型,其燃油消耗、故障率还有配件价格等更低,致使原有车型的功能相对新车型已经落后,相比而言,旧车的营运成本更高,增加的营运成本即为车辆的营运性贬值。例如,新款的爱丽舍出租车燃油消耗率更低,维修保养及配件方面价格更优惠,老款的爱丽舍与新款车型完成相同工作任务时,就产生了一部分超额营运成本。在评估营运车辆时,不能忽略车辆的营运性贬值。

估算营运性贬值的步骤如下:

1)选定参照物,与参照物对比,计算营运成本有差别的内容和差别的量值。

2)确定原车辆尚可使用的年限。

3）确定国家所得税税率及当前的折现率。

4）通过计算超额收益，最后计算出营运性贬值。

营运性贬值具体计算方法参照下例。

> **例 1-1** 两辆东风载重 10t 的载货汽车，用于个体载货经营，还有 5 年的经济使用寿命，汽车每天营运 150km，全年可出勤 250 天，燃油费用按 7 元/L 计算，各项营运成本对比见表 1-7。
>
> 表 1-7 各项营运成本对比
>
> | 项目 | A 车 | B 车 |
> | --- | --- | --- |
> | 耗油量/(L/100km) | 20 | 17 |
> | 每年维修费（万元） | 3.5 | 2.8 |
>
> 求 A 车相对于 B 车的营运性贬值。
>
> **解**：A 车相对 B 车每年超额燃油费用为（20L−17L）×7 元/L×150km/100km×250＝7875 元。
>
> A 车每年超额维修费用为 35000 元−28000 元＝7000 元。
>
> A 车总的超额营运成本为 7875 元＋7000 元＝14 875 元。
>
> 所得税率为 25%，则税后超额营运成本为 14 875 元×(1−25%)＝11 156.25 元。
>
> 取载货汽车预期收益的折现率为 10%，按照 10% 的折现率可计算出 5 年的折现系数为 3.7908，则在剩余的使用寿命中，A 车相对 B 车的营运性贬值为
>
> 11 156.25 元×3.7908＝42 291.11 元

1.2.2 汽车的使用寿命

汽车的使用寿命是指从技术和经济上分析所得出的汽车的使用年限。

汽车在使用过程中由于磨损、老化等原因，其性能随着使用年限（或行驶里程）的增加而逐渐下降，到了一定期限就应报废，这是一种自然规律。

如果把汽车的使用寿命无限延长，不断地进行维修，用很高的代价来持续车辆运行，这就必然会出现车况下降，需消耗大量的配件和材料，花费较多的劳动工时，致使维修费用急剧上升。由于车辆老旧，其动力性、经济性都将大幅下降，造成燃料、润滑材料消费增加。此外，小修频率上升，零部件的可靠性与汽车完好率下降，同时还会使汽车的平均技术速度下降，排气污染与噪声严重。必须更新现有劣等汽车，提高工作效率，降低费用，减少污染。因此，研究汽车的使用寿命对汽车评估具有重要意义。

汽车使用寿命主要可分为技术使用寿命、经济使用寿命、合理使用寿命、自然使用寿命和汽车折旧寿命。

1. 技术使用寿命

汽车的技术使用寿命是指汽车已达到技术极限状态，而不能用维修的方法恢复其主要使用性能的使用期限。汽车的技术使用寿命取决于汽车各总成的设计水平、制造质量和合理使用与维修。其技术极限状态在结构上表现为零部件的工作尺寸、工作间隙极度

超标，在性能上表现为汽车的动力性、使用经济性、使用安全性和可靠性极度下降。汽车到达技术使用寿命时，应进行报废处理。

2. 经济使用寿命

汽车的经济使用寿命是指汽车从全新状态投入生产开始，到年平均总费用最低的使用年限。超过这个年限，汽车在技术上仍可继续使用，但年平均总费用上升，在经济上不宜继续使用。从汽车使用总成本出发，分析车辆制造成本、使用与维修费、管理费、车辆当前的折旧以及市场价格变化等因素，才能确定汽车的经济使用寿命。在汽车更新政策允许的情况下，汽车用户在更新车辆时应以经济使用寿命为依据。

（1）**年平均总费用** 年平均总费用是车辆在使用年限内，年平均折旧费用与该汽车发生的经营费用之和。年平均总费用是随使用时间而变化的函数。汽车使用至一定年限会出现年平均总费用的最低值。

决定年平均总费用最低的横坐标上标示的年限，就是汽车的经济使用寿命，即

$$T_0 = \sqrt{2K_0/L}$$

式中　T_0——汽车的经济使用寿命；

　　　K_0——汽车购置费用；

　　　L——汽车经营费用的逐年增长值。

汽车经济使用寿命是汽车经济效益最佳时机。在汽车更新政策允许的情况下，汽车用户在更新车辆时应以经济使用寿命为依据。

（2）**汽车经济使用寿命的主要指标** 汽车在经济使用寿命时期内，其使用的经济效益最佳，因此得到了广泛的关注。研究表明：在汽车经济使用寿命时期内，汽车制造费用平均只占总费用的15%，而使用和维修费则占85%。

发达国家的汽车经济使用寿命完全按经济规律确定，除考虑车辆本身的运行费用增长外，还须考虑新车型性能的改进和价格下降等因素。表1-8列出了几个主要国家的载货汽车的平均经济使用寿命。

表1-8　主要国家的载货汽车的平均经济使用寿命

国别	美国	日本	德国	法国	英国	意大利	中国
平均经济使用寿命/年	10.3	7.5	11.5	12.1	10.6	11.2	10

汽车经济使用寿命的主要指标有规定使用年限、行驶里程、使用年限和大修次数。

1）规定使用年限。规定使用年限是汽车从投入运行到报废的年数。用其作为经济使用寿命的指标，除考虑了运行时间以外，还考虑了汽车停驶闲置期间的自然损耗。这种计量方法虽然较简单，但是尚未真实地反映出汽车的使用强度和使用条件对寿命的影响，造成同年限汽车差异较大。例如，两辆同型号的汽车，一辆每天运行8h，另一辆则每天只运行2h，其使用强度相差很大，但规定使用年限是一样的。

我国汽车的规定使用年限及行驶里程参考值参照2012年发布的《机动车强制报废标准规定》。

2）行驶里程。行驶里程是指汽车从开始投入运行到报废，这期间累计行驶的里程

数。将其作为汽车使用寿命的指标比较客观地反映了汽车的使用强度，但它也不能反映使用条件对汽车的影响，也未考虑汽车停驶闲置期间的自然损耗。例如，有的汽车长年在大、中城市行驶，道路全为铺设路面。而有的汽车则长期在山区、边远地区行驶，道路条件较差。使用行驶里程这个指标，则没有考虑这种差异。

应该说，汽车累计行驶里程数是考虑汽车各项技术性能指标的重要参数，是一个很实用、很实际的指标，充分反映了汽车使用强度的大小。汽车使用性质不同，同年限的汽车其累计行驶里程数相差是很大的。一般来说，同年限的专业运输车辆，行驶里程数较大。

3）使用年限。使用年限是指汽车的总行驶里程与年平均行驶里程之比所得的折算年限，即

$$T_{折} = \frac{L_{总}}{L_{年}}$$

式中　$T_{折}$——折算年限；

　　　$L_{总}$——总行驶里程；

　　　$L_{年}$——年平均行驶里程。

年平均行驶里程是用统计方法统计确定的，与车辆的技术状态、完好率、平均技术速度和道路条件等因素有关。据统计，我国城市和市郊运输车辆年平均行驶里程一般为4万km左右，长途货运为5万km左右。营运汽车在使用过程中，由于车辆的技术状况、平均技术速度和道路条件等因素的不同，其年平均行驶里程的差异较大，但车辆的年平均使用强度基本相同。因此，按折算年限基本上可以在全国范围内取得同一指标。这对于社会专业运输和社会零散使用车辆也是适用的。但由于使用强度相差太大，年平均行驶里程也不相同，其使用年限也不相同。社会零散车辆的管理水平、使用水平、维修水平一般都比较低，因此对这些车辆又不能按专业运输车辆的指标要求，应做适当的修正。使用年限表示方法既反映了车辆的使用情况、使用强度，又包括了运行条件和某些停驶时间较长的车辆的自然损耗。

4）大修次数。大修次数是指车辆报废之前所经历的大修次数。汽车经几次大修后报废最为经济？对这一问题，需综合考虑购买新车的费用、旧车未折完的费用、大修费用和经营费用。

对全国来说，采用使用年限这个指标比采用行驶里程更为合理些，因为我国地域辽阔，地理、气候、道路条件差异较大，管理水平有高有低。有些省区市，即使使用年限相同，而车辆总行驶里程有长、有短，车辆技术状况也不相同，为此采用使用年限作为主要考核指标更为确切。

（3）影响汽车经济使用寿命的因素　影响汽车经济使用寿命的因素有车辆的损耗、使用强度、使用条件等。

1）车辆的损耗。首先从车辆的有形损耗和无形损耗两个方面进行分析。

无形损耗是由于技术进步、生产发展，出现了性能好、生产效率高的新车型，或原车型价格下降等情况，促使在用车辆提前更新而产生的损耗，实际上是旧车型相对于新车型的贬值。

有形损耗是车辆在使用过程中本身的消耗。有形损耗主要与车辆使用成本有关。车

辆的使用成本 C 计算公式为

$$C = C_1 + C_2 + C_3 + C_4 + C_5 + C_6 + C_7 + C_8 + C_9$$

式中　C_1——燃料费用；

C_2——维护、小修费用；

C_3——大修费用；

C_4——基本折旧费用；

C_5——轮胎费用；

C_6——驾驶人工资费用；

C_7——管理费用；

C_8——养路费用；

C_9——其他费用。

其中 $C_5 \sim C_8$ 是与车辆经济使用寿命无关的因素。当使用寿命确定后，C_4 基本是一个定值，只有 C_1、C_2、C_3 随行驶里程（或使用年限）的增长、车况的下降而增加。

① 车辆的燃料费用。车辆随行驶里程的增加，其技术状况会逐渐变坏，主要性能不断下降，燃料和润滑材料的消耗不断增加。

② 车辆的维护、小修费用。维护、小修费用是指车辆在使用过程中，各级维护费用及日常小修费用的总和。它主要由维修过程中实际消耗的工时费和材料费来确定。随车辆行驶里程的增加，各级维护作业中的附加小修项目和日常小修作业项目的费用也随之增加，其变化关系基本上是线性关系。

③ 车辆的大修费用。车辆在使用过程中，当其动力性和经济性下降到一定程度，无法用正常的维护和小修方法使其恢复正常使用状态时，就必须进行大修。

根据国内初步统计表明，新车第一次大修费用一般为车辆原值的 10% 左右。以后随里程（或年限）的增长，大修费用也逐渐增加，另外大修间隔里程也在逐渐缩短。在计算大修费用时，要把某次的大修费用均摊在此次大修至下次大修的间隔里程段内，即相当于对大修后间隔里程段的投资。

2) 使用强度。不同的使用者，对车辆的使用强度差异比较大，各种车辆的使用强度每年 1 万~15 万 km 不等，常见的车辆使用强度见表 1-9。

表 1-9　车辆使用强度

车辆类型	私家车	公务、商务用车	出租车	公交车	长途客车	大货车
车辆使用强度（万 km/年）	1~3	2~5	10~15	8~12	10~20	8~12

一般来说，私家车不仅维护保养较好，而且年平均行驶里程数较小；相反营运性车辆，年平均行驶里程数很大，使用强度也很大。而公务、商务用车，则介于上述两者之间，使用强度一般。

汽车的使用强度与使用部门有关。交通运输部门专门从事运输生产的车辆，使用条件复杂，使用强度较大，但车辆维修水平也较高。这部分车辆主要指的是客、货运输车辆。特别是货车，为了提高劳动生产率，通常带有拖挂车，实载率较高，甚至会出现超载的可能。这些车辆一般很少进入二手车流通领域，运输单位通常用到报废为止。城市公共交通车辆也是从"生"到"死"常年服役，不参与二手车市场的交易。

城市出租车，其使用强度极大，车辆机件磨损上升速率很快，大大影响了车辆的使用寿命。而且这些车辆的管理、使用、维修水平差异很大，有少数出租车公司对于车况疏于管理，大多数出租车实行昼夜两班制。出租车进入二手车市场的不少，对于其车况，在评估中需特别注意。

还有一些机关、企事业单位的公务、商务用车，这些车辆一般没有专业的管理机构和维修基地，使用情况也存在较大差异，并且这些车辆进入二手车市场的较多。政府有关部门的公务用车更换后，均需进入二手车市场。评估时应注意考虑其实际技术状况，了解其使用维修情况。一般来说，这些车辆使用强度不大，车况也较好。

显然，使用强度越大，其经济使用寿命越短。

3）使用条件。

① 道路条件。道路对汽车使用寿命影响很大，直接影响车辆技术速度。道路条件差，车辆技术速度就慢，燃料消耗增大，车辆磨损增大，经济使用寿命则短。对汽车使用寿命有较大影响的道路条件主要是道路等级和路面情况两个因素。我国道路分为两类五个等级。

第一类：高速公路、一级汽车专用公路和二级汽车专用公路。

第二类：一般二级公路、三级公路和四级公路。

高速公路具有特别的经济意义。我国高速公路发展极快，专供汽车分道高速行驶，一般时速均在100km以上，采用全立交、全封闭形式。一、二级汽车专用公路多为大、中城市的铺设路面，或者是连接重要经济中心之间专供汽车行驶的道路。三级公路主要是用来沟通县级及以上城市的干线公路。四级公路主要是沟通县、乡、村的支线公路。

改善农村经济，提高其发展水平。要实施"要想富，先修路"的村村通公路的规划。目前我国广大农村的交通条件已得到极大改善，同时也给汽车使用寿命的提高带来极大影响。

② 自然条件。我国幅员辽阔，各地自然、地理条件差异较大，温度、湿度、年降雨量、空气中的含氧量、沙尘含量差异也较大，造成车辆的经济使用寿命有一定的差异。

4）经济水平。我国各地的经济水平差异也很大，东南沿海经济发达，而中西部经济相对落后，这也造成了车辆经济使用寿命的差异。例如出租车的使用年限从3年至8年不等。

5）国家能源、环保政策。国家能源、环保政策的主要影响是缩短了汽车的使用寿命。这些政策限制了耗能多、排放不达标的汽车的使用，或使其提前报废，也增加了其年检次数，提高了汽车的使用成本。

① 缩短了机动车的使用寿命。根据国家能源、环境政策，对不达标的机动车限制使用或者使其提前报废，大大加速了汽车的更新速度，缩短了不达标机动车的正常使用寿命。许多在用"黄标车"，除限驶地区外，一年内还需多次检测，大大增加了使用成本，从而加速了使用寿命的到达。根据国家二手车交易市场信息部门的预测，新的排放标准的实施，使主流的二手车型交易寿命缩短15%，由原来的6年下降到5年左右。

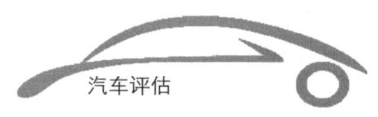

② 增加了使用成本。国家对不符合要求的在用机动车进行限制使用，不准其进入某些重要或敏感的地区。此外，还要频繁地对其进行检测，甚至强制报废。这些举措都导致机动车使用成本的增加，从而加速了超标机动车退出使用的速度。

3. 合理使用寿命

汽车的合理使用寿命是指以汽车经济使用寿命为基础，考虑整个国民经济发展和能源节约的实际情况后，所制定出的符合我国实际情况的使用期限。也就是说，汽车已经达到经济使用寿命，但是否更新应视国情而定，如更新汽车的来源及更新资金等。

对于汽车，我国早已颁布汽车报废标准。现行的《机动车强制报废标准规定》从2013年5月1日起实行，是在充分考虑上述因素、我国国情和报废标准与国际接轨的基础上颁布的，是旧汽车评估的重要依据之一。

4. 自然使用寿命

汽车自然使用寿命又称为物理使用寿命，是指汽车从全新状态投入使用开始，直到不能用维修的方法恢复其主要使用性能为止，所经历的时间。汽车自然使用寿命取决于汽车的设计水平、制造品质、实用技术与维修质量等，汽车维修工作做得越好，汽车自然使用寿命越长。

5. 汽车折旧寿命

汽车折旧寿命一般介于技术使用寿命或经济使用寿命与自然使用寿命之间。它是指按国家规定或企业规定的折旧率，把汽车总值扣除残值后的余额，折旧到接近于零所经历的时间。

6. 延长汽车的使用寿命

掌握一些"绿色"操作技巧不仅可以提高驾驶技术，也有益于延长车辆的使用寿命，更对环境保护有利。那么，到底怎样操作才算是绿色驾驶呢？

(1) 熟悉道路状况　在发动机的各个工况中，低速、大负荷是最耗油的。而在城市道路上行驶，车多路挤，经常需要起步停车，使车辆在不经意之间多消耗了不少燃油。因此在每次出行之前，驾驶人应制订一个良好的行车计划，了解所经道路的情况，尽量避免在交通高峰期经过繁忙路段，以免堵车而白白浪费燃油和时间，即使是在自己熟悉的路段行车，也应随时收听交通电台的路况报道，了解最新的路况信息，保持行车的顺畅。

(2) 正确换档　为节省燃油，行驶时勿使发动机以不必要的高转速运转，应尽可能挂入高档行驶，仅当发动机运转不平稳时挂入低档。配备自动变速器的轿车加速时应慢踏加速踏板，勿将踏板踩至换低档位置，变速器选择经济换档程序，提前挂入高档，滞后换入低档，从而降低燃油消耗。

(3) 忌猛加速、猛制动　正确加速是"绿色"操作的关键。加速时要轻踏轻放，切忌猛踩猛踏，这种习惯最不好。在日常的城市道路行车时，一般来说速度都较慢，在跟车行进中常有停顿、等候，这时为防别人"插队"而猛加速猛制动的行为，其实很容易发生碰撞事故，更不利于环保。

(4) 高速行驶勿开车窗　长途高速行车时，因空气气流所造成的行车阻力已经很大，此时若再打开车窗，则气流乱窜不但会造成车体不稳，也会更加费油，因此高速行驶时最好尽可能地关闭车窗，以降低行驶噪声及空气阻力，这样也就降低了油耗。

(5) **尽可能保持中速行驶** 若以最高车速的 3/4 行驶，与最高车速相比，油耗可降低 50%。每种车型都有其最佳的经济速度，即安全速度。大型车一般是 35~45km/h，小型车则是 60km/h 左右，此时发动机工作最轻松、经济，燃烧最充分，污染最小。

(6) **定期保养车辆** 一定要严格按《汽车保养手册》的规定到特约服务站定期保养汽车。定期保养不仅能提高行驶安全性，延长使用寿命，而且还能保证燃油经济性，减少环境污染。因为技术状态不良的发动机，其油耗要比正常状况高 10%。

(7) **减少短距离行驶** 发动机及催化转换器达到正常工作温度后，才能正常发挥净化作用，燃油消耗才能达到正常状态。处于冷态的中型轿车发动机，起步行驶后的 1km 内，其 100km 油耗高达 30~40L，行驶 2km 后降至 20L，约行驶 4km 后油耗方能达到正常状态。因此，应尽可能减少短距离行驶。

(8) **保证轮胎正常气压** 应经常检查轮胎气压，若胎压比规定值低 0.5MPa，油耗将增加 5%。此外，轮胎气压偏低还将增加车轮滚动阻力，加剧轮胎磨损。检查气压时轮胎应处于冷态。此外，请勿全年都使用冬季轮胎，否则油耗将增加 10%，应按实际需要使用冬季轮胎。

(9) **及时整理行李舱** 汽车的每千克负载均将影响油耗，因此，应经常检查行李舱内是否装有不需要的物品。车顶行李架使用后应立即拆掉，否则，行驶时将提高风阻，导致油耗上升，例如车速在 100~120km/h 的时候，行李架将使油耗提高 12%。

(10) **勿盲目使用耗电设备** 按实际需要使用耗电设备，切勿盲目使用。后风窗加热器、辅助前照灯、鼓风机及空调系统的耗电量均相当大，它们会增加发电机负荷，提高燃油消耗。例如，后风窗加热器使用 10h，整车油耗将增加 1.0L。

(11) **定期检查油耗状况** 建议每次行驶后将耗油量记录下来，以便及早发现油耗非正常增加的原因，采取相应措施，降低油耗。若油耗比正常情况高很多，则应了解是在何时何地、何种条件下行驶时油耗非正常上升，以便查出原因。

(12) **正确选择汽油标号** 有些车主认为，车辆使用标号越高的汽油越好，高标号的汽油会增加发动机动力。其实这种说法是不科学的，盲目选用高标号的汽油，虽能避免发动机产生爆燃现象，但高标号汽油配低压缩比的发动机，往往会改变点火时间，造成气缸内积炭增加，长期使用往往会缩短发动机寿命。但如果使用标号偏低的汽油，不仅油耗会增加 3% 左右，而且会造成发动机气缸和喷油器积炭增加，提高汽车的故障率，增加车主的维修费用。因此要根据发动机压缩比选择相应标号的燃油，并要到正规的加油站点加油。

1.3 汽车报废

1.3.1 报废汽车的定义及原因

1. 报废汽车的定义

报废汽车是指达到国家汽车报废标准，或者虽未达到国家报废标准，但发动机或底

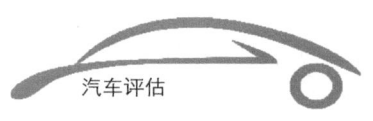

盘严重损坏，经检验不符合国家《机动车运行安全技术条件》或者国家机动车污染物排放标准的机动车。

2. 汽车报废的原因

汽车经长期使用后，车型老旧，性能低劣，物料耗损严重，维修费用过高，如果继续使用，则不安全、不经济，对环境的污染大，因此应根据汽车的报废条件对这些汽车进行报废处理。当然，汽车如果提前报废，则会造成运力损失、资源浪费。

1.3.2 汽车报废标准

汽车工业与前后产业的关联度高，是拉动国民经济增长的主导性产业。随着我国经济的增长和汽车工业的迅猛发展，客观要求必须制定一套完善的政策措施，对汽车生产、流通、使用和报废等所有环节进行全过程管理。汽车的报废就是其中一项重要内容，它关系到国计民生，涉及面广、政策性强、协调难度大。如果汽车不能及时报废，将直接影响我国汽车工业的总体规划和发展，阻碍汽车消费及运输市场的正常发育，还会造成环境污染、资源浪费和严重的交通隐患。因此，制定适合我国国情的汽车报废标准并加以实施是非常必要的。

现行的《机动车强制报废标准规定》共11条，明确根据机动车使用和安全技术、排放检验状况，国家对达到报废标准的机动车实施强制报废，具体条款如下：

第一条 为保障道路交通安全、鼓励技术进步，加快建设资源节约型、环境友好型社会，根据《中华人民共和国道路交通安全法》及其实施条例、《中华人民共和国大气污染防治法》《中华人民共和国环境噪声污染防治法》，制定本规定。

第二条 根据机动车使用和安全技术、排放检验状况，国家对达到报废标准的机动车实施强制报废。

第三条 商务、公安、环境保护、发展改革等部门依据各自职责，负责报废机动车回收拆解监督管理、机动车强制报废标准执行有关工作。

第四条 已注册机动车有下列情形之一的应当强制报废，其所有人应当将机动车交售给报废机动车回收拆解企业，由报废机动车回收拆解企业按规定进行登记、拆解、销毁等处理，并将报废机动车登记证书、号牌、行驶证交公安机关交通管理部门注销：

1）达到本规定第五条规定使用年限的。

2）经修理和调整仍不符合机动车安全技术国家标准对在用车有关要求的。

3）经修理和调整或者采用控制技术后，向大气排放污染物或者噪声仍不符合国家标准对在用车有关要求的。

4）在检验有效期届满后连续3个机动车检验周期内未取得机动车检验合格标志的。

第五条 各类机动车使用年限分别如下：

1）小、微型出租客运汽车使用8年，中型出租客运汽车使用10年，大型出租客运汽车使用12年。

2）租赁载客汽车使用15年。

3）小型教练载客汽年使用10年，中型教练载客汽车使用12年，大型教练载客汽车使用15年。

4）公交客运汽车使用13年。

5）其他小、微型营运载客汽车使用10年，大、中型营运载客汽车使用15年。

6）专用校车使用15年。

7）大、中型非营运载客汽车（大型轿车除外）使用20年。

8）三轮汽车、装用单缸发动机的低速货车使用9年，装用多缸发动机的低速货车以及微型载货汽车使用12年，危险品运输载货汽车使用10年，其他载货汽车（包括半挂牵引车和全挂牵引车）使用15年。

9）有载货功能的专项作业车使用15年，无载货功能的专项作业车使用30年。

10）全挂车、危险品运输半挂车使用10年，集装箱半挂车20年，其他半挂车使用15年。

11）正三轮摩托车使用12年，其他摩托车使用13年。

对小、微型出租客运汽车（纯电动汽车除外）和摩托车，省、自治区、直辖市人民政府有关部门可结合本地实际情况，制定严于上述使用年限的规定，但小、微型出租客运汽车不得低于6年，正三轮摩托车不得低于10年，其他摩托车不得低于11年。

小、微型非营运载客汽车、大型非营运轿车、轮式专用机械车无使用年限限制。

机动车使用年限起始日期按照注册登记日期计算，但自出厂之日起超过2年未办理注册登记手续的，按照出厂日期计算。

第六条 变更使用性质或者转移登记的机动车应当按照下列有关要求确定使用年限和报废：

1）营运载客汽车与非营运载客汽车相互转换的，按照营运载客汽车的规定报废，但小、微型非营运载客汽车和大型非营运轿车转为营运载客汽车的，应按照本规定附件1所列公式核算累计使用年限，且不得超过15年。

2）不同类型的营运载客汽车相互转换，按照使用年限较严的规定报废。

3）小、微型出租客运汽车和摩托车需要转出登记所属地省、自治区、直辖市范围的，按照使用年限较严的规定报废。

4）危险品运输载货汽车、半挂车与其他载货汽车、半挂车相互转换的，按照危险品运输载货车、半挂车的规定报废。

距本规定要求使用年限1年以内（含1年）的机动车，不得变更使用性质、转移所有权或者转出登记地所属地市级行政区域。

第七条 国家对达到一定行驶里程的机动车引导报废。

达到下列行驶里程的机动车，其所有人可以将机动车交售给报废机动车回收拆解企业，由报废机动车回收拆解企业按规定进行登记、拆解、销毁等处理，并将报废的机动车登记证书、号牌、行驶证交公安机关交通管理部门注销：

1）小、微型出租客运汽车行驶60万km，中型出租客运汽车行驶50万km，大型出租客运汽车行驶60万km。

2）租赁载客汽车行驶60万km。

3）小型和中型教练载客汽车行驶50万km，大型教练载客汽车行驶60万km。

4）公交客运汽车行驶40万km。

5）其他小、微型营运载客汽车行驶60万km，中型营运载客汽车行驶50万km，大型营运载客汽车行驶80万km。

6）专用校车行驶40万km。

7）小、微型非营运载客汽车和大型非营运轿车行驶60万km，中型非营运载客汽车行驶50万km，大型非营运载客汽车行驶60万km。

8）微型载货汽车行驶50万km，中、轻型载货汽车行驶60万km，重型载货汽车（包括半挂牵引车和全挂牵引车）行驶70万km，危险品运输载货汽车行驶40万km，装用多缸发动机的低速货车行驶30万km。

9）专项作业车、轮式专用机械车行驶50万km。

10）正三轮摩托车行驶10万km，其他摩托车行驶12万km。

第八条 本规定所称机动车是指上路行驶的汽车、挂车、摩托车和轮式专用机械车；非营运载客汽车是指个人或者单位不以获取利润为目的的自用载客汽车；危险品运输载货汽车是指专门用于运输剧毒化学品、爆炸品、放射性物品、腐蚀性物品等危险品的车辆；变更使用性质是指使用性质由营运转为非营运或者由非营运转为营运，小、微型出租、租赁、教练等不同类型的营运载客汽车之间的相互转换，以及危险品运输载货汽车转为其他载货汽车。本规定所称检验周期是指《中华人民共和国道路交通安全法实施条例》规定的机动车安全技术检验周期。

第九条 省、自治区、直辖市人民政府有关部门依据本规定第五条制定的小、微型出租客运汽车或者摩托车使用年限标准，应当及时向社会公布，并报国务院商务、公安、环境保护等部门备案。

第十条 上路行驶拖拉机的报废标准规定另行制定。

第十一条 本规定自2013年5月1日起施行。2013年5月11日前已达到本规定所列报废标准的，应当在2014年4月30日前予以报废。《关于发布<汽车报废标准>的通知》（国经贸经〔1997〕456号）、《关于调整轻型载货汽车报废标准的通知》（国经贸经〔1998〕407号）、《关于调整汽车报废标准若干规定的通知》（国经贸资源〔2000〕1202号）、《关于印发<农用运输车报废标准>的通知》（国经贸资源〔2001〕234号）、《摩托车报废标准暂行规定》（国家经贸委、发展计划委、公安部、环保总局令〔2002〕第33号）同时废止。

附件1 非营运小微型载客汽车和大型轿车变更使用性质后累计使用年限计算公式：

$$累计使用年限 = 原状态已使用年 + \left(1 - \frac{原状态已使用年}{原状态使用年限}\right) \times 状态改变后年限$$

式中原状态已使用年中不足1年的按1年计算，例如，已使用2.5年按照3年计算；对于小型、微型非营运载客汽车，原状态使用年限数值取定值为17；累计使用年限计算结果向下圆整为整数，且不超过15年。

附件2 机动车使用年限及行驶里程参考值汇总表。

机动车使用年限及行驶里程参考值汇总表见表1-10。

表 1-10 机动车使用年限及行驶里程参考值汇总表

车辆类型用途				使用年限/年	行驶里程参考值/10^4km
汽车	载客	营运	出租客运 小、微型	8	60
			出租客运 中型	10	50
			出租客运 大型	12	60
			租赁	15	60
			教练 小、微型	10	50
			教练 中型	12	50
			教练 大型	15	60
			公共客运	13	40
			其他 小、微型	10	60
			其他 中型	15	50
			其他 大型	15	80
		专用校车		15	40
		非营运	小、微型客车、大型轿车	无	60
			中型客车	20	50
			大型客车	20	60
	载货	微型		12	50
		中、轻型		15	60
		重型		15	70
		危险品运输		10	40
		三轮汽车、装用单缸发动机的低速货车		9	无
		装用多缸发动机的低速货车		12	30
	专项作业	有载货功能		15	50
		无载货功能		30	50
挂车	半挂车	集装箱		20	无
		危险品运输		10	无
		其他		15	无
	全挂车			10	无
摩托车	正三轮			12	10
	其他			13	12
轮式专用机械车				无	50

注：1. 表中机动车主要依据《道路交通管理 机动车类型》（GA 802—2019）进行分类。
2. 对小、微型出租客运汽车（纯电动汽车除外）和摩托车，省、自治区、直辖市人民政府有关部门可结合当地实际情况，制定严于表中使用年限的规定，但小、微型出租客运汽车不得低于6年，正三轮摩托车不得低于10年，其他摩托车不得低于11年。

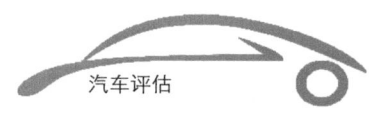

1.3.3 汽车报废涉及的问题

1. 汽车报废管理

1）报废汽车的拥有者应当及时向公安机关办理机动车报废手续。公安机关应当于受理当日,向报废汽车的拥有者出具"机动车报废证明",并告知其将报废汽车交售给报废汽车回收企业。

2）报废汽车的拥有者应当及时将报废汽车交售给报废汽车回收企业。

3）报废汽车回收企业凭"机动车报废证明"收购报废汽车,并向报废汽车的拥有者出具"报废汽车回收证明"。

4）报废汽车的拥有者凭"报废汽车回收证明",向汽车注册登记地的公安机关办理注销登记。

5）报废汽车回收企业对回收的报废汽车应当逐车登记,报废汽车回收企业不得拆解、改装、拼装、倒卖有犯罪嫌疑的汽车及其"五大总成"和其他零配件。"五大总成"是指从报废汽车上拆解下的发动机、前后桥、变速器、转向器、车架。

6）任何单位或者个人不得将报废汽车出售、赠予或者以其他方式转让给非报废汽车回收企业的单位或者个人,不得自行拆解报废汽车。

2. 制定汽车报废标准的原因

汽车是现代社会生活中使用量最大的代步工具之一,在我国国民经济发展中具有举足轻重的重要作用。随着人民生活的日趋富裕,汽车保有量呈迅猛增长之势,由此带来的交通安全、环境污染和资源浪费等问题日益突出。这就要求机动车报废标准的制定必然要与经济的发展相适应,否则将导致汽车市场的无序状态,造成严重后果。

汽车经过长期使用后,必然导致汽车零部件的磨损、老化乃至材料疲劳,到一定期限则应报废更新。车辆报废应严格掌握报废的技术条件,任何过早报废不但会造成运力的浪费,也不符合节约资源的原则。但到规定报废期限仍继续运行,不但造成汽车消费延缓,使汽车工业得不到快速发展,更为严重的是,会给交通安全带来更为严重的隐患,危害人民生命财产安全,危害社会环境。所以制定机动车报废标准是关乎经济和人民生命财产安全的重要举措。

3. 实施汽车报废标准的注意事项

公安部于1999年3月25日发布的《机动车修理业、报废机动车回收业治安管理办法》和《中华人民共和国道路交通安全法》(以下简称《道路交通安全法》)对执行车辆报废标准方面做出了相应的规定,如:严禁回收无公安交通管理部门出具的机动车报废证明的机动车等;并明确国家实行机动车强制报废制度,根据机动车的安全技术状况和不同用途,规定不同的报废标准;应当报废的机动车必须及时办理注销登记,达到报废标准的机动车不得上路行驶;报废的大型客、货车及其他营运车辆应当在公安机关交通部门的监督下解体。2013年5月1日,新的《机动车强制报废标准规定》开始施行。

(1) 加大法律法规宣传力度 现在汽车的社会保有量已呈逐年增加的趋势,车辆报废更新涉及面很广,关系到千家万户,这不仅是报废汽车监管部门或回收企业的事,而要引起全社会的关注，乃至政府部门高度重视。应该通过广播、电视、报刊和新媒体等，广泛宣传，真正做到家喻户晓，从根本上消除报废汽车非法改装、拼装、倒卖、再上路等现象。

（2）**严格执行各项法律法规**　报废汽车回收拆解企业要密切配合公安机关交通管理部门及环保部门，严格把关。正如《道路交通安全法》中所规定的"应当报废的机动车必须及时办理注销登记""驾驶拼装的机动车或者已达到车辆报废标准的机动车上道路行驶的，公安机关交通管理部门应当予以收缴，强制报废"。对依法延缓报废年限的要切实加强检验监督，达不到国家有关汽车安全和排放规定的要强制报废。

（3）**准确掌握执法力度**　报废汽车回收利用的社会目标一是保护环境，二是节约资源。有些单位和个人为了购置新车，将未到报废期限的旧车提前报废，这既增加了运输成本，也造成了资源浪费。与此同时，也应严格控制延缓报废，对延缓报废做出严格检验手续等规定；否则会造成车辆的过度使用，也严重影响交通运输质量和效率，很难保证车辆的安全和环境不被污染。

4．报废汽车对社会的影响

汽车工业既是拉动国民经济发展的支柱产业，也是高消耗、高排放、影响环境的重点行业。2018年我国客车回收数为118.4万辆，货车38.1万辆，挂车4.2万辆，专项作业车2.8万辆，自2011年开始，我国的报废汽车数量递增式增长。

（1）**报废汽车重新回流进入社会，危害极大**　报废车重新回流社会一个重要途径就是"非法拼装"。由于报废车辆本身已不符合道路行驶条件，被再次改装后进入路面行驶，其车本身性能大变，安全系数大大降低。近年来，由报废汽车总成拼装上路行驶造成的交通事故时有发生，给人民生命财产安全和社会稳定造成严重危害。有资料显示，在国内近三年的交通事故中，有13%是因为使用伪劣和报废汽车配件所致，非法拼装车的安全性能完全得不到保证，是造成交通事故的主要原因之一。

（2）**报废汽车对环境污染十分严重**　汽车生产过程中含有大量有害物质，除主要制造原料钢材、生铁外，大量橡胶、塑料、有色金属被采用，砷、硒等也存在于汽车中。汽车报废后被非正确处理的过程中，所产生的废气、废油、废蓄电池以及报废零部件，对环境的污染十分严重。此外，空调的制冷剂——氯氟烃（CFC，俗称氟利昂）泄漏时的直接排放，会造成对大气臭氧层的破坏，给人体健康带来严重威胁。

（3）**报废汽车上路超期运行危害**　国内汽车在到达报废期后，有的会被非法延长使用时间。超期运行的汽车零部件，在汽车运行时可靠性降低，会直接导致制动失灵、转向及发动机等零件失灵；会使车辆的操作稳定性变差，极易跑偏。这些超期使用的报废汽车，在使用过程中，功能下降，安全隐患增加。因汽车超期使用导致的交通事故，给当事人和社会造成巨大的损失。超期使用的报废汽车，机件磨损严重，燃油消耗大于正常水平，排放废气无法达到正常标准，机油消耗增加，从而造成资源浪费、大气环境污染等问题。

5．国外车辆报废制度

在国外街头经常可以看到各种"时代气息"强烈的老爷车，很多车的车龄超过了

30年、40年甚至50年，但它们依然驰骋在公路上。这些国家并未规定车辆强制报废的使用年限或行驶里程，代以利用车辆定期检查的结果从经济角度引导用户自愿报废车辆。这样就避免了以使用年限或行驶里程作为报废依据时出现的不同类型车辆一刀切的情况，从某种程度上讲，能够鼓励制造商开发制造技术水平更高、舒适性更好的车辆，同时也能推动消费者购买这样的产品。

从国外事故车的报废来看，保险公司在其中起到了很重要的作用。车辆发生事故后，保险公司将通过其指定或授权的机构对车辆进行评估，以判定车辆是否具有修复的价值。此外，在许多欧洲国家，保险公司出具的车辆保险的承保项目单也是用户在对车辆进行注册时必须提交的文件之一。

发达国家也很注重车辆在报废后的可再利用性和可回收利用性，对车辆在设计阶段所使用的材料和报废后可回收利用的质量做出了规定，同时也明确了车辆制造商或进口商、车辆所有者以及拆解企业的责任。

1）欧洲没有用来判定车辆报废的技术标准。车辆所有者要定期到技术服务机构对车辆进行检查，只要能满足规定的最低要求，即可继续使用；否则车主就必须对车辆进行修理后再次检查。随着车辆使用时间的增加，用户为了通过检查，需要针对更多的项目进行修理，用户将根据修理费用自行决定车辆是否值得修理。如果用户认为不值得修理，就会主动进行报废。在欧洲大多数国家，车辆在注册时用户要出具保险公司的承保项目单，否则不予注册。一旦车辆发生事故，将由保险公司来确定该车辆是不是完全损坏或是还有修复的可能。如果车辆不能再继续正常使用，将被送交拆解厂，同时拆解厂将向用户出具拆解证明，用户在得到该证明后，即可办理停交税款和保险费的手续；如果车辆还有修复的可能，修理厂必须保证车辆能被修理好并且不会存在道路安全隐患。

2）日本对汽车没有规定强制的报废标准，只要车辆能够通过年检，车辆便可继续行驶。一般来讲，车辆行驶一定年限后，要顺利通过年检，其保养费、维修费均会逐年增加，用户通过经济比较，认为继续使用不合算时，便会选择报废。但从国家来讲，是鼓励用户延长使用期的。

3）韩国汽车报废标准分为营运车和个人拥有车两种情况，对营运车实行规定报废年限的强制报废制度，而对私车则无报废年限规定。对行驶里程没有限制，主要通过年检来对汽车的安全及技术状况进行监督和管理。

4）美国没有全国性的强制性车辆报废制度，部分州政府根据该州的安全及交通情况，制定了不同的车辆检测项目和指标，只要车辆能够通过定期的排放检查，并且车辆的外观不会破坏周围环境的美观，用户即可继续使用。

思 考 题

1. 什么是电动汽车？分为几种类型？
2. VIN 由几部分组成？
3. 如何理解汽车的有形损耗与无形损耗对汽车价格的影响？
4. 阐述报废汽车对社会的影响。

第2章 汽车的结构与特点

2.1 传统汽车的结构与特点

2.1.1 汽车结构参数

1. 主减速器传动比

最小传动比与最高车速的关系如图 2-1 所示。

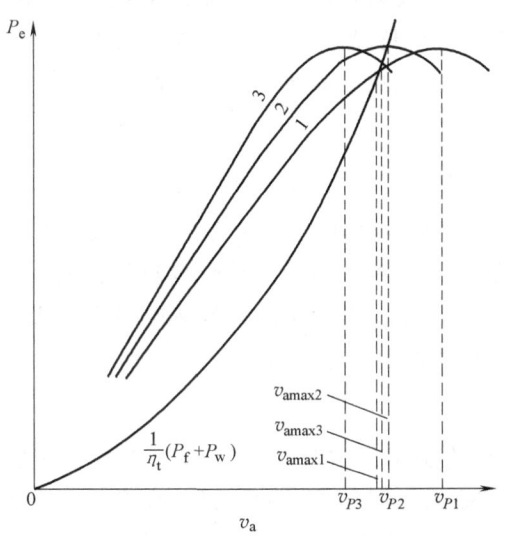

图 2-1 最小传动比与最高车速的关系

注：1、2、3 分别对应主减速器传动比 i_{01}、i_{02}、i_{03}，且 $i_{01}<i_{02}<i_{03}$。

1）选比 i_{02} 小的 i_{01} 是不好的。因为发动机的最大功率及其附近的高功率得不到利用；最高车速较 i_{02} 时小，后备功率较 i_{02} 时小，直接档的加速能力及爬坡能力较弱，可见其动力性三方面的指标都比 i_{02} 时差。

2）选 i_{02} 是合适的。因为这时的最高车速比选其他传动比时都大，且有必需的后备功率，以保证直接档应有的加速能力及爬坡能力。i_{02} 的特点是能使最高车速等于最大功率时的车速，即 $v_{amax} = v_P$。

3）选比 i_{02} 稍大的 i_{03} 也是合适的。因为这时的最高车速只比选 i_{02} 时稍小了一些，但后备功率增大较多，直接档的加速能力及爬坡能力比 i_{02} 时增强。这对于经常需要加速、减速的市内车辆而言，有利于提高平均车速。i_{03} 的特点是，能使最高车速略大于最大功率时的车速，即 $v_{amax} = (1.0 \sim 1.2) v_P$。

通常，选择主减速器传动比时，应使总阻力功率曲线和汽车高档发动机功率曲线的交点所决定的最高车速等于或略高于最大功率时的车速。

2. 变速器档位数和传动比

变速器档位增多时，可选择合适的档位行驶，使发动机有可能在最大功率工况下工作，使功率利用的平均值增大，提高了汽车行驶时的加速能力和爬坡能力。但是，普通的有级变速器档位过多，会使结构复杂，操纵困难。在汽车上采用自动变速器、无级变速器，是解决上述困难的最佳选择。

变速器 1 档传动比直接影响汽车的最大爬坡度，1 档传动比越大，汽车的最大爬坡度越大，但需考虑驱动轮和道路之间的附着条件的限制。

变速器各档传动比的分配对汽车动力性也有影响，各档传动比分配得当，能使发动机经常在接近最大功率或最大转矩的转速范围内工作，从而提高汽车的加速和爬坡能力。各档传动比分配不当，不仅影响汽车的动力性，还会导致换档困难。选择变速器各档传动比时，在确定变速器档位后，一般先根据最大爬坡能力的要求和附着条件确定 1 档传动比，变速器直接档传动比为 1，货车超速档传动比为 0.8 左右。除超速档和倒档外，按从低档到高档两相邻档位传动比相等或依次减小的原则进行分配。

3. 空气阻力

根据 $D = (F_t - F_w)/G$，若不同汽车的总质量 G 和驱动力 F_t 相同，则空气阻力 F_w 越小，汽车的动力因数 D 越大，即克服道路阻力和加速阻力的能力增强，最高车速也提高，汽车的动力性越好。空气阻力在汽车低速时，对汽车动力性影响较小；而在汽车高速行驶时，空气阻力在汽车行驶阻力中占很大比重，对汽车动力性影响较大。因此改善汽车流线型、减少 F_w 对改善高速行驶汽车的动力性是非常有效的。

4. 轮胎

对某一型号的汽车而言，汽车驱动力与轮胎半径成反比，而车速与轮胎半径成正比，轮胎半径对与动力性有关的驱动力和车速的作用是矛盾的。目前在良好路面上行驶的汽车，轮胎半径有减小的趋势。轮胎尺寸减小，可降低汽车自身质量，在附着系数较大的良好路面上，可得到较大的驱动力，同时使汽车质心高度降低，提高了汽车行驶的稳定性，有利于汽车高速行驶。在发动机功率允许的情况下，车速提高可以通过减小主减速器传动比来解决。

经常在软路面上或坏路上行驶的汽车，由于车速不高，要求轮胎尺寸大些，主要是为了增加附着系数和离地间隙，以利于提高汽车的通过性能。轮胎型式、花纹对汽车动力性也有影响。为提高汽车的动力性，应尽量采用滚动阻力系数较小的轮胎，如子午线轮胎。同时合理选用轮胎花纹和轮胎气压,以增加附着系数。

5. 汽车总质量

汽车总质量增加时,D 随之下降,而道路阻力和加速阻力随之增大。因此汽车动力性将随汽车总质量的增加而变差。减轻汽车整备质量是降低汽车总质量的有效途径,这是现代汽车越来越广泛地采用轻金属材料和非金属材料的主要原因。减轻汽车整备质量,不仅可提高汽车的动力性,而且对改善汽车的燃油经济性也有重要意义。

2.1.2 汽车总体构造

汽车通常由发动机、底盘、车身和电气设备四大部分组成。图 2-2 所示为一款传统轿车的总体构造。

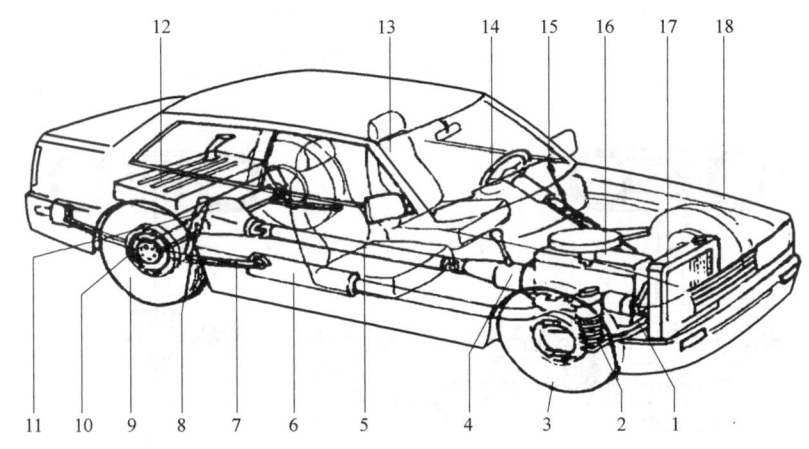

图 2-2 传统轿车的总体构造

1—前桥 2—前悬架 3—前车轮 4—变速器 5—传动轴 6—消声器 7—后悬架钢板弹簧
8—减振器 9—后轮 10—制动器 11—后桥 12—油箱 13—座椅 14—转向盘
15—转向器 16—发动机 17—散热器 18—车身

1. 发动机

发动机的作用是使供入其中的燃料燃烧而发出动力,大多数汽车采用往复活塞式内燃机(由于现代科技的高速发展,汽车发动机除了有内燃机外,还有燃料电池式发动机、蓄电池式发动机等)。它一般由机体组、曲柄连杆机构、配气机构、燃油供给系统、冷却系统、润滑系统、点火系统(汽油发动机采用)和起动系统等组成。

2. 底盘

底盘接受发动机的动力,使汽车产生运动,并保证汽车按照驾驶人的操纵正常行驶。底盘由以下四部分组成:

(1) **传动系统** 传动系统的功用是将发动机发出的动力传给驱动轮,降低发动机传出的转速,增大转矩,保证汽车平稳起步、换档,实现汽车的前进、倒退。它由离合器、变速器、万向传动装置和驱动桥组成。

传动系统布置型式用 $A×B$ 表示。A 为车轮数（是指汽车车桥数乘2，不是汽车装用的轮胎数）；B 为驱动轮数（计算方法同前）。4×2普通汽车的传动系统如图2-3所示。4×4越野汽车的传动系统如图2-4所示。

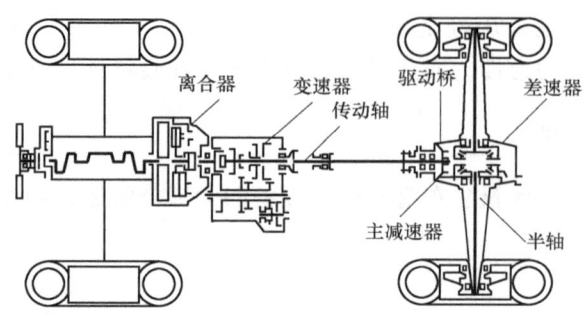

图2-3 4×2普通汽车的传动系统

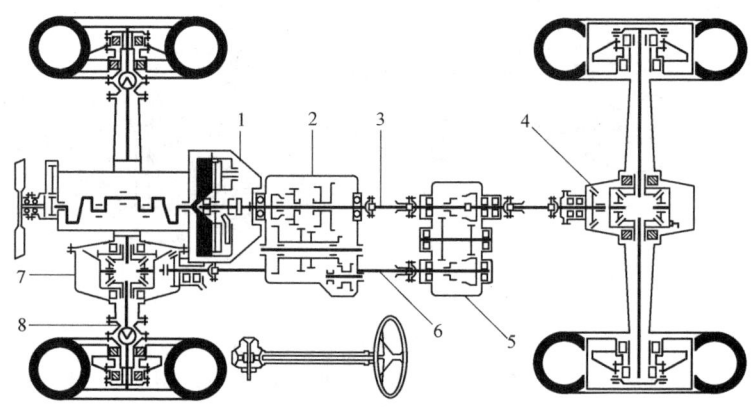

图2-4 4×4越野汽车的传动系统

1—离合器 2—变速器 3、6—万向传动装置 4、7—驱动桥 5—分动器 8—万向节

汽车传动系统的组成及功能如下：

1）离合器的功能是保证换档平顺，必要时中断动力传动。汽车上的离合器的工作原理基本上与拖拉机相同，一般为单片和双片、多弹簧干式离合器。

2）变速器的功能是变速、变矩、变向、中断动力传动。

3）万向传动装置的功能是实现有夹角和相对位置经常发生变化的两轴之间的动力传动。

4）主减速器的功能是将动力传给差速器，并实现降速增矩、改变传动方向。

5）差速器的功能将动力传给半轴，并允许左右半轴以不同的转速旋转。

6）半轴的功能是将差速器的动力传给驱动车轮。

（2）行驶系统 行驶系统将汽车各总成及部件连成一个整体，并对全车起支撑作用，以保证汽车正常行驶。行驶系统包括车架（或承载式车身）、车桥、车轮和悬架等部件。图 2-5 为汽车行驶系统。

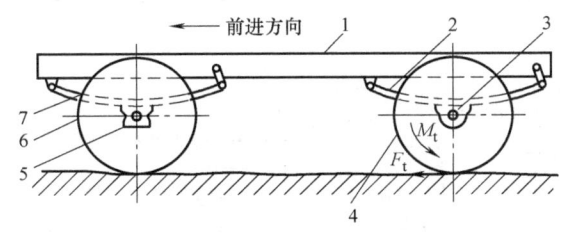

图 2-5 汽车行驶系统的组成
1—车架 2—后悬架 3—驱动桥 4—后轮 5—转向桥 6—前轮 7—前悬架

汽车行驶系统的功能作用如下：
1）支撑汽车的质量并承受、传递路面作用在车轮上各种力的作用。
2）接受传动系统传来的转矩并转化为汽车行驶的牵引力。
3）缓和冲击，减少振动，保证汽车平顺行驶。

（3）**转向系统** 汽车在行驶中的转向是通过转向轮（前轮）在路面上偏转一定角度来实现的。由驾驶人操纵的用来使转向轮偏转的一整套机构称为汽车的转向系统。转向系统的作用是改变汽车的行驶方向和保持汽车稳定的直线行驶。转向系统由转向器和转向传动装置两部分组成。汽车转向系统如图 2-6 所示。其功用是将加在转向盘上的力，以机械增力方式传给转向传动装置。转向传动装置是由转向摇臂、转向直拉杆、转向节臂及由转向横拉杆、梯形臂所构成的转向梯形机构组成，其功用是将由转向器传来的力，通过这套装置传给转向轮，使转向轮产生相应的偏转。

（4）**制动系统** 制动系统使汽车减速或停车，并保证驾驶人离开后汽车能可靠地停驻。每辆汽车的制动装备包括若干个相互独立的制动系统，每个制动系统都由供能装置、控制装置、传动装置和制动器组成。

3. 车身

车身是驾驶人工作的场所，也是装载乘员和货物的

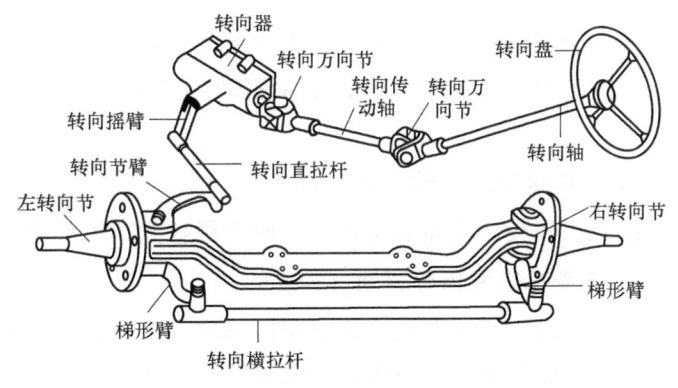

图 2-6 汽车转向系统

场所。车身应为驾驶人提供方便的操作条件以及为乘员提供舒适安全的环境或保证货物完好无损。

4. 电气设备

电气设备由电源组、发动机起动系统和点火系统、汽车照明和信号装置组成。此外

在现代汽车上越来越多地装用了各种电子设备，如微处理机、中央计算机系统及各种人工智能装置等，显著提高了汽车的性能。图2-7为汽车电气设备线路示意图。

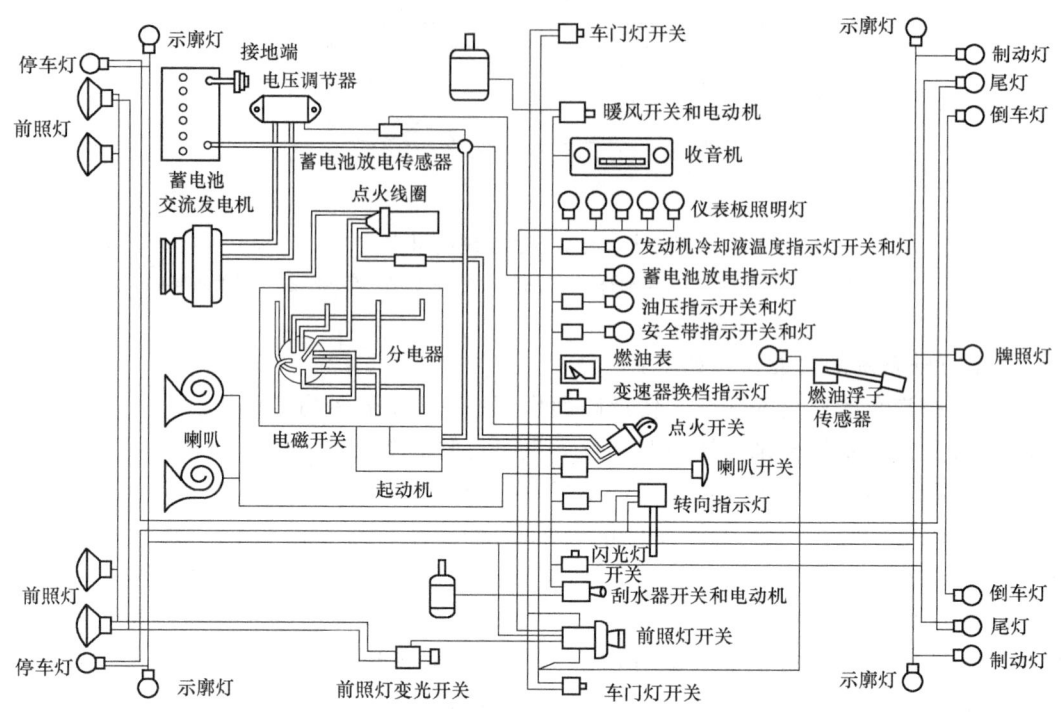

图2-7 汽车电气设备线路示意图

2.1.3 汽车的布置型式

为满足不同的使用要求，各类汽车的总体构造和布置型式不尽相同。一般按照安装发动机和各个总成的相对位置以及驱动方式不同，现代汽车的布置型式通常包括以下五种。

1. 发动机前置后轮驱动（FR）

这是比较传统的布置型式，一般多用在货车上，轿车及客车上应用较少。

2. 发动机前置前轮驱动（FF）

发动机前置前轮驱动简称前置前驱动。发动机布置在汽车前部，动力经过离合器、变速器、前驱动桥，最后传到前驱动车轮，这种布置型式在变速器与驱动桥之间省去了万向传动装置，使结构简单紧凑，整车质量小，高速时操纵稳定性好。大多数轿车采用这种布置型式，但这种布置型式的爬坡性能差，豪华轿车一般不采用，而是采用传统的发动机前置后轮驱动。

根据发动机布置的方向，发动机前置前轮驱动可以分为发动机前横置前轮驱动和发动机前纵置前轮驱动，分别如图2-8、图2-9所示。

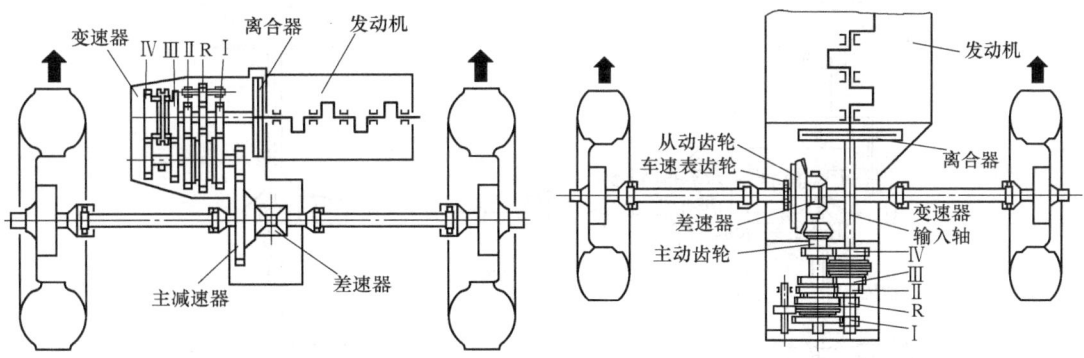

图 2-8　发动机前横置前轮驱动示意图　　　图 2-9　发动机前纵置前轮驱动示意图

提示：这两种布置型式主减速器不同。

3. 发动机后置后轮驱动（RR）

发动机后置后轮驱动简称后置后驱动。如图 2-10 所示，发动机布置在汽车后部，动力经过离合器、变速器、角传动装置、万向传动装置、后驱动桥，最后传到后驱动车轮，使汽车行驶。这种布置型式便于车身内部的布置，减小发动机传递到车内的噪声，一般用于大型客车。

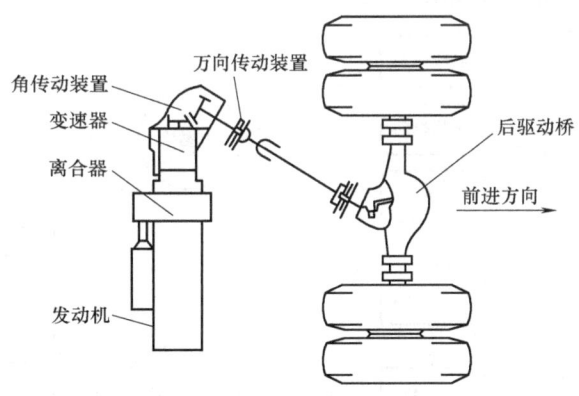

图 2-10　发动机后置后轮驱动结构示意图

4. 发动机中置后轮驱动（MR）

发动机中置后轮驱动多运用于运动型跑车和方程式赛车上。由于这种类型的汽车需要极大功率的发动机，因此发动机的尺寸比较大，将发动机安置在驾驶人座椅之后和后桥之前，有利于获得最佳轴荷分配和提高汽车的性能。著名的保时捷跑车便是采用这种布置型式。

5. 全轮驱动（AWD）

全轮驱动通常是越野车所采用的方式。此种方式一般发动机前置，在变速器后装有分动器，以便将动力分别输送到全部车轮上。现在的一些豪华轿车也常采用这种方式，如奥迪 A8 等。图 2-11 所示为发动机前置四轮驱动结构示意图。

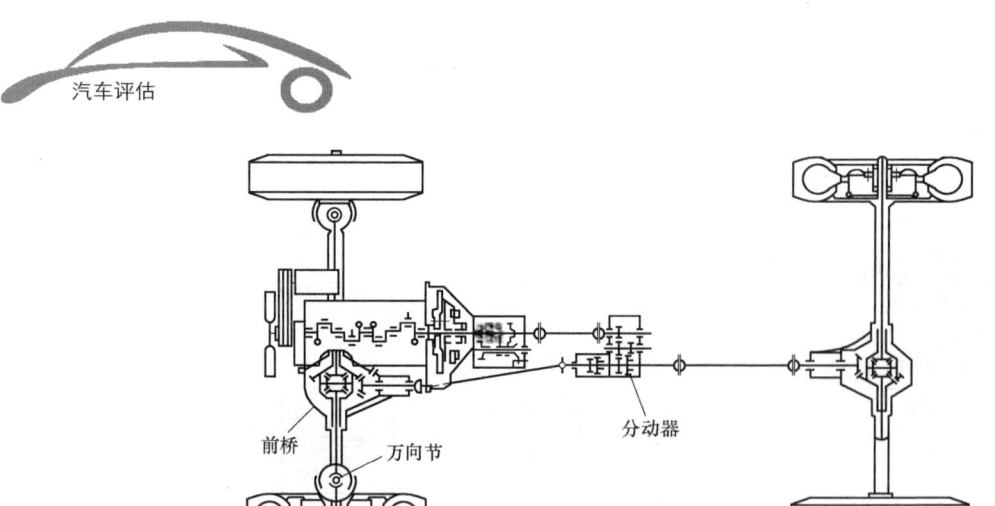

图 2-11　发动机前置四轮驱动结构示意图

2.2　新能源汽车的结构与特点

2.2.1　新能源汽车的定义

目前汽车应用的主要能源如图 2-12 所示。

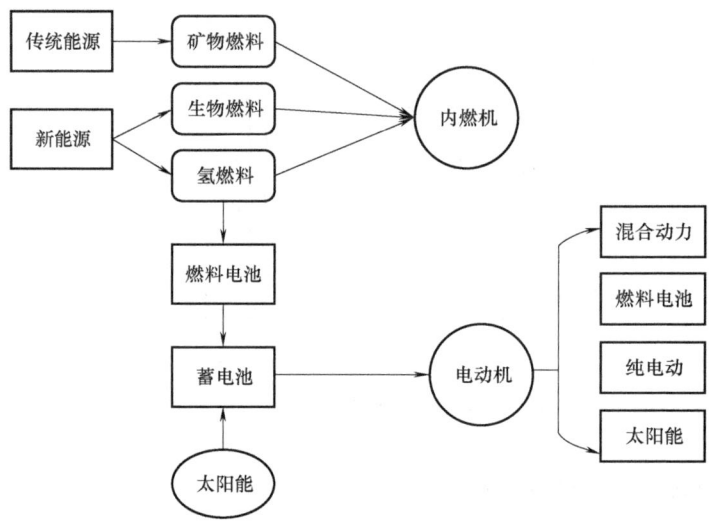

图 2-12　目前汽车应用的主要能源

根据 2017 年工业和信息化部发布的《新能源汽车企业及产品准入管理规定》，新能源汽车是指采用新型动力系统，完全或主要依靠新型能源驱动的汽车，包括插电式混合动力（含增程式）汽车、纯电动汽车和燃料电池汽车等。

2.2.2　新能源汽车的分类

新能源汽车包括电动汽车、气体燃料汽车、氢气汽车、醚燃料汽车、太阳能汽

1. 电动汽车

电动汽车是指不使用内燃机、不燃烧燃油，而用直流电动机作驱动装置的汽车。电动汽车是以车载电源为动力，用电动机驱动车轮行驶，符合道路交通、安全法规各项要求的车辆。电动汽车按所耗电量换算为发电厂的排放量，除硫和微粒外，其他污染物较少。电动汽车还可以充分利用晚间用电低谷时段富余的电力充电，使发电设备日夜都能充分利用。电动汽车的缺点是蓄电池单位质量储存的能量太少，且电池较贵。电动汽车包括纯电动汽车、混合动力电动汽车、燃料电池电动汽车。

（1）纯电动汽车

1）纯电动汽车的结构。纯电动汽车相比于燃油汽车而言，主要差别体现在四大部件上，即驱动电机、调速控制器、动力蓄电池及车载充电机，也就是说，纯电动汽车的品质差异取决于这四大部件，其价值高低也取决于这四大部件的品质，用途也与四大部件的选用配置直接相关。

2）纯电动汽车的基本组成。纯电动汽车由车载电源、电池组管理系统、电源辅助设施、电动机、控制器、底盘、车身七部分组成，沿用传统的汽车构造结构划分方式，也可将纯电动汽车分成电动机、底盘、车身和电气设备四部分。图 2-13 所示为典型的纯电动汽车主要总成布置。

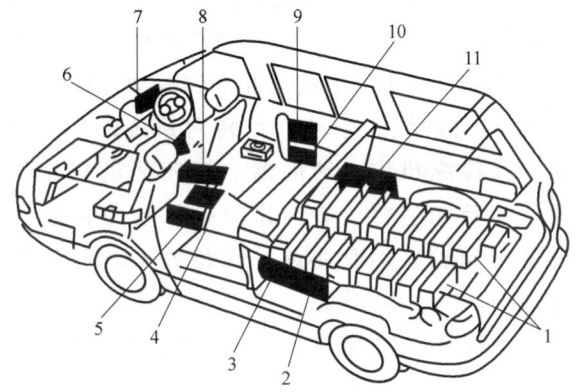

图 2-13 典型的纯电动汽车主要总成布置
1—主电池 2—空调控制装置 3—空调逆变器 4—电动机
5—压缩机 6—操纵电动机 7—SOC 仪表
8—D/A 逆变器 9—操纵控制装置 10—ECU 11—逆变器

① 电动机。电动机是电动汽车的动力装置，它是根据电磁感应原理实现电能转换的一种电磁装置，在电路中用字母 M 表示，它的主要作用是产生旋转运动，作为用电器或各种机械的动力源。

图 2-14 为正-停-反转控制电路图。正-停-反转控制主电路中 KM1 主触头闭合、KM2 主触头断开时，三相线 L1、L2、L3 分别接入定子绕组的 u、v、w 接线端子上，电动机正转；而当 KM1 主触头断开、KM2 主触头闭合时，三相电源线中 L1、L3 换接至定子绕组的 w、u 接线端子上，电动机反转。操作时按下 SB2，KM1 线圈通电，并通过 KM1 动合辅助触头自锁。主电路

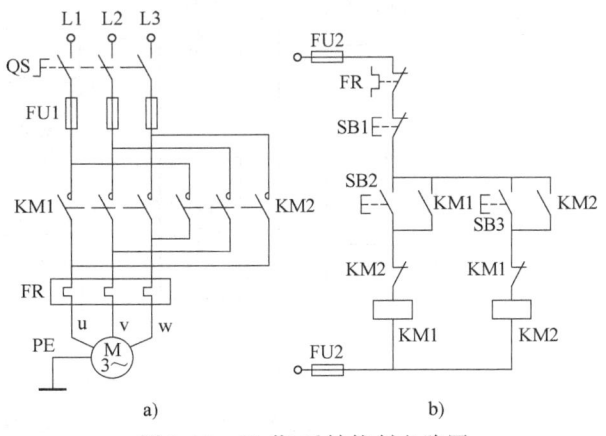

图 2-14 正-停-反转控制电路图

中 KM1 主触头闭合、KM2 主触头断开，电动机正转。反转操作时必须先按 SB1 使 KM1 线圈断电，然后才能按下 SB3，使 KM2 线圈通电，并通过 KM2 动合辅助触头自锁，主电路中形成 KM1 主触头断开、KM2 主触头闭合的状态，电动机反转。当 KM1 线圈通电时，KM2 线圈因所在支路的 KM1 动断辅助触头断开而确保断电；反之，当 KM2 线圈通电时，KM1 线圈也因所在支路的 KM2 动断辅助触头断开而确保断电。这种在对方线圈所在支路中串接一个本线圈所控制的动断辅助触头，保证两个线圈不能同时通电的电路环节称为互锁。

② 调速系统。由于电动机具有良好的牵引特性，因此纯电动汽车的传动系统不需要离合器和变速器。车速控制由控制器通过调速系统改变电动机的转速即可实现。

③ 行驶系统。行驶系统与燃料汽车类似，主要包括车架、车桥、车轮和悬架等。电动汽车行驶系统的作用是接受电动机经传动系统传来的转矩，并通过驱动轮与路面间的附着作用，产生路面对电动汽车的牵引力，以保证整车正常行驶。此外，它应尽可能缓和不平路面对车身造成的冲击和振动，保证电动汽车正常行驶。

④ 转向系统。电动汽车转向系统的作用是保持或者改变电动汽车的行驶方向，包括转向操纵机构、转向器、转向传动机构等部件。转向系统由转向盘、转向器、转向节、转向节臂、转向横拉杆、转向直拉杆等组成。电动汽车在转向行驶时，要保证各转向轮之间有协调的转角关系。驾驶人通过操纵转向系统，使电动汽车保持在直线或转弯运动状态，或者在上述两种运动状态间互相转换；还要保证在行驶状态下转向轮不会产生自振，转向盘没有摆动，转向灵敏，最小转弯直径小，操纵轻便。

⑤ 制动系统。制动系统是电动汽车装备的全部制动和减速系统的总称，它的作用是使行驶中的电动汽车降低速度或停止行驶，或使已停驶的电动汽车保持不动。制动系统包括制动器、制动传动装置，现代电动汽车制动系统中还装设了防抱制动装置（ABS）。与燃料汽车相似，纯电动汽车的制动系统也由行车制动和驻车制动两套装置组成。图 2-15 为纯电动汽车并行制动控制系统构成。

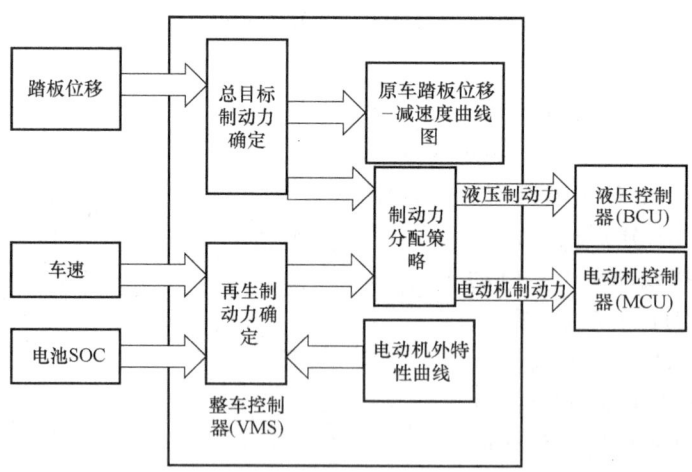

图 2-15 纯电动汽车并行制动控制系统构成

⑥ 电气设备。电动汽车电气设备主要由蓄电池、照明灯具、仪表、音响装置、刮水器等组成。

蓄电池的作用是供给电动机用电。为了满足纯电动汽车对高电压的需要，纯电动汽车一般是以由多个 12V 或 24V 的蓄电池串、并联形成的动力蓄电池组作为动力源，动力蓄电池组的电压为 155~400V，用周期性的充电来补充电能，动力蓄电池组是纯电动汽车的关键装备，它储存的电能及其自身的质量和体积对纯电动汽车的性能起决定性作用。

动力蓄电池组在纯电动汽车上占据很大一部分有效的装载空间，在布置上有相当大的难度，通常有集中式布置和分散式布置两种型式。通用公司的 EV-1 采用了 Delco 蓄电池组，采用集中式布置型式，动力蓄电池组的支架为 T 形架，T 形架装在车辆的地板下面和行李舱下面的车架上，动力蓄电池组固定在 T 形架上，有很好的稳定性，它从车辆的尾部安装。在 T 形架上装有动力蓄电池组的通风系统、电线保护套等，用自动和手动断路器在车辆停车和车辆出现故障时切断电源，保证高压电路的安全。

日本丰田汽车公司的 RAV4 EV 是将动力蓄电池组用支架固定在纯电动汽车的车架上，动力蓄电池组由 24 节 12V 的镍氢电池组成，总电压为 288V。动力蓄电池组分成若干个"小组"，呈分散式布置在车架上，然后串联起来，这样可以充分利用车辆底盘上的有效空间。这是典型的动力蓄电池组的分散式布置型式。动力蓄电池组布置在纯电动车地板下面是最常见的布置方法，这样方便安装和拆卸。

灯具、仪表是提供照明并显示纯电动汽车状态的部件组合。仪表一般提供蓄电池电压显示、整车速度显示、行驶状态显示、灯具状态显示等，智能型仪表还能显示整车各电气部件的故障情况。

⑦ 能量回收系统。能量回收系统的作用是在纯电动汽车滑行时，能够将滑行产生的动能转换成机械能，并将其存储在电容器或为动力蓄电池充电，在使用时可迅速将能量释放。

⑧ 散热系统。由于蓄电池在车辆运行的过程中会产生大量的热量，因此，拥有一个良好的散热系统无论是对纯电动汽车的安全还是其蓄电池的寿命长短都至关重要。

3）纯电动汽车的工作原理。纯电动汽车是利用蓄电池的能量使电动机驱动车轮前进，如图 2-16 所示，能量流动路线为蓄电池→电流→电力调节器→电动机→动力传动系统→驱动轮。其中，蓄电池提供电流，经过电力调节器后输出到电动机，然后由电动机提供转矩，经传动装置后驱动车轮实现车辆的行驶。

4）纯电动汽车的结构特点。纯电动汽车是以动力蓄电池为动力源向驱动电机提供电能、驱动系统将电能转化为机械能作为动力源驱动汽车，汽车的运行工况主要由控制器控制驱动电机实现。纯电动汽车属于"零排放"汽车，目前发展的主要技术瓶颈：作为动力的电池受阳极材料限制，能量密度低，导致车辆续驶里程短；受电源管理系统技术制约，电池充电时间长，使用寿命短，性价比低。纯电动汽车结构组成如图 2-17 所示。

现在高性能的纯电动汽车通常是专门设计制造的，它以原有的车体和车架设计为基础，满足纯电动汽车独有的设计要求并充分利用了电力驱动的灵活性。与内燃机汽车相

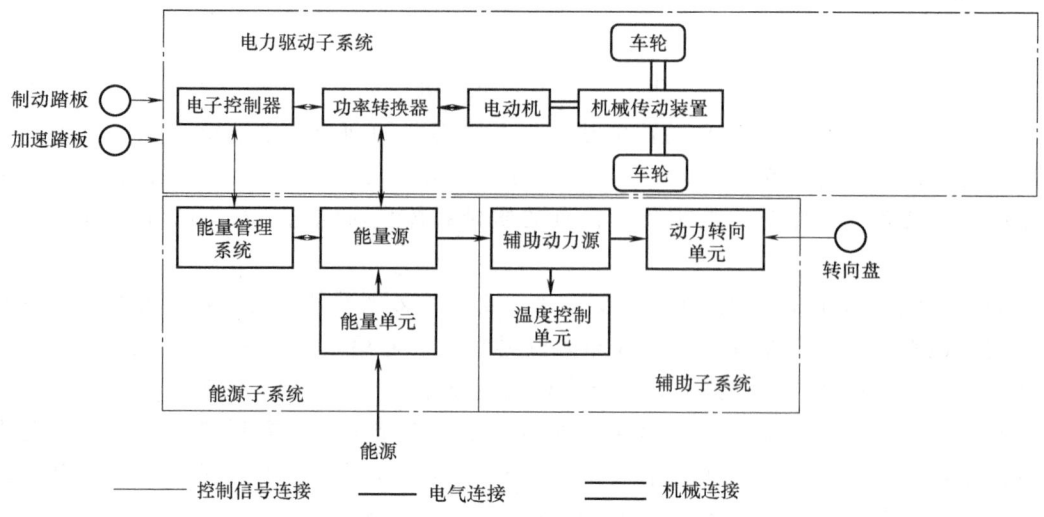

图 2-16 纯电动汽车工作原理示意图

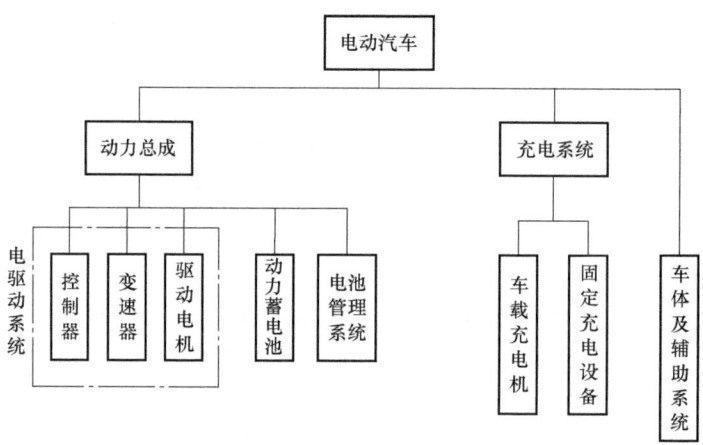

图 2-17 纯电动汽车结构组成

比,纯电动汽车的结构特点是灵活的。这种灵活性源于纯电动汽车具有以下几个独特的特点:

① 纯电动汽车的能量传递主要是通过柔性的电线,而不是通过刚性联轴器和转轴器传递的。因此,纯电动汽车各部件的布置具有很大的灵活性。

② 不同类型的电动机(如直流电动机和交流电动机)有不同的质量、尺寸和形状;不同类型的储能装置(如蓄电池和燃料电池)也会影响汽车的质量、尺寸及形状,造成驱动系统的布置不同(如独立的四轮驱动系统和轮毂电动驱动系统等),会使驱动系统结构差别很大。

③ 蓄电池采用不同的储能装置,其布置型式、位置、控制方式有很大的不同。

④ 不同的补充能源装置具有不同的硬件和机构。例如,蓄电池可通过感应式和接触式的充电机充电,或者采用换电池的方式,对替换下来的蓄电池进行集中充电。

(2) 混合动力电动汽车 混合动力电动汽车是使用多种能源动力的道路车辆,这种汽车在使用传统燃料发动机驱动的同时增加了一个电力辅助驱动装置。这是因为遇到红灯和交通堵塞的时候,发动机没必要一直运转着,只需一个功率较小的电动机即可。这时,使用电力辅助驱动装置就比较经济。

现在的混合动力电动汽车多数以电动机推动,能源则来自电池及内燃机。混合动力电动汽车电动机多数无须从电网上充电,且消耗汽油较少,加速性能佳。并且制动时可以使用电机将动能转化成电能为电池充电,充电后又可以用来驱动汽车。图 2-18 为柴油机和电动机混合动力电动汽车。

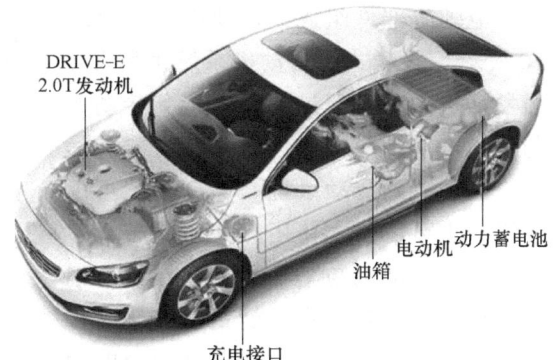

图 2-18　柴油机和电动机混合动力电动汽车

1)混合动力电动汽车的分类。按动力系统结构类型不同,将混合动力电动汽车分为串联式混合动力电动汽车、并联式混合动力电动汽车、混联式混合动力电动汽车。

① 串联式混合动力电动汽车(Series Hybrid Electric Vehicle,SHEV):车辆行驶系统的驱动力只来源于电动机的混合动力电动汽车。

② 并联式混合动力电动汽车(Parallel Hybrid Electric Vehicle,PHEV):车辆行驶系统的驱动力由电动机及发动机同时或单独供给的混合动力电动汽车。

③ 混联式混合动力电动汽车(Combined Hybrid Electric Vehicle,CHEV):具备串联式和并联式两种混合动力系统结构的混合动力电动汽车。

2)混合动力电动汽车的结构与工作原理。

① 串联式混合动力电动汽车。串联式混合动力电动汽车主要由发动机、发电机、电动机和蓄电池组等部件组成。如图 2-19 所示,发动机带动发电机发电,发电机发出的电能一部分通过电动机控制器直接输送到电动机,由电动机产生的电磁力矩驱动汽车行驶;另一部分则可储存到蓄电池内,用于延长混合动力电动汽车的行驶里程。发电机仅用于发电。蓄电池也可以单独向电动机提供电能来驱动混合动力电动汽车在零污染状态下行驶。

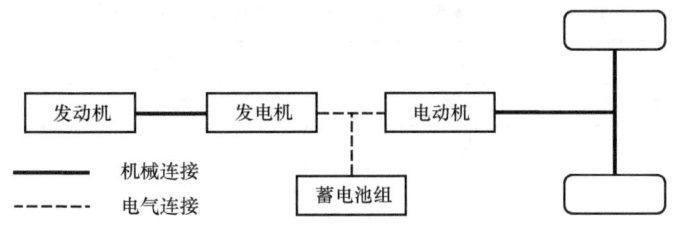

图 2-19　串联式混合动力电动汽车结构

串联式混合动力电动汽车可使发动机在高效、低污染状态下运转,获得良好的经济性和排放性,结构简单,布置方便。但是,由于能量经过发动机、发电机、电动机进行多次转换,产生能量损失,能量转换效率比传统汽车低。串联式布置适用于环保要求较高、车速低的城市大型客车,如美国 BAE 混合动力客车。

② 并联式混合动力电动汽车。并联式混合动力电动汽车主要由发动机、电动机/发电机和蓄电池等部件组成,发动机和电动机通过某种变速装置同时与车轴直接连接,如图 2-20 所示。并联式混合动力系统采用发动机和电动机两套独立的驱动系统驱动车轮。一套为发动机的动力通过离合器传到传动系统,与传统汽车结构一样;另一套为能量经蓄电池、电动机到传动系统。两套系统可以同时使用,也可以独立使用。并联式布置不需要发电机,发动机与车轴直接连接,与串联式布置相比具有效率高、能量损失小、排放性能差的特点,适合于小型混合动力电动汽车,如美国 EATON 混合动力车。

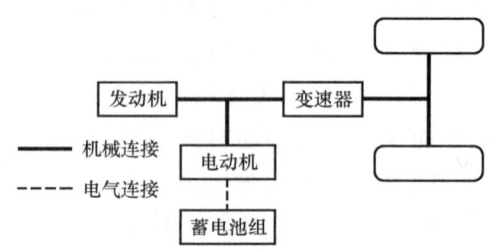

图 2-20 并联混合动力电动汽车结构

③ 混联式混合动力电动汽车。混联式混合动力电动汽车如图 2-21 所示,主要由发动机、发电机、电动机、动力分配装置和蓄电池组等部件组成。混联式驱动系统是串联式与并联式的综合,同时具备串联和并联系统的特性。在市区低速行驶时,采用串联方式工作;在高速行驶时,采用并联方式工作。混联式混合动力结构一般采用行星齿轮机构作为动力分配装置,两种驱动形式同时存在,充分利用两种驱动形式的优点。因此,混联式混合动力电动汽车能够使发动机、发电机、电动机等部件进行更多的优化匹配,保证了在更复杂的工况下系统可以在最优状态下工作,更容易获得良好的经济性和排放性,如丰田 Prius 混合动力轿车。

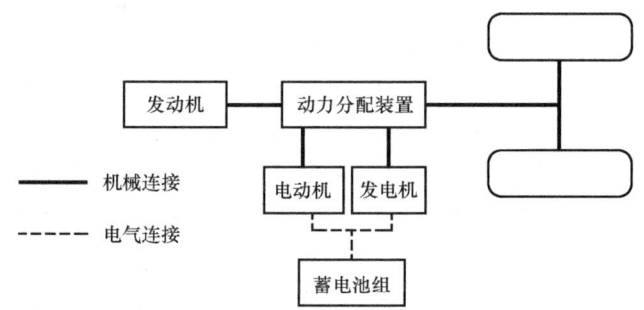

图 2-21 混联式混合动力电动汽车结构

3) 不同类型的混合动力电动汽车类型的比较。不同类型的混合动力电动汽车类型的比较见表 2-1。

表 2-1 不同类型的混合动力电动汽车类型的比较

项目	串联式	并联式	混联式
公路行驶燃油经济性	较优	优	优
城市行驶燃油经济性	优	较优	优
无路行驶燃油经济性	较优	优	优
低排放性能	优	较优	较优
成本	低	较低	较低
复杂程度	简单	较复杂	复杂
控制难易程度	简单	较复杂	复杂

（3）燃料电池电动汽车　燃料电池电动汽车与普通燃油汽车相比，其外形和内部空间几乎没有什么区别，不同之处在于动力系统。典型直接燃料电池电动汽车动力系统的基本构成如图2-22所示。

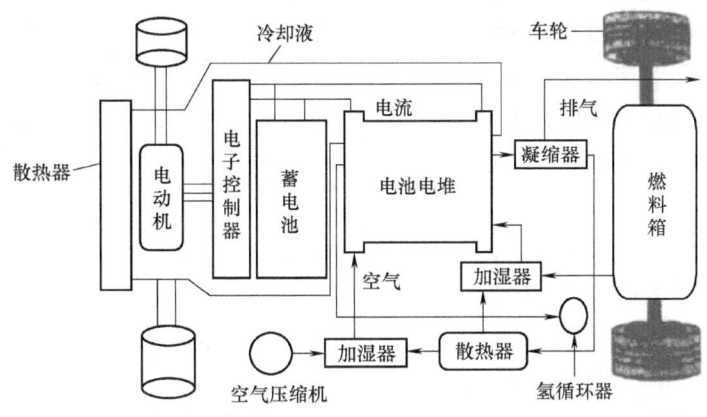

图2-22　典型直接燃料电池电动汽车动力系统的基本构成

燃料电池系统的核心是燃料电池电堆，此外，还配备了氢气供给系统、氧气供给系统、气体加湿系统、水循环及反应物生成处理系统等，用以确保燃料电池电堆正常工作。

1）氢气供给系统。氢气供给系统的功能包括氢的储存、管理和回收。由于气态氢需要采用高压的方式储存，因此储氢气瓶必须具有较高的品质。储氢气瓶的容量决定了一次充氢的续航里程。轿车一般采用2~4个高压储氢气瓶，客车上通常采用5~10个高压储氢气瓶来储存所需的氢气。液态氢比气态氢需要更高的压力进行储存，而且要保持低温，因此在使用液态氢时对储氢气瓶的要求更高，还需要有较复杂的低温保温装置。不同的储氢压力，需要采用相应的减压阀、调压阀、安全阀、压力表、流量表、换热器、传感器及管路等组成氢气供给系统。从燃料电池电堆排出的水中含有少量的氢，可通过氢循环器将其回收。

2）氧气供给系统。氧气有纯氧和空气两种供给方式。当以纯氧的方式供给时，需要用氧气罐；当从空气中获得氧气时，需要用压缩机来提高压力，以确保供氧量，增加燃料电池反应的速度。空气供给系统除了需要有体积小、效率高的空气压缩机外，还需配备相应的空气阀、压力表、流量表及管路，并对空气进行加湿处理，以确保空气具有一定的湿度。

3）水循环系统。在燃料电池反应过程中，会产生水和热量，需要通过水循环系统中的凝缩器加以冷凝并进行水气分离处理，部分水可用于反应气体的加湿。水循环系统还用于燃料电池的冷却，以使燃料电池保持在正常的工作温度。

2. 气体燃料汽车

气体燃料汽车是用压缩天然气（CNG）、液化石油气和液化天然气（LNG）作为燃料的汽车。图 2-23 为天然气燃料汽车结构示意图。

（1）天然气燃料汽车概述

天然气是一种以甲烷（CH_4）为主要成分的矿物燃料。根据产地的不同，天然气中甲烷含量高达 80%～99%，其余成分是 CO_2、N_2 和低分子量烃。天然气在汽车上可以以液态形式存储，或者以气态压缩的形式存储。以液态形式存储是指在 -161.5℃ 时，作为液化天然气存储。以气态压缩的形式存储时，压缩天然气的压力高达 20MPa。由于存储液化天然气成本高，因此一般都将天然气以气态压缩的形式存储。

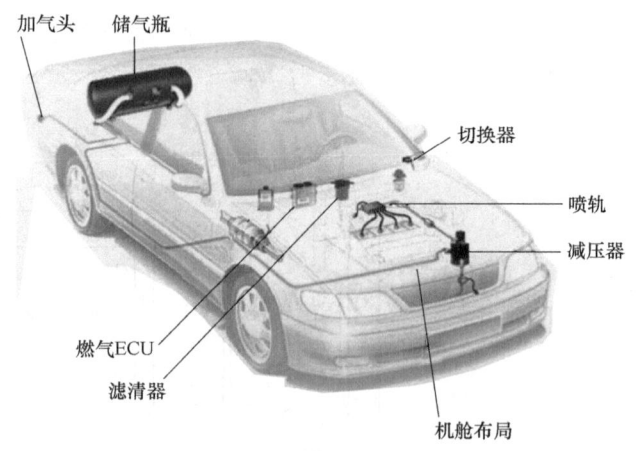

图 2-23　天然气燃料汽车结构示意图

天然气的抗爆性极好（RON[⊖]约为 140），从而可使用 13∶1 的压缩比。然而，在双燃料发动机上，如汽油和天然气组合使用的发动机上，由于压缩比必须按照汽油来调整，因此这个优点不能得到很好的利用。改装的双燃料汽车因要兼顾燃油、燃气两种条件，对原发动机压缩比和燃烧结构等均不做变动，发动机功率、汽车最高车速、加速性能不低于原车 90%。所以汽车输出功率有细微的下降，但地势平坦时不会影响驾驶效果。$1m^3$ 天然气可代替 1kg 以上的汽油，一次充气可行驶 200km 左右，排放达到欧Ⅱ标准。天然气用于点燃式发动机和柴油机驱动有以下优点：具有优异的燃烧特性和 CO_2、NO_x、CO 低排放特性，实际上，废气中不含颗粒物和含硫排放物；火花塞无积炭，减轻了机油的污染。天然气用于点燃式发动机和柴油机驱动有以下缺点：由于天然气的热值低，因此发动机功率降低；天然气存储费用高，在同样的燃料箱容量的情况下，续驶里程缩短。

气体燃料汽车发动机动力性能下降的原因有混合气热值低和分子变更系数小以及充气效率下降等，混合气热值低和分子变更系数小是由燃料分子中含氢比例较大造成的。对于天然气，其分子结构是固定的，无法改变，所以要提高天然气发动机的动力性，只能从增压、缸内直喷、降低进气温度、大负荷工况减气增油等方面进行。天然气辛烷值为 115～139，比汽油高出 50%，抗爆性能强，提高压缩比、增大点火提前角也是提高天然气发动机功率简单易行的有效方法。CNG 发动机的转矩除在高转速时略有下降外，呈现出较好的低速特性，这是由于 CNG 抗爆性能好，低转速时不需要推迟点火。

目前，国内天然气燃料汽车的开发中采用的主要是 CNG 技术，在实际应用中遇到了如车辆续驶里程短，动力性、经济性不够理想，安全性能较差等问题，从而限制了其应用范围，与之相比，LNG 具有更多的优点。

LNG 和 CNG 的主要成分均为甲烷，LNG 通过深冷前的净化处理几乎除掉了天然气

⊖　RON 为 Research Octane Number 的简写，译为研究法辛烷值，是反映抗爆性的指标。

中的全部杂质，深冷净化处理过程中又分离出不同液化点的重烃类成分和其他气体成分，因此 LNG 的纯度很高，甲烷含量为 97.5%～99.5%，而 CNG 中的甲烷含量只有 81.3%～97.5%。LNG 燃料成分的单一性和一致性有利于发动机压缩比等设计参数的确定，避免了乙烷、丙烷等成分的爆燃对发动机及其部件造成的不良影响。

LNG 的能量密度是 CNG 的 3.5 倍，这表明 LNG 储存效率更高，可以使车辆获得较长的行驶里程，或者说在相同行驶里程的情况下可以使车辆的总质量更轻，从而比使用 CNG 有更好的燃料经济性。同时储存效率高也使 LNG 更利于运输，扩大了 LNG 使用的地域范围。

LNG 的储气瓶为具有绝热夹层的压力气瓶，储存温度为 -161.5℃，储存压力稍高于 1.0MPa，而 CNG 通常以 20～25MPa 的高压储存在高压气瓶中，因此使用 LNG 更安全。

使用 LNG 可以充分利用其低温特性降低混合气的温度，从而降低燃烧温度，提高发动机的热效率，同时降低 NO_x 的排放。另外，使用 LNG 易于使发动机对负荷变化获得更好的响应性。

我国天然气储量丰富，总资源量约为 54 万亿 m^3，西气东输工程已覆盖 120 个城市，推广使用天然气汽车有着良好的资源条件。CNG 汽车发动机历经了几代产品的演变和发展之后，呈现出如下发展趋势：燃料供给系统从机械式混合器发展到电子控制喷射系统；电喷系统由单点开环控制发展到闭环多点控制喷射系统，喷射方式从缸外预混合到复合供气，缸内直接喷射；燃料的使用从两用燃料、双燃料到单一燃料。CNG 缸内直接喷射技术综合了柴油机和汽油机的优势，从根本上解决了预混合方式中天然气燃料挤占进气空气体积，造成充气效率下降的问题，实现了 CNG 非均质混合气扩散燃烧，燃烧效率高，能有效提高天然气发动机的动力性。与常见的缸外混合 CNG 发动机不同，CNG 缸内直接喷射发动机将空气的吸入和 CNG 的喷射分开进行，先将纯净空气吸入气缸，在接近压缩行程上止点时，将 CNG 喷入气缸，借助高温（约 1300℃）的电热塞使天然气压燃，燃烧效率比传统火花点燃式 CNG 发动机提高 25%。CNG 喷射压力为 19MPa，发动机热效率超过原柴油机，无可见烟排放，NO_x 排放低于同类型柴油机。

有的汽油/CNG 两用燃料汽车在中、小负荷工况下，发动机燃用纯 CNG，当发动机负荷达到 50% 以上时，减少 CNG 供气量并加入少量汽油掺烧，或在大负荷工况完全切断 CNG 供气，改为纯汽油供给方式。

需要说明一点，如果定期更换高压气瓶，并且按照制造厂家的说明，对天然气系统进行维护检查，那么就没有必要对供气系统进行规定的养护检查。在维护检查的范围内，必须对天然气储气瓶和管路、电磁截止阀、关闭盖和天然气加注管，以及天然气储气瓶上的通风管进行检查，必须按照制造厂家的规定，使用气体泄漏检查仪等仪器进行泄漏试验，需要遵守天然气汽车操作、使用和修理方面的安全法规。

天然气动力系统对环境构成一定的威胁，例如，气体泄漏未被检查出来，或者是储存压力的提高存在爆炸的危险，为此，天然气动力系统必须装有各种安全装置。止回阀位于充气接头内的截止阀上，其作用是防止天然气经过充注阀倒流。在车内布置管路和部件上包缠密封护套，螺纹套管接头为双卡环螺纹套管接头。天然气储气瓶由钢或碳纤维增强复合材料（CFRP）制成，每个储气瓶都要通过两个护圈安装到汽车上，钢瓶的爆炸压力约为40MPa，而CFRP瓶的爆炸压力约为50MPa。储气瓶上安装有易熔塞和热熔断器，这些装置可以防止过高的压力增长，从而防止了起火所引起的储气瓶爆炸；限流器可以防止管路破裂所造成的天然气突然大量泄漏。电磁截止阀安装在天然气储气瓶上，在转换成汽油模式的情况下，在发生电源故障时，发动机停机后，或者在发生事故的时候，此阀关闭。另有一个截止阀安装在调压器上。在低压侧管路上（如在调压器与气体喷射器之间的管路上）使用软管可以防止疲劳损伤所引起的断裂现象。过压调节器安装在调压器上，可防止低压侧出现过高压力。

（2）天然气发动机结构和工作原理

1）CNG发动机系统原理。CNG从储气瓶出来，经过天然气滤清器过滤后，经高压电磁阀进入高压减压器，高压电磁阀的开合由发动机控制模块（ECM）控制，高压减压器的作用是将高压的压缩天然气经过减压加热将压力调整至7～9MPa。CNG在减压过程中由于减压膨胀，需要吸收大量的热量，为防止减压器结冰，从发动机将发动机冷却液引出到减压器对燃气进行加热，经减压后的天然气进入电控调压器，电控调压器的作用是根据发动机运行工况精确控制天然气喷射量，天然气与空气在混合器内充分混合，进入发动机缸内，经火花塞点燃进行燃烧，火花塞的点火时刻由ECM控制，氧传感器即时监控燃烧后尾气的氧浓度，推算出空燃比，ECM根据氧传感器的反馈信号和控制MAP及时修正天然气喷射量。

若采用增压技术，则发动机进气量有显著增加。图2-24所示为CNG发动机电控系统组成。

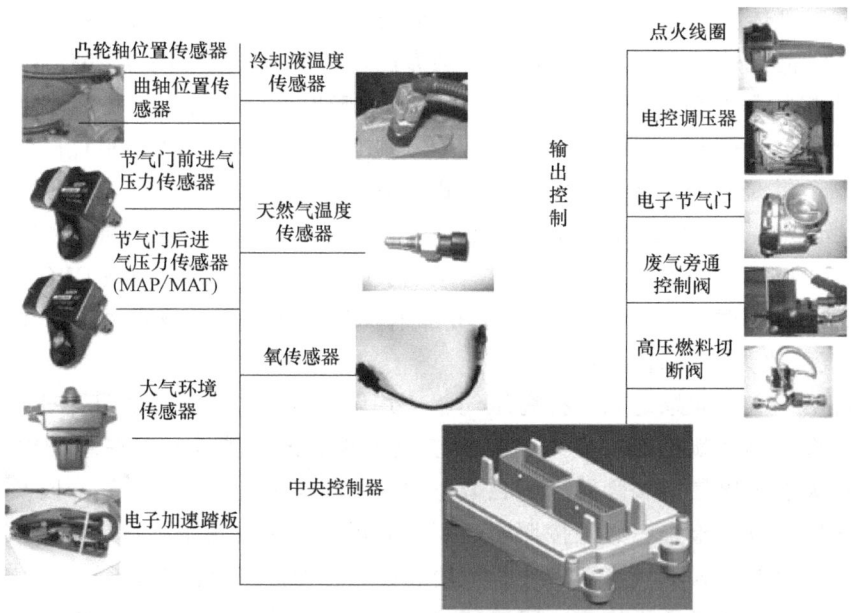

图2-24 CNG发动机电控系统组成

2）天然气发动机主要零部件作用和工作原理。

① 高压燃料切断阀。高压燃料切断阀由ECM控制其开合，停机状态下处于常闭状

态。其作用是及时切断或恢复燃料供给,为有效防止高压电磁阀进气接头与高压电磁阀结合部位漏气,安装该接头时,必须使用螺纹密封胶(如乐泰262),并且锁紧接头使铜垫略有变形,以有效密封。高压燃料切断阀进气口自带滤芯,如果拆检时发现高压电磁阀滤芯污染严重,必须拆下高压电磁阀阀芯、阀座,用汽油浸泡后,再用压缩空气吹干净装复。

② 高压减压器。高压减压器通过压力膜片克服弹簧阻力,带动杠杆,调整节流孔的流通面积,从而控制减压后的天然气压力。通过节流和加热,使高压的CNG减压至 $7 \sim 9 MPa$ 的低压天然气。安装时要求减压器进气接头螺纹部分必须使用螺纹密封胶,并且使用铜垫进行密封;减压器出气接头使用O形圈进行密封,出气接头与低压电磁阀、低压电磁阀与电磁阀出气接头采用锥螺纹连接,安装时必须使用螺纹密封胶;高压减压器通过两根水管与发动机的冷却水循环水路连通,安装水管时应锁紧环箍,以免漏水;高压减压器必须通过一根压力反馈管与进气管连接,目的是根据工况控制调压器出口压力。减压调节器应安装在靠近发动机进气管和振动较小的位置,但不应直接安装在发动机上。所以减压调节器必须安装在汽车(底盘)大梁上。设计减压调节器支架时,应注意减压调节器的安装位置不能高于发动机散热器顶部,否则会导致加热水不能流经减压器,导致减压器结冰冻裂。

每5万km要维护高压减压器,用汽油或化油器清洗剂清洗高压减压器一级压力腔,并用干压缩空气吹干净后装复;拆除高压减压器进气接头,检查滤芯是否被污染;若被污染更换,更换易损件(如橡胶密封圈),检查轴销的磨损情况,如磨损更换轴销;对减压压力进行检查、调整。每10万km更换膜片及密封件,并对减压压力进行检查、调整。

③ 低压电磁阀部件。低压电磁阀由线圈驱动阀芯,由ECM控制其开合,停机状态下处于常闭状态,有及时切断或恢复燃料供给的作用。安装低压电磁阀时,为有效防止低压电磁阀进气接头与低压电磁阀结合部位漏气,必须使用螺纹密封胶(如乐泰262)有效密封,要求安装在电控调压器上面。

④ 电控调压器部件(EPR阀)。电控调压器内部有一个控制芯片,该控制芯片接收来自ECM的控制指令,通过高速电磁阀控制天然气供气量,从而实时有效控制空燃比,可控制天然气喷射量。安装时因该零件内部有控制芯片,应避免高频振动;该零件自带减振软垫,切勿自行拆卸。电控调压器出气口中心水平高度不需低于混合器进气口中心高度,电控调压器出气口离混合器进气口距离要求控制在500mm以内,目的是让天然气中的杂质流到混合器中随空气进入缸内燃烧掉,保持EPR阀内清洁,并且保持天然气供给响应速度快。

电控调压器在使用中需进行定期的维护,由于电控调压器处于低压减压部分,在长期的使用中会在其内部沉积大量的油污和杂质,长时间的油污和杂质会导致电控调压器工作不良、传感器损坏以及内部的密封件和橡胶膜片提前老化和破损,因此该部件的维护尤为重要。每5万km就需对内部零部件进行清洗,更换易损件,检查轴销的磨损情况;每15万km就需更换膜片及密封件,并对压力进行校准。

⑤ 混合器部件。混合器将天然气和中冷后的空气充分混合,使燃烧更充分,有利

于降低 NO_x 排放和排气温度，安装时要求调压器出气管安装在混合器天然气入口处，安装时锥螺纹部分必须使用螺纹密封胶以防止漏气，将混合器上的两片凸棱平行于混合器的接口管处的结合面，注意拧紧螺栓以防止漏气。有些混合器拥有极少的活动部件和坚固的设计，因此工作非常稳定，使用不当以及使用区域气体不洁净也将对混合器中的部件产生损坏。

根据使用情况的调查和分析，使用和维护不当会导致两种故障模式：a. 发动机经常性回火会导致膜片老化加剧，致使膜片出现破裂和破损；b. 当 CNG 中所含的压缩机机油过多，以及空气中的杂质过滤不充分时，如果没有及时对混合器内部进行清洁保养，油污会附着在燃料空气阀和阀座上，长时间的积累会导致燃料空气阀运动受阻，甚至完全卡死，从而导致发动机工作不稳定，因此空气滤清器对空气、天然气过滤效果的好坏将直接影响混合器的使用寿命。

⑥ 电子节气门。驾驶人通过加速踏板，将动力需求传送给 ECM，ECM 接收到加速踏板的信号后，根据发动机运行工况控制碟阀的开度，控制怠速转速和调速特性曲线。安装时要求电子节气门驱动电机轴线必须保持水平方向。每行驶 10 万 km（视当地气体清洁度而定），从发动机上拆下节气门，检查节气门内部是否有明显的油污，若有，则需用节气门清洗剂清洗节气门碟阀部分，并用干压缩空气吹干，清洗后，用手按压碟阀，检查碟阀运动有无卡滞、是否回位，若出现卡滞，则需要更换电子节气门总成。

⑦ 点火线圈。点火线圈接收来自 ECM 的点火指令，产生高电压并将高电压传递给火花塞，产生火花，点燃天然气。点火线圈能根据 ECM 指令控制点火时刻，使发动机实现低排放、低气耗。安装时要求拧紧点火线圈安装螺栓，以保证点火线圈胶套内弹簧与火花塞头部紧密接触。由于高压电源会在接触表面产生电弧，弹簧与火花塞头部接触的部位易受热氧化，导致接触部位电阻过大，分压作用过大导致火花塞点火能量降低，严重时会导致失火，所以安装火花塞和点火线圈时，必须在火花塞头部与点火线圈弹簧结合部位涂抹导电膏。

点火线圈次级输出电压高达 4 万 V，因此在发动机使用过程中，绝对不允许用水直接冲洗发动机，特别是点火线圈部位。每三个月或 2 万 km 要清理弹簧与火花塞之间的氧化物，并涂抹导电膏；每三个月要检查点火线圈胶套是否老化开裂，如有开裂，应及时更换。

⑧ 防喘振阀。当发动机突然减速时，通过防喘振阀通气软管将节气门后的低压压力传递到防喘振阀压力反馈接头上，打开防喘振阀单向截止膜片，使增压器压气机前后压力平衡，避免增压器喘振，保护增压器。该零件共有三个接口：一个接口连接防喘振阀通气软管，以连通防喘振阀和进气管压力，另外两个 $\phi 25mm$ 外径的接口分别连接增压器前进气管和增压器后进气管。

⑨ 火花塞。火花塞通过来自点火线圈的高电压，产生火花，点燃天然气。安装时要求必须使用专用火花塞套筒，由于高压电源会在接触表面产生电弧，弹簧与火花塞头部接触的部位受热氧化，导致接触部位电阻过大，分压作用过大导致火花塞点火能量降低，严重时会导致失火，所以安装火花塞时，必须在火花塞头部涂抹导电膏。在胶套与火花塞接触的陶瓷部位应该涂抹绝缘润滑油脂，以防止因胶套老化导致火花塞与缸盖之

间漏电。

火花塞属易损件，玉柴目前所使用的火花塞为 NGK 铂金和铱金两种，火花塞使用寿命一般为 6 万~8 万 km。其维护内容为：①每三个月或 2 万 km，必须检查火花塞电极燃烧情况，清理电极头部杂质，并调整间隙。间隙调整要求如下：天然气发动机 NGK 的铂金火花塞（PFR7B-D）电极间隙为（0.33±0.05）mm；天然气发动机 NGK 铂金火花塞（IFR7F-D）电极间隙为（0.4±0.05）mm。②每 6 万~8 万 km，检查火花塞头部电极贵金属烧蚀情况，若使用情况较好，调整间隙后可继续使用；③8 万 km 后直接更换火花塞，必须使用指定火花塞，否则可能会导致炽热点火、动力下降、气耗升高、点火线圈击穿等故障。

⑩ 废气旁通控制阀。废气旁通控制阀通过废气旁通阀控制的占空比，控制废气旁通阀的出口压力，从而控制发动机的增压压力。采用该技术能有效提升发动机低速转矩满足公交车频繁起步的工作要求。安装时要求安装在散热条件较好的低温区，保证零部件可靠性。

⑪ 氧传感器。氧传感器检测排气中氧分子浓度，从而测量燃烧时的空燃比，ECM 根据测量所得的空燃比修正燃气供给量。安装要求是：要在离增压器出口或排气弯管下 250~400mm 的地方，焊接一个氧传感器安装座，氧传感器应安装在排气管远离发动机一侧（不能安装在排气管下方），传感器线束走向应尽量远离发动机和排气管，并可靠固定，不能安装在排气管转弯处；氧传感器在满足前面要求的情况下尽可能靠近涡轮增压器，如果有排气制动阀，氧传感器应安放在排气制动阀的下游；氧传感器的安装位置处不能进雨水，氧传感器和发动机之间最好有隔热罩等隔热装置。

⑫ 大气环境传感器。通过测量进气压力、温度、湿度来修正空燃比和天然气供给量，使发动机运行在最佳状态。安装要求是：安装在空气滤清器和增压器之间的空气管路上；将传感器安装座焊接在进气管路上，焊接时必须保证焊接部位密封可靠；为保证传感器测量值正确，安装时必须保证传感器底面湿度测量小孔不被挡住，并且该传感器温度、压力探头必须置于气流中以测量正确值。

⑬ 进气压力温度传感器。通过测量中冷后的压力、温度，结合发动机转速、排量、充气效率，利用速度密度法即可计算出混合气流量。安装要求是：按零件要求安装在电子节气门下游的进气管上，安装时尽可能让传感器温度、压力探头置于混合气流中，以测量出正确的值。

⑭ 凸轮轴位置传感器。通过信号轮的触发信号，将第一缸活塞压缩上止点位置及时准确地传递给 ECM，ECM 根据触发信号及控制 MAP 来控制发动机的点火提前角、空燃比、增压压力等参数。

⑮ 冷却液温度传感器。冷却液温度传感器将发动机的冷却液温度信号及时准确地传递给 ECM，根据冷却液温度修正点火提前角、空燃比及怠速车速等参数，同时在冷却液温度失控情况下限制发动机的功率，从而保护发动机。

⑯ 天然气温度传感器。天然气温度传感器测量电控调压器出口处的天然气温度，ECM 根据测量到的温度、压力等参数以及所需要的目标空燃比计算出需要提供给发动机的天然气供给量。安装时要求牢固安装在电控调压器指定位置，要求加密封胶，确保

不发生天然气泄漏。

⑰ 电子加速踏板。驾驶人通过电子加速踏板驱动，控制发动机运行工况，反映驾驶人的实际动力需求。该加速踏板为接触式电子加速踏板，安装时注意将加速踏板布置在防油、防水、防电磁干扰条件较好的地方。为防止整车电磁干扰影响电子加速踏板传递给 ECM 的信号，要求电子加速踏板至整车接口信号线必须使用屏蔽线，并且屏蔽层要接地牢固可靠。

⑱ ECM。ECM 是电控 CNG 发动机管理核心，通过各种传感器监控发动机运行工况，根据发动机运行工况和控制 MAP 控制各执行器，并且通过 CAN 总线与汽车各子系统通信。安装 ECM 时，应尽可能将 ECM 安装在振动小的位置，并且要有可靠的防水、防油、散热措施。

3. 氢气汽车

氢气汽车是以氢气为发动机燃料的汽车。图 2-25 为氢气燃料电动汽车的组成。

（1）氢气汽车总体组成 氢气汽车与传统汽车的不同主要在燃料供给系统。氢气燃料供给系统的结构示意图如图 2-26 所示。其电控系统由各种传感器如发动机转速、加速踏板位置、氢气压力和温度等传感器和控制 ECU 组成。

（2）氢气汽车基本工作原理

工作时，氢气电磁阀打开，氢气从储氢罐出来，经过滤清器、电磁阀到减压器减压，再通过氢气喷射器喷入进气歧管，与空气混合后，进入燃烧室燃烧，推动活塞做功，将动力输出，排气生成的水从排气道排出。

氢气喷射器喷氢的时间和数量由 ECU 控制，取决于外部各种传感器输入的信号，如加速踏板位置、进气量、温度等，基本控制原理与电控汽油机类似。

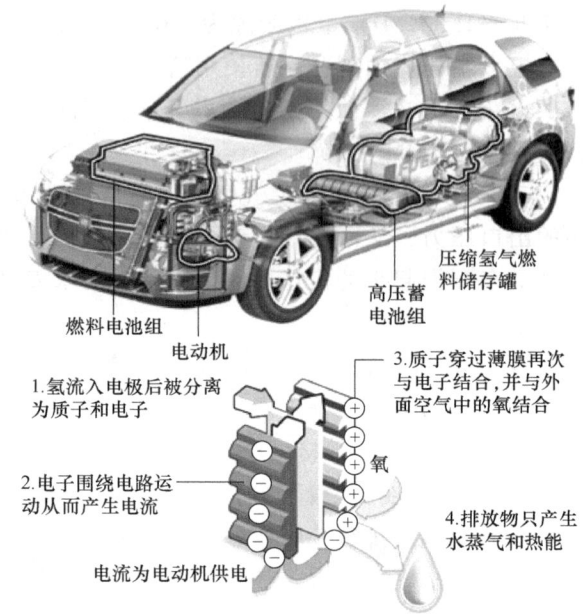

图 2-25 氢气燃料电动汽车的组成

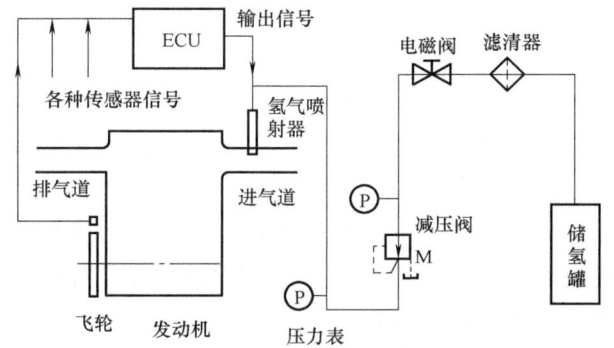

图 2-26 氢气燃料供给系统的结构示意图

（3）氢气汽车的优点 氢气汽车的燃料是氢气，通常情况下是一种无色、无味、无毒的气体。相比于其他燃料，它具有下列优点：

1)资源丰富。氢气可采取多种方式制取。例如可从天然气中提取,可由再生物质制取,如可电解水制氢等。

2)环保。氢气燃烧后无一氧化碳、二氧化碳、硫化物、碳烟和颗粒物排放,只产生氢氧化合物即水,真正实现零排放。

3)燃烧热值高。氢气的燃烧热值高于所有化石燃料和生物质燃料,见表2-2。

表2-2 几种材料的燃烧热值

名称	氢气	甲烷	汽油	乙醇	甲醇
燃烧热值/(kJ/kg)	121061	50054	44467	27006	20254

4)热效率高。其理论循环接近奥托循环,在相同的测试条件下,氢气发动机的热效率比汽油机提高15%~50%。

5)燃烧稳定、充分。氢气在空气中的可燃比非常高(体积分数范围4%~75%),而汽油(体积分数范围1%~7.6%)和甲烷(体积分数范围5.3%~15%)却较低,这一特性在氢气的燃烧中起了很大的作用。加上氢气的燃烧在气体中传播速度很快,因此氢气燃料发动机的燃烧非常清洁。

6)燃料混合比的浓度调节方便。氢气发动机可以靠空气-燃料混合比的浓度调节动力输出,不需要节流阀。这样做最大的好处是提高了发动机的整体效率,因为不存在燃料泵中流量的损失,稀薄燃烧的效率较高也起了一定的作用。

7)辛烷值高。氢气的辛烷值高达130,而高级汽油的辛烷值只有大约93,因此它的自燃温度很高,抵抗爆燃的能力强,也就是说可以采用较高的压缩比。据福特公司的研发统计数据显示,1台压缩比为14.5:1的氢气发动机最大效率可达到52%。

8)点火能量低。点火能量不到汽油最低点火能量的1/10,并且火焰传播特性很好,可在过量空气系数较大的范围内稳定燃烧。液态氢的沸点低(约-253℃),冷起动好。

9)稀薄燃烧能力强。发动机能在稀混合气下稳定工作,具有很好的热效率。

(4)**氢气燃料的缺点**

1)难以储存。氢是最轻的元素,易泄漏,从高压储气罐中泄漏会达到声速,泄漏速度是天然气的3倍。远程运输时损耗大。

2)制取成本高。与传统动力汽车燃料相比,成本至少高出20%。

3)易燃。氢/空气混合物燃烧的范围是4%~75%(体积分数),点火能量仅为0.02MJ,而其他燃料的着火范围要窄得多。氢气燃料低点火能量所导致的进气管回火和缸内早燃,以及经由活塞环渗漏到曲轴箱的氢气产生爆炸等问题,使得氢气发动机正常工作遭到破坏。

4)氢脆。锰钢、镍钢以及其他高强度钢容易发生氢脆,这些钢长期暴露在氢气中就会导致氢的泄漏和燃料管道的失效。

4. 醚燃料汽车

醚燃料汽车是以醚为燃料的汽车,具有高效率、低污染、无烟排放、冷起动和加速性能较好的特点,如二甲醚汽车等。

5. 太阳能汽车

（1）太阳能汽车的基本结构　太阳能汽车一般由太阳能电池组、向日自动跟踪器、驱动系统、控制器等组成。

1）太阳能电池组。它是太阳能汽车的核心，由一定数量的单体电池串联或并联组成电池方阵。太阳能单体电池由半导体材料制成，当太阳光照射在该半导体材料时，半导体的电子空穴对被激发，形成"势垒"，也就是PN结（图2-27）。

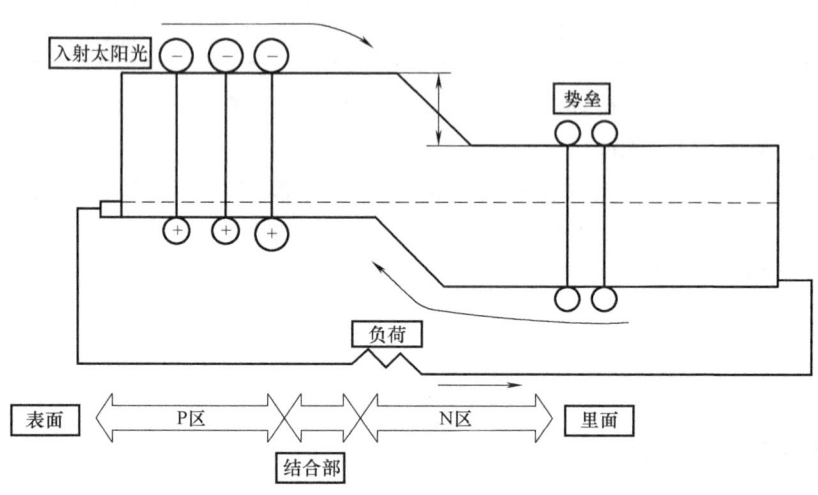

图2-27　太阳能电池工作原理图

由于势垒的存在，在P型层产生的电子向N型层移动而带正电，而在N型层产生的空穴向P型层移动而带负电，于是在半导体元件的两端产生P型层为正的电压，即形成了太阳能电池。

太阳能电池的电流大小与太阳光照射强度的大小和太阳能电池面积的大小成正比。车用太阳能电池将很多太阳能电池排列组合成太阳能电池板（图2-28），以产生所需要的大电流和高电压。

2）向日自动跟踪器。太阳能电池能量的多少取决于太阳能电池板吸收太阳辐射能量的数量，由于相对位置的不断变化，太阳能电池板吸收的太阳辐射能量也在不断变化。向日自动跟踪器的作用就是保持太阳能电池板正对着太阳，最大限度地提高太阳能电池板吸收太阳辐射能量的能力。

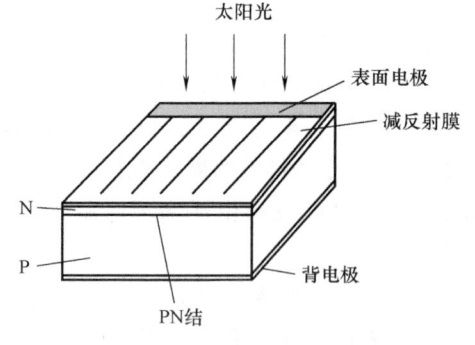

图2-28　太阳能电池

3）驱动系统。太阳能汽车采用的驱动电动机主要有交流异步电动机、永磁电动机、直流电动机，其驱动系统与电动汽车基本相同。

4）控制器。主要实现对太阳能电池组进行管理和对电动机的控制，其作用与电动汽车控制系统相同。

（2）**太阳能汽车的工作原理** 太阳能汽车由太阳能电池板在向日自动跟踪器的控制下始终正对太阳，吸收太阳光能量，并转换成电能，向电动机供电，再由电动机驱动汽车行驶，它实际是一种电动汽车，其工作原理与串联式混合动力电动汽车基本相同。

由于太阳能电池的能量较小，而且受天气的影响，在阴天、下雨时，太阳能电池的转换效率降低或停止，所以太阳能电池板往往与蓄电池组共同组成太阳能混合动力电动汽车的动力源。当太阳光强烈，转换电能充足时，太阳能电池板通过充电器向动力电池组充电，也可以由太阳能电池板直接提供电能，通过电流变换器将电流输送到驱动电机，驱动汽车行驶。一般采用智能控制系统来控制其运行。当太阳较弱或阴天，则靠蓄电池组对外供电。

2.2.3 新能源汽车细节造型特点分析

替代燃料的内燃机车型在细节设计方面与常规汽车的相似度很高，因此，对于新能源车型细节设计的特点分析主要放在有电动机参与驱动的车型，即混合动力电动汽车、纯电动汽车和燃料电池电动汽车上。

1. 前部进气口设计

传统汽车的前部通常会设有进气口，主要为散热器的通风散热和发动机进气助燃而设计。进气口的面积越大自然散热和进气效果越好，然而从另一方面来说空气阻力也会相应增大。而以电能为驱动形式的新能源车型在这方面的需求与常规车型不一致，这就使得在造型设计方面这两者会有所区别。

（1）**新能源汽车进气口设计特点分析** 在车内安装蓄电池的纯电动汽车通常情况下不需使用水冷系统，对进气口的面积没有很大需求，因此为了减少空气阻力一般会采取将车头中央的主进气口封闭或者直接取消主进气口的方法。

同样，燃料电池电动汽车也不会安装水冷系统，同样不需要大面积的进气口，因此可以采取与纯电动汽车相同的设计手法。

（2）**新能源汽车进气口设计实例分析** 以意大利宾尼法利纳生产的 B0 电动概念车为例，它前部的进气口面积很小，左右两个前照灯之间用一块蓝色太阳能电池板进行过渡，蓝白两色的分色设计与传统汽车设计几乎一致，因此不会出现由于使用全新的设计方式而给人带来的陌生感。还有许多纯电动汽车如雷诺 ZOE ZE 的前部不再沿袭常规车型开设进气口的设计，直接取消了车前中央的主进气口，充分体现了其新能源车型的身份。

2. 轮辋设计

（1）**新能源汽车轮辋设计特点分析** 无论是常规车型还是新能源车型，汽车的轮辋设计都是需要认真考虑的一个问题，轮辋的设计也一直随着技术的发展进行着演变。总体上来说，新能源汽车的轮辋结构与传统能源车型相比区别不大，但是随着制动能量回收系统在新能源车型中的应用变得越来越广泛，普通类型制动系统所需的冷却进风量大大降低,因此轮辋的镂空面积可以适当进行减小。而且一些新能源车型会采用轮毂电动机来替代普通电动机,因此其轮辋部分也会做比较特别的设计,这就造成了新能源车型与常规车型轮辋设计的不同。

平面化、立体化、多材质、多色彩是近期的新能源汽车轮辋设计发展的几个主要趋势和方向。

(2) 新能源车型轮辋设计实例分析 一些新能源汽车采用了更平面的轮辋设计形式,近乎平面设计的图案式的轮辋设计,配合整车造型,给人带来焕然一新的感觉。

然而在新车型的更大范围内,包括新的传统动力车型,充满立体感的汽车轮辋设计运用于许多体现运动感的汽车造型中。这种多维度深层次的立体化造型特别强调车轮本身造型的感觉,虽然成本相对于过去而言有所提高,但也使轮辋的可观性大大增加。

在最近发布的各类概念车的设计中可以发现,最近流行的轮辋设计大多是从色彩和材质方面进行相关改动,其中也包括透明材质的运用,尤其对一些以电力驱动的新能源汽车来说,不仅是轮辋电动机的应用,透明材质的轮辋对其也是一种身份的体现。

3. 车灯的设计

车灯结构和工作原理都与汽车使用的能源形式基本没有任何关系,但电能在各类新能源车型中总是十分珍贵,因此出于节约能源的考虑,新能源车型往往采用节能的发光方式。发光二极管(LED)便是一种与传统灯具相比更加节约能源的灯具类别,LED的广泛使用已经成为当今汽车灯具设计的一个潮流,这也为车灯的造型设计或者形态结构方面提供了更多的选择余地。而且,一些共有的特点已经在当前各种新车型的车灯设计中表现出来,它们表现了最近车灯设计的潮流和趋势,因此对于新能源车型的车灯设计进行深度的分析也是十分有必要的。

(1) 前部灯具造型设计新特点分析 通过对近几年来风格比较新颖的车型的概念设计,下面对车灯造型设计的特点和趋势做出了一些总结和概括:

1) 整体方面。

① 灯具的各部分功能模块在前部分散排布。灯具已经成为汽车造型中装饰性元素的一部分,一些概念车的设计将前照灯分成固定的几组在前部分散布置,而不是像传统汽车集中左右两个完整的灯罩中。

② 灯罩从车头向车身侧面扩张。在小尺寸车型上,这种特点尤为突出,前照灯的灯罩可能一直延展到车前轮的上方,而不仅仅是分布在车头的正前方。

③ 辅助灯具细节增加。在一些新车型的前照灯设计中,辅助灯具越来越多地参与到了整车的造型设计中,灯具设计得到了明显的改良。这使得前照灯造型更加精致,特点也更加鲜明。

④ 车灯灯罩曲面与车身主体曲面的分离设计。还有一些特点鲜明的新车型在设计中特意将前照灯的灯罩曲面与车身的主体曲面分开处理,以此将车灯的形态突出出来,产生一种个性化的造型特点。

2) 细节方面。

① 前照灯细节设计更为生动。例如,有些新式车型在前照灯部分采用了独特的氙气灯设计,强调氙气灯集成体的作用。

② 发光二极管的广泛应用。相比过去应用在汽车上的灯具光源，发光二极管能耗较低，占用空间也较小。LED 灯也成了当下最为流行的前照灯设计方案之一。LED 对空间的需求很小，也使得前照灯的结构布置方式有了更多选择的余地。无论是传统动力车型还是新能源车型，品质较高的车型的前照灯设计中都或多或少有着 LED 的参与。但是在大多数情况下，在量产车型中，LED 还是被当作一种辅助灯具来看待，少数拥有相应技术的制造商才会将 LED 作为一种主要车辆用灯具进行投产。将 LED 前照灯技术应用于新能源汽车车型中在不久的将来应该是个可行的方案。还有一些车型巧妙运用成串的 LED 灯泡或者发光导管造型，以此来创造车型本身甚至整个品牌标志性的风格。

③ 更多新色彩在新式前照灯中的应用。更多的色彩也在新式前照灯设计中被尝试，而不再是以传统的白色和黄色为主，蓝色等颜色渐渐进入了人们的视野。

（2）尾灯造型设计特点分析　车辆的尾灯设计也有着与前照灯类似的设计趋势。更加新颖的细节设计便是其中最为明显的一点。

1）类似于前照灯的设计，尾灯设计中也渐渐开始采用成串的发光二极管和发光导管来特意制造出一些流线型造型或者形态，这些形态有的与车身设计的线条相融合，有的提升了车灯的品质感，尤其在夜晚显得十分美观。

2）尾灯灯罩中新色彩的尝试。为了显示其独特的身份，很多新能源车型采用不发光时不呈现红色的尾灯设计。

4. 内饰设计

汽车的内部空间布局几乎已经根据汽车的类型确定了，几乎所有汽车的内饰设计都趋于相同。而有些新能源车型由于动力形式的不同，内饰的设计也因此带来了更多变化的可能性。

新能源车型的内饰设计与传统动力车型十分类似。其原因如下：①在汽车造型设计和技术架构的发展过程中，人类形态并没有发生太大的变化，人类工作姿势也没有出现过于明显的不同，因此人与机器之间的和谐关系与以前相比并没有太大差别，座椅、转向盘以及其他与汽车驾驶相关的操作体系也没有调整的必要。②由于人们已经习惯了多年沿袭下来的传统操作模式，新能源车型想要改变现有的这种成熟的模式是十分有难度的，而且如今反而还有倾向于保持常规车型的驾驶模式。抛开动力形式不谈，最新车型的内饰设计对于新能源汽车的内饰设计都会有较高的借鉴价值。而对于内饰设计细节部分来说，分析最新汽车的内饰设计，可以发现一些十分具有特点的新趋势。

（1）结构设计的创新　片层结构的整车造型风格一开始在一些院校作品中诞生，如今这种风格也渐渐在企业的概念车设计中开始出现，但是这种外形大规模应用片层的结构，想要应用于实际中显然还有较大的难度，这种方案的量产化车型还没有出现。但对于内饰设计，片层结构完全可以满足功能的需求，并且可以带来整洁、动感的感觉。

缝隙分割的设计方式旨在强调一些缝隙的视觉效果，利用这些分割线作为内饰功能的分区或者起到装饰的效果，增加了对比度、减弱了各个零件之间装接缝隙的设计想法也使新车的内饰变得极具特点。

（2）新材质的应用　碳纤维材质强度大质量小，最初在赛车中得到应用，因此除了材质本身具有的特点以外，这种材质也被赋予了一种运动风格。在最新的运动型汽车的内饰设计中，碳纤维材质得到了广泛应用。

透明和半透明的材质也开始在近期的概念车内饰设计中进入人们的视野，与周围的彩色灯光相呼应，营造出了梦幻的感觉。

利用发光二极管进行内饰照明也是一种比较流行的内饰设计方案，不同颜色或者颜色可变的发光二极管的光照将内饰的轮廓清晰地勾勒出来，不仅起到室内照明的作用，同时也会给人的生理带来一定的影响，有一些概念车甚至将设计的重点转移到这方面。

可能是鉴于苹果系列产品的成功和电子产品革命的潮流，汽车内饰的虚拟显示系统也逐渐显露出来，很多汽车操控面板也使用了触摸操控屏幕。

（3）**大面积添加二维图形** 对于内饰的装饰部分，除了原有的材质和图案，复杂的二维几何图形也被一些个性化的概念车型印刻到内饰中，给人一种涂鸦或图案的效果，显得与众不同。有机物的形态也是最近十分流行的内饰设计方案，似乎能让人或多或少联想到生物内部的组织结构。

5. 充电接口的设计

对于新能源车型，可能需要设计不同于传统能源车型的汽油添加口的新型的能源补充接口，如充电口、加氢口等。内燃机形式的新能源车型总体布局一般都会沿用常规车型的总布置，加油口或加氢口的位置也类似于其他车型。而使用电力作为驱动形式的新能源车型的充电口的设置就会加入新的考虑因素。

为了强调新能源车型的特殊身份，充电口的细节处理也经过了充分的考虑，以表现出不同的效果，从结构、材质和灯光效果等各个方面都会出现各种创新性的方案。

6. 新能源车造型上的节能减阻

空气阻力是指汽车在行驶时，空气作用力在行驶方向形成的分力。空气阻力与汽车速度的二次方成正比，空气阻力随着汽车速度的加快而增大。若空气阻力占总体阻力的比值较大的话，燃油消耗量便会大大增加，汽车的动力性能也会受到较大的影响。平均来讲，当一辆传统动力轿车以80km/h的速度行驶时，将近60%的油耗是用来克服空气阻力的。因此，出于节省能源、保护环境的考虑，在以节能环保为主题的新能源汽车的造型设计中，如何减小车身的空气阻力，更是需要优先考虑和研究的问题。

（1）**整车造型减阻** 汽车的空气阻力系数一直是衡量车型空气阻力大小的一个决定性的参数。试验表明，空气阻力系数每降低10%，便会减少大约7%的燃油消耗。20世纪70年代能源危机后，各国家以节约能源为目的纷纷开始采取各项措施，降低空气阻力系数。现如今轿车的空气阻力系数普遍降低至0.28~0.4。

当然，车身造型的设计过程中对节能的考虑还不仅仅在于如何减小空气阻力，还应想办法利用行驶时气流为汽车提供合适的下压力。

（2）**新技术的应用** 除了整车的造型设计，某些新型技术开始被各制造商使用，以达到降低车身阻力的目的。

1）新型涂料。已经有企业研发出可有效降低空气阻力的新型涂料。当把这种涂料涂在物体表面时，会在被涂物体表面上形成一层致密的涂膜，涂膜的显微表面呈鱼鳞状，可以显著减少行驶中的空气阻力。

2）喷射系统。喷射系统能够有效调整高速行驶时车辆后方形成的乱流。在车的车顶后方布有缝隙，宽度大约在 2mm 左右，行驶过程中，若气流流入缝隙中，便会碰到安装在缝隙内的振动膜，振动膜便会不定时地将气体从车内喷射出去，车辆后方的不稳定乱流也会因此减小，来达到减小空气阻力的目的。据了解，在车速达到 130km/h 时，喷射系统能够减少大约 15%的空气阻力。

7. 新能源汽车的造型特点总结

各种类型的新能源汽车，结构和功能要求各不相同，对车身的总体布局和造型设计都存在着不同的影响。不同能源类型的车型有着不同的造型要求和特点，以电能作为驱动能源的各种新能源车型中，总体布局的设计通常都有着较大的改进空间，因此也给造型设计带来了更多的可能性。目前国际范围内，纯电动车型和混合动力电动车型的研发最具有创造性。

各种类型的汽车都会开发出与其相对应的新能源车型，而且在造型设计中还是会保持各自原本具有的造型特点和风格。例如，运动类型的汽车中运动的激情依旧是造型设计过程中需要优先考虑的方面。从整体到细节，新能源车型的设计都有可能出现不同于传统车型的方案和风格。从细节来说，车头的进气口、轮辋、前照灯和尾灯、内饰造型、充电口、加氢口、排气口等都可能设计十分新颖的造型。整车的节能减阻也应该是在新能源汽车的设计过程中着重考虑的一个方面。

2.3 智能汽车

有这样一种汽车，它沿着马路急驶，如果前面突然有人横穿马路，或者临时发现什么障碍物，汽车就立即自动制动；而当路人已经穿过或者障碍物已经移走，它又徐徐开动，继续前进，这就是智能汽车，它可以自动起动、自动制动，也可以自动绕开一般的障碍物，顺利前进。它的主要特点就是在错综复杂的情况下"随机应变"，自动地选择最佳方案来操纵和驾驶汽车运行。

电动化、智能化、网联化被认为是汽车产业技术发展的三大趋势。美国电气和电子工程师协会（IEEE）预测，21 世纪中叶前，无人驾驶汽车将占据全球汽车保有量的75%，汽车交通系统概念将迎来变革，交通规则、基础设施都将随着无人驾驶汽车的出现而发生剧变。智能汽车可能颠覆当前的汽车交通运输产业运作模式。汽车行业著名咨询机构法国高等科学研究所（IHES）发布预测报告称，通过计算机系统实现无人驾驶的智能汽车，其发展速度正在赶超纯电动汽车，2025 年左右将走进寻常百姓家，2035年销量将达到 1180 万辆，占同期全球汽车市场总销量的 9%。智能汽车似乎离我们的现实生活越来越近了。

智能汽车的操纵、驾驶系统由道路图像识别装置、小型电子计算机和用电信号控制的自动开关三部分组成。这种道路图像识别装置，就是安在汽车前面的两部摄像机。它们如同人的"眼"，用来识别前方的障碍物，为什么要用两部摄像机呢？这是因为用两部摄像机所得到的电信号，可以分清是阴影还是障碍物。这种道路图像识别装置能看清前方 5~20m 的空间，并按 1m 的间隔对 16 个地点进行扫描，按照汽车的运动性能，把高度在10cm以上的物体作为障碍物来处理。在扫描中，如果前方有了障碍物，就发出电脉冲。由于对16个地点进行扫描，前方障碍物的分布状况就可以很清楚地被识别。

小型电子计算机如同人的"脑"，是用来进行判断决策的。从道路图像识别装置获得信息以后，就要做出判断：汽车是继续开下去，还是停下来、后退或减速？要根据当时当地的实际情况，来选择最能适应环境的下一个动作。设计师预先对各种情况的场合，给予充分的估计，将最佳的一组组操纵参数输入到电子计算机的存储器中。在行车时，利用计算机相应地进行检索。汽车在行驶时，必须遵守交通规则，服从交警、指示标等的指挥，因此，智能汽车的电子计算机还具有接收、存储和处理这方面信息的能力。

在智能汽车上，过去由人的手脚控制的开关转变为由电信号控制的自动开关。汽车的转向器、节流阀、制动器等，也都由指令信号来控制操纵。操纵角可以达到±120°，时速为0~60km/h，制动器的负加速度为0~0.3m/s^2，可根据事先的安排，遵循指定的路线把乘客送往指定的地点。在行车时，可以转向，也可以超越前面的车辆。

目前，智能汽车仅限于晴天使用，要在阴天和夜晚使用，还需进一步探索，这个问题解决了，就可以广泛应用了。

2.3.1 智能汽车的定义

智能汽车是指运用了计算机、通信、人工智能、现代传感器（雷达、摄像）、信息融合及自动控制等高新技术，打造出的一个集规划、决策、辅助驾驶、环境感知等功能于一体的综合系统。智能汽车提高了车辆的舒适性与安全性，并实现与人、车、路等的智能信息交换。如图2-29所示。

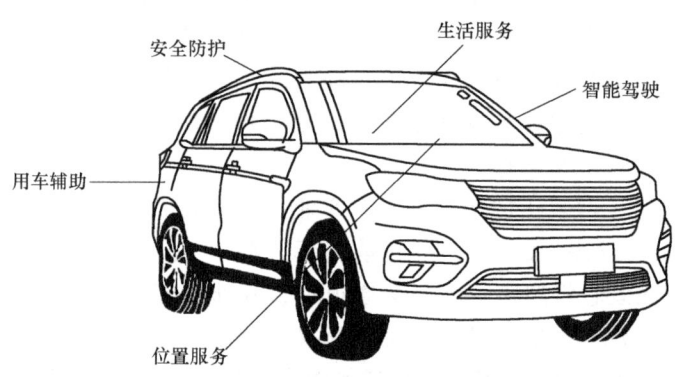

图 2-29 智能汽车

随着通信与信息技术的发展，很多科技巨头公司都在关注或进入汽车领域，希望通过技术与理念的更新，推动汽车进入智能时代，找到新的互联网入口。

在"互联网+汽车"领域，很多互联网企业与传统的汽车生产商展开创新合作，通过"软件+硬件"的虚实结合模式，以互联网企业的线上优势，搭配传统汽车厂商的生产制造技术、线下营销网络及售后服务的优势，共同研究新的商业模式，创新开发新产品，打造智能汽车新入口，实现互利共赢的目标。

2.3.2 智能汽车的组成

智能汽车是利用全球定位系统（GPS）和智能公路技术实现的一种自动导航的无人驾驶新型汽车。目前，主要是智能公路的条件还不具备，但在技术上已经可以解决。

未来的智能汽车全部用计算机控制，包括四个主要部分：交通信息的自动处理、自动驾驶、故障自动诊断和自动空调。

(1) 交通信息的自动处理 该部分能通过GPS、地面接收站及汽车内的一套存有全国高速公路、普通公路、城市道路以及各种服务设施（餐馆、旅馆、加油站、景点、停车场）等信息资料的电子地图，确定汽车现在所处的地理位置和想要到达的目的地，同时提供各条路线的路面状况、交通流量、气候条件等情况，帮助选择路面好、行车距离短且无交通阻塞的最佳行车路线。

(2) 自动驾驶 该部分就好像是一个超级机器人，能代替人驾驶汽车。汽车的前后左右都安装有红外线传感器，它们不停地对汽车周围的情况进行扫描和监视。车内的计算机、光学感应仪器等随时对红外线摄像机传来的信息进行分析综合，并向执行系统发出指令，从而准确、安全地操纵汽车。

(3) 故障自动诊断 该部分会对车上的各个零部件、各系统不停地进行巡回检查，发现故障后能自动修复。如果问题很严重而不能自动处理，就立即警告并发出停止行驶的指令，以避免事故的发生。

(4) 自动空调 该部分可以根据外界的气候条件，按照车内温度、湿度、空气清洁传感器传来的信息进行分析、判断，自动打开调温、去湿、空气净化等功能，将车内的环境调节到最佳水平。

2.3.3 形色各异的智能汽车

1. "八条腿"的新型智能汽车

2004年，日本研制出一种名为"阿昌西格尼亚一号"的智能汽车。从外表来看，这是一个有着八条腿的"怪家伙"，主要功能是为年轻人的自助旅行做向导。"阿昌西格尼亚一号"体现了世界最尖端机器人模拟技术的综合运用，科学家把带着八个汽车轮子的八条智能腿组合安装到了汽车上，在多个发动机的带动下，轮子按一定的规律运动。"阿昌西格尼亚一号"具人腿的行走功能，不仅可以自如地前进和后退，还可以跨越像楼梯等障碍物。除了日常的短途运输之外，"阿昌西格尼亚一号"也为生态保护打开了新篇章。因为它不会破坏生态环境的完整性，不需要任何支撑面就可以行走自如。

2. 能表达感情的汽车

丰田汽车公司开发出一款富有人性化并且富于表达情感的汽车，可以表达多种感情：见到主人高兴时，它的"尾巴"（天线）会动；行驶过程中有车突然插缝挤进行驶的汽车行列中时，它会发火表示"愤怒"。它的感情表达手段是通过喇叭声、多种变化的前照灯和宛如尾巴的天线、可调节高低的车体，还有类似眉毛、上眼皮、睫毛和眼泪的排气罩之间的缝隙及相关装饰。前照灯、天线分别是汽车的眼睛和尾巴。例如，汽车睡觉时，它的眼睛会闭合，上眼皮垂下，天线放下，风窗玻璃和仪表盘光线变暗，车的高度也下降；醒的汽车，前照灯打开，像车的眼睛睁大，天线竖立起来，车身调高到正常的高度，风窗玻璃和仪表盘明亮起来。

又如，灯光变成橙黄色表示它高兴；前照灯下安装的几个三角形排风罩上的小灯，从上而下闪亮表示它哭泣流泪；灯光变成深红色说明它在生气或是受到惊吓等。

3. 能上网的智能汽车

美国通用汽车公司及其所属公司协作生产出一辆与外界联系最广并能进入网络的轿车，借助汽车的电子、视频、计算机、电话以及GPS等众多设备，实现高度智能化。该轿车的新装备包括一套能够进行人车对话的语音识别系统、一部安装在车顶的碟形卫星天线、一个安装在座椅后部的液晶显示屏，显示屏可提供从电视到国际互联网的所有信息。此外，还有一部蜂窝电话和一套驾驶人提醒系统。当轿车突发故障时，提醒系统会立刻发出信号，驾车人可向汽车网络服务中心拨打电话求助，中心通过GPS告知驾驶人最近的维修点，如果汽车被盗，该系统还能测出其确切位置。

乘坐该轿车的乘客在汽车行驶中可以随时收发传真和电子邮件（E-mail），浏览网站，其方便程度如同在办公室办公一样。通过车载计算机可调整轿车的行驶速度，制定最佳的行驶路线，并使耗油量降到最低。车主还可坐在家中的计算机前通过互联网来遥控开关车门、车灯，甚至在车辆被盗的情况下锁闭发动机。

2.3.4 各个国家研制的智能汽车

随着计算机技术的不断发展，智能汽车成为各个国家大力发展的项目，并在此项目上投入了大量的人力物力。目前，世界各国都在开发新型、实用性高的智能汽车。乐观估计，未来智能汽车的潜力是巨大的。

1. 法国研制的智能汽车

法国为研制智能汽车投入巨资。这种新研制的集污染小、节能和智能化等优点于一身的汽车由计算机控制，并装有与计算机相连的视听终端、光盘驱动器、键盘等，以便及时为驾驶人提供信息。在汽车的车轴上装有传感器，可将有关数据传给车内计算机；汽车上还装有红外线传感器，在夜间行车时的探测距离可达20m，使它具有在黑夜能看清远处路面的"夜猫眼"。

2. 德国研制的智能汽车

德国研制成的智能汽车，行驶速度可达100km/h。该车有影视设备，可消除汽车上旅客的沉闷气氛。另外，车上还设有电话，乘客可随时进行业务联系或与亲友通话，而且还可在车上预订旅馆、订购车票和飞机票等，不出车厢就办成了过去要跑很多路才能办成的事。

3. 美国研制的智能汽车

20世纪90年代，美国政府提出22项扶持的高新技术项目中，第一项就是包括智能汽车的陆上运输系统。这种系统主要用于交通管制系统中行驶的汽车，以减轻驾驶负担，提高行车效率和减少交通事故。

美国研制的配备有先进导航系统的智能汽车如图 2-30 所示，将高新技术中的电子技术、计算机技术和通信技术相结合，随时可以显示出汽车所处的位置，能指示出一条节约时间的最佳行车路线。万一导航出现差错，它还会及时提出一条补救的路线。假若前方路段出现堵车或者发生事故，彩色可触式屏幕上会把该地段用黄色圈起来，并立即显示出一条新的路线。这样，就从根本上改变了以往凭经验行车或手持交通图停车问路的做法。

图 2-30 智能汽车

4. 中国的智能汽车研制情况

虽然在无人驾驶技术上，中国仍与美国、英国、德国等欧美国家有差距，但中国却有望成为最大的自动驾驶车辆市场。据波士顿咨询公司 2016 年的研究数据，中国将在 15 年内成为最大的自动驾驶车辆市场，而自动驾驶出租车极有可能引领这股潮流。

中国在无人驾驶上最大的难题是复杂的交通路况，但无人驾驶所产生的经济价值却是难以预估的。目前，智能网联汽车的发展已被提升至国家战略高度，并设定了时间表和路线图。因此，不乏会出现弯道超车的现象。

2017 年 11 月，长安汽车更是获得了"美国加州路测无人驾驶汽车测试牌照"，标志着长安汽车在自动驾驶领域的步伐再次提速。

2018 年 16 日下午 5 时许，在行驶了约 2000km 后，我国首个长距离行驶无人驾驶汽车顺利抵达测试终点站北京。该无人驾驶汽车 12 日从重庆出发，行程中，无人驾驶汽车实现多次跟车减速、变道、超车、掉头等复杂驾驶动作，完成了高速、隧道等道路场景的切换。最高速度达 120km/h。负责该项目的总工程师说："这在无人驾驶汽车领域具有标志性意义，说明我国无人驾驶汽车技术已经不输于国外。"

据了解，长安智能驾驶 L2 级产品在 2018 年上市，L3 级在 2020 年上市，最终到 2025 年真正实现无人驾驶汽车上市。未来长安汽车将会通过资源投入、人才投入等一系列措施，来保证这些计划的实施。

2.3.5 智能汽车的层次与体系架构

1. 智能汽车的层次

智能汽车就是在普通汽车的基础上增加了先进的传感器（雷达、摄像）、控制器、执行器等装置，通过车载传感系统和信息终端实现与人、车、路等的智能信息交换，使汽车具备智能的环境感知能力、能够自动分析汽车行驶的安全及危险状态，并使汽车按照人的意愿到达目的地，最终实现替代人来操作的目的。从发展的角度看，智能汽车的发展将分为两个阶段：第一阶段是智能汽车的初级阶段，即辅助驾驶，第二阶段是智能汽车发展的终极阶段，即无人驾驶。美国高速公路安全管理局将智能汽车定义为以下五个层次：

（1）**无智能化（层次 0）** 由驾驶人时刻完全地控制汽车的原始底层结构，包括制动器、转向器、加速踏板以及起动机。

(2) **具有特殊功能的智能化（层次1）** 该层次汽车具有一个或多个特殊自动控制功能，通过警告防范车祸于未然，可称之为"辅助驾驶阶段"。这一阶段的许多技术大家并不陌生，比如车道偏离警告（LDW）系统、正面碰撞警告（FCW）系统、盲点信息系统（BLIS）。

(3) **具有多项功能的智能化（层次2）** 该层次汽车具有将至少两个原始控制功能融合在一起实现的系统，完全不需要驾驶人对这些功能进行控制，可称之为"半自动驾驶阶段"。这个阶段的汽车会智能地判断驾驶人是否对警告的危险状况做出响应，如果没有，则替驾驶人采取行动，如紧急自动制动（AEB）系统、紧急车道辅助（ELA）系统。

(4) **具有限制条件的无人驾驶（层次3）** 该层次即能够在某个特定的驾驶交通环境下让驾驶人完全不用控制汽车，而且汽车可以自动检测环境的变化以判断是否返回驾驶人驾驶模式，可称之为"高度自动驾驶阶段"。目前，某些先进的无人驾驶汽车已处于这个层次。

(5) **全工况无人驾驶（层次4）** 该层次即完全自动控制车辆，全程检测交通环境，能够实现所有的驾驶目标，驾驶人只需提供目的地或者输入导航信息，在任何时候都不需要对车辆进行操控，可称之为"完全自动驾驶阶段"或者"无人驾驶阶段"。

2. 智能汽车的体系架构

智能汽车集中运用了计算机、现代传感、信息融合、模式识别、通信及自动控制等技术，它是一个集环境感知、规划决策、多等级驾驶辅助等于一体的高新技术综合体，拥有相互依存的价值链、技术链和产业链。

(1) **智能汽车的价值链** 智能汽车在提高行车安全、减轻驾驶人负担方面具有核心价值，并有助于节能和环保。研究表明，在智能汽车的初级阶段，通过先进智能驾驶辅助技术有助于减少50%~80%的道路交通安全事故。在智能汽车的终极阶段，即无人驾驶阶段，甚至可以完全避免交通事故，把人从驾驶过程中解放出来，这也是智能汽车最吸引人的价值魅力所在。

(2) **智能汽车的技术链** 智能技术系统一般由传感器、控制器、执行器三大关键技术组成，主要包括：①先进传感技术，包括利用机器视觉技术的检测，如激光测距系统、红外摄像技术，以及利用雷达（激光、厘米波、毫米波、超声波）检测前行车辆；②通信技术（GPS、DSRC），包括数台智能汽车之间协调行驶必需的技术、车路协调通信技术，以及相应的车联网通信技术；③横向控制，包括利用引导电缆、磁气标志列、机器视觉技术、具有雷达反射性标识带的横向控制；④纵向控制，包括利用激光雷达、毫米波雷达、机器视觉技术测量车间距离的纵向控制，以及利用车间通信及车间距离雷达的车队列行驶纵向控制。

(3) **智能汽车的产业链** 车联网、智能交通系统（ITS）为智能汽车提供了智能化的基础设施、道路及网络环境，随着汽车智能化层次的提高，反过来也要求车联网、智能交通系统同步发展。智能汽车的产业链涵盖了车联网的产业链，包括上游的元器件和芯片生产企业，中游的汽车厂商、设备厂商和软件平台开发商，以及下游的系统集成商、通信服务商、平台运营商和内容提供商等。

思 考 题

1. 新能源汽车的类型有哪些？
2. 电动汽车有什么特点？
3. 解释混合动力电动汽车的结构与工作原理。
4. 举例说明各国智能汽车的特点。

第3章　汽车技术等级的评定

3.1　新汽车技术等级的评定

3.1.1　汽车的主要技术参数

汽车的主要技术性能常用下列结构参数予以表示。

1. 汽车外形尺寸

汽车外形尺寸主要有车长、车宽和车高。

（1）**车长 S（Vehicle Length）**　车长是指过车辆前后纵向最外端突出部位的两垂直面之间的距离。汽车长度大，稳定性高。对于乘用车，车身越长，前后可利用空间越大，后排乘客腿部活动空间越宽敞；但是，车身过长，汽车在转弯、掉头、停车时不便利。在 GB 1589—2016《汽车、挂车及汽车列车外廓尺寸、轴荷及质量极限》以及 GB 7258—2017《机动车运行安全技术条件》中对各种车辆的车长有明确规定。

（2）**车宽 B（Vehicle Width）**　车宽是指分别过车辆两侧固定突出部位最外测点（除后视镜、标志灯、方位灯、转向指示灯等）的两垂直面之间的距离。汽车越宽，稳定性越高。车辆宽度主要影响乘坐空间，对于乘用车，车身宽，后排的乘客就会有足够的乘坐宽度，不会感到拥挤，可以提高乘坐舒适性；但是，车身宽便会降低车辆行驶、停泊的便利性，特别是在市区行驶与停泊。

（3）**车高 H（Vehicle Height）**　车高是指车辆最高点与车辆支撑平面之间的距离。汽车高度越大，车内空间越大，车辆惯性越大，风阻系数也越大，车辆重心也随之提高，稳定性下降；车辆高度降低，可以降低车辆重心，车辆高速转弯时不易发生侧翻，并且可以降低风阻，提高燃油经济性；但是，车辆高度太低，乘客会感到头部空间不足，有压抑感。

2. 轴距 L

汽车轴距是指汽车前后轴中心线的水平距离。轴距越长，车辆总成越容易布置，稳定性越好，缺点是通过性差。汽车轴距短，车长就小，最小转弯半径小，灵活方便，通过性强，适合在路况较差或行驶空间紧张的市区使用；但是，轴距太短，后悬过长，行驶时摆动较大，操纵性和稳定性下降。

3. 轮距 B_1、B_2

汽车轮距是指汽车同轴左右车轮两轨迹中心间的距离（轴两端为双车轮时，为左右两条轨迹的中间的距离）。汽车轮距越大，横向稳定性越好。对于乘用车来说，加大汽车轮距，可以使车内宽度增加，车厢内空间增大，乘坐舒适；但是，轮距增大，车辆的宽度和总质量也随之增大，雨天容易导致侧面沾上泥水，同时影响车辆的安全性。

4. 前悬 L_F

汽车前悬是指汽车前端刚性固定件的最前点到通过两前轮轴线的垂直面间的距离。汽车的前悬应当足够固定和安装驾驶室、发动机、散热器、转向器、弹簧前托架和保险杠等零部件。前悬过长，会导致接近角变小，不利于车辆通过坑洼不平路面、上台阶、轮渡等情形。

5. 后悬 L_R

汽车后悬是指汽车后端刚性固定件的最后点到通过最后车轮轴线的垂直面间的距离。后悬的大小，GB 1589—2016《汽车、挂车及汽车列车外廓尺寸、轴荷及质量极限》规定：对于客车及封闭式车厢，后悬不超过65%的轴距；对于其他机动车，后悬不超过55%轴距；同时所有后悬不超过3.5m；对于多轴汽车，轴距按总轴距计算，后悬从最后一轴算起。

6. 最小离地间隙 C

汽车最小离地间隙是指满载时车辆支撑平面与车辆最低点之间的距离。最小离地间隙越大，车辆重心越高，汽车通过性越好，特别是对于有障碍物或坑洼不平的路面；但是，行驶稳定性会降低。

7. 接近角 α_1、离去角 α_2

接近角 α_1 是指汽车前端突出点向前轮引的切线与地面的夹角，离去角 α_2 是指汽车后端突出点向后轮引的切线与地面的夹角。接近角和离去角都是反映汽车的通过能力，也就是汽车的最大爬坡度和最大下坡度。汽车的最大爬坡度不可能超过其接近角，汽车的最大下坡度不可能超过其离去角。由于越野车对于车辆的通过性要求较高，因此越野车的接近角和离去角相对较大。

8. 转弯半径 r

车辆的转弯半径是指将车辆的转向盘转到极限位置，外侧转向轮的中心平面轨迹圆半径。最小转弯半径说明汽车通过狭窄弯曲地带或绕过障碍物的能力。转弯半径越小，车辆的机动性越高，弯道通过性越强，掉头和停车越方便。

9. 质量 M

（1）**最大总质量** 最大总质量即汽车满载时的质量。

（2）**整车整备质量** 整车整备质量是指完整的设备和辅助设备（燃料、润滑油、

冷却液及随车工具等）的质量之和。

(3) **最大装载质量** 最大装载质量是指最大总质量和整车整备质量之差。

(4) **最大轴载质量** 最大轴载质量是指汽车单轴所承载的最大总质量。

3.1.2 汽车的主要性能指标

汽车的主要性能指标包括汽车的动力性、燃油经济性、制动性、通过性、操纵性和稳定性、行驶平顺性、环保性等。

1. 汽车的动力性

动力性是汽车首要的使用性能指标。汽车必须有足够的牵引力才能克服各种行驶阻力，保证车辆能够以尽可能高的平均速度正常行驶。

汽车的动力性可用以下三个指标进行评价：

(1) **最高车速** 汽车最高车速是指在风速小于等于 3m/s 的条件下，汽车在平坦公路（水泥路面或沥青路面）上行驶时能达到的最高行驶速度（km/h）。

(2) **汽车的加速能力** 汽车的加速能力是指汽车在行驶中迅速增加汽车行驶速度的能力。加速过程越短、加速度越大或加速距离越短，汽车的加速性能越好。常用原地起步加速时间和超车加速时间来评价。

1) 原地起步加速时间。原地起步加速时间是指汽车由停车状态起步后以最大的加速度加速，并选择适当的时机逐步换档到高档后加速到某一规定车速或达到某一规定距离所需要的时间。常用 0~100km/h 所用的时间表示，有时也用从 0~400m 的距离所需要的时间表示。原地起步加速时间越短，汽车的动力性越好。

2) 超车加速时间。超车加速时间是指汽车用最高档或次高档，由某一预定车速（该档的最低稳定车速或 30km/h）全力加速到另一预定速度所需要的时间。超车加速时间越短，说明车辆高档位加速性能越好，动力性能越强，可以减少超车过程中两车的并行时间，相对提高安全性。

(3) **汽车的爬坡能力** 汽车的爬坡能力一般用汽车最大爬坡度来衡量。汽车最大爬坡度是指汽车满载时的最大爬坡能力，也就是在风速小于或等于 3m/s 的条件下，在干燥、清洁的混凝土或沥青坡道路面上，以最低档行驶能够爬上的最大坡度。

不同类型的汽车对上述三项指标要求有所不同：乘用车偏重于最高车速和加速能力，而商用车特别是载货汽车和越野汽车对最大爬坡度要求较高。不论何种汽车，为了能够在公路上正常行驶，必须具备一定的平均速度和加速能力。

2. 汽车的燃油经济性

汽车在一定的使用条件下，以最少的燃油消耗量完成单位运输工作量的能力，称为燃油经济性。为降低汽车使用成本，要求汽车以最少的燃料消耗，行驶尽量远的路程或完成尽量多的运输量。

汽车的燃油经济性评价指标有以下两种形式：

1) 汽车在一定的使用条件下，每行驶 100km 消耗掉的燃油量，单位为 L/100km。我国及欧洲常用此指标。此数值越大，说明汽车的燃油经济性越差。

2）汽车在一定的使用条件下，一定的燃油量能使汽车行驶的里程增加。美国常用此指标，此值越高表明汽车的燃油经济性越好。

3. 汽车的制动性

汽车的制动性是汽车安全行驶的保证，也是汽车动力性得以发挥的前提。只有在保证汽车行驶安全的前提下，才能充分发挥汽车的其他性能。

汽车的制动性一般采用制动效能、制动效能的恒定性和制动时的汽车方向稳定性三个指标进行评价。

（1）制动效能 制动效能是汽车迅速降低行驶速度直到车辆停止的能力。制动效能是评价汽车制动性最基本的指标，一般采用一定初速度下的制动时间、制动减速度和制动距离来评价。汽车的制动距离与行车安全有直接的关系，评价汽车制动性非常直观，国家交通管理部门通常也是按照汽车的制动距离制定相关的安全法规的。

（2）制动效能的恒定性 汽车在高速制动、短时间内连续制动或下长坡连续制动时，制动器温度急剧升高，导致制动效能下降，这称为制动器的热衰退性。汽车连续制动后，制动效能的稳定程度称为制动效能的恒定性，或者称为制动系统抗热衰退性。

汽车涉水后，水进到制动器里也会使制动效能下降。汽车涉水后制动效能的保持程度用汽车制动系统抗水衰退性表示。

（3）制动时的汽车方向稳定性 制动时的汽车方向稳定性是指汽车在制动过程中按指定轨迹行驶的能力，即不发生跑偏、侧滑和失去转向的能力。检测汽车方向稳定性时，一般规定符合一定宽度和路面要求的试验通道，根据制动时汽车偏离通道的大小确定其方向稳定性。试验时，制动方向稳定性良好的汽车不允许产生不可控制的效能使汽车偏离通道。

如果汽车左右侧的制动力不一样，则会发生跑偏。当汽车车轮因制动而趋于抱死时，易发生侧滑，并失去方向稳定性和操纵性。为防止上述现象的发生，现在的汽车配置了 ABS，防止紧急制动时因车轮滑移（抱死）而发生危险。

4. 汽车的通过性

汽车的通过性是指在一定的载重量下，汽车能以足够高的平均速度通过各种坏路及无路地带和克服各种障碍的能力。所谓坏路及无路地带，是指松软土壤、沙漠、雪地、沼泽等松软地面及坎坷不平地段，各种障碍是指陡坡、侧坡、台阶、壕沟等。

各种汽车的通过能力是不一样的。轿车和客车由于经常在市区或在路面较好的公路（高速）或国道上行驶，通过能力要求相对较低；而越野汽车、军用车辆、自卸汽车和载货汽车等工况较差，必须设计有较强的通过能力。

5. 汽车的操纵稳定性

汽车的操纵稳定性包括相互联系的两方面内容：操纵性和稳定性。

（1）操纵性 汽车的操纵性是指驾驶人能够以最小的修正维持汽车按指定的路线行驶，以及按照驾驶人的愿望转动转向盘以改变汽车行驶方向的响应能力。操纵性直接影响行车安全。

（2）稳定性 汽车的稳定性是指汽车抵抗力图改变其位置或行驶方向的外界影响

的能力，即汽车在受到外界扰动（路面扰动或突然的阵风扰动）后，能自动地尽快恢复到原来的行驶状态和方向，而不发生失控，以及抵御倾覆、侧滑的能力。

对汽车来说，侧向稳定性尤为重要。当汽车在横向坡道上行驶、转弯、侧向风力较大以及受到其他侧向力时，容易发生侧滑或者侧翻。汽车重心的高度越低，稳定性越好。

合适的前轮定位角度可以使汽车具有自动回正和保持直线行驶的能力，提高汽车直线行驶的稳定性。如果汽车装载超高超重、转弯时车速过快、横向坡道角度过大或者偏载，会降低汽车的稳定性，甚至导致汽车发生侧滑及侧翻。

6. 汽车的行驶平顺性

汽车正常行驶时，由于路面不平所产生的冲击会造成汽车的振动，使驾驶人和乘客感到疲劳和不舒服，或者使车载货物发生碰撞甚至损坏；同时，车轮的振动还会对车轮与地面间的附着性能产生不良影响，进而影响到操纵稳定性。振动还会加速汽车零部件的磨损，降低汽车的使用寿命。汽车在一般行驶速度范围内对路面不平的隔振、降振程度就称为汽车的行驶平顺性。

汽车行驶平顺性的评价指标有：

1）客车和轿车采用"舒适-降低界限"。当汽车速度超过此界限时，就会降低乘坐舒适性，使人感到疲劳和不舒服。该界限值越高，说明汽车的行驶平顺性越好。

2）货车采用"疲劳-工效降低界限"。在此界限内，驾驶人能够正常进行驾驶，保持较高的工作效率；如果超过此界限，驾驶人就会感到疲劳，工作效率降低。良好的轮胎弹性、性能优越的悬架装置、良好的座椅的降振性等都能提高汽车的行驶平顺性。

7. 汽车的环保性

汽车的环保性主要包括排放和噪声两个方面。

（1）汽车的排放 研究汽车的排放污染问题，其实就是研究内燃机的排气污染问题。

汽车废气主要有三个排放源：尾气、曲轴箱窜气和油箱油气蒸发。汽车排出的尾气并不全是有害气体，像 N_2、CO_2、O_2、H_2 和水蒸气等对人体和生物不会直接造成危害；尾气中所含的有害物质主要是：汽油车排出的 CO、碳氢化合物、氮氧化物等；柴油车除了上述有害物质外，还有大量颗粒物。而曲轴箱窜气和油箱油气蒸发已经得到比较好的控制，被充分循环利用，所产生的污染很小。目前汽车的排放污染物主要来自尾气。

GB 18352 是轻型汽车国家排放标准。与广大消费者和汽车生产厂家关系密切的是自 2020 年 7 月 1 日起实施的 GB 18352.6—2016《轻型汽车污染物排放限值及测量方法（中国第六阶段）》。

（2）噪声 相关资料表明，城市噪声的 70% 来源于交通噪声，而交通噪声主要是汽车噪声。汽车噪声严重地影响着人们的生活、工作和健康。因此噪声的控制，不仅关系到汽车的乘坐舒适性，而且还关系到环境保护。所以，噪声也是汽车设计和使用的一项重要指标。关于汽车噪声，目前我国的现行标准是 GB 1495—2002《汽车加速行驶车外噪声限值及测量方法》。

3.1.3 汽车性能检测的仪器

汽车性能检测的仪器主要有底盘测功机、制动检验台、油耗仪、侧滑试验台、前照灯检测仪、车速表试验台、发动机综合测试仪、示波器、四轮定位仪、车轮平衡仪等。

1. 汽车动力性检测

动力性是汽车重要的基本性能之一,它直接影响汽车运输效率的高低,动力性的高低直接取决于发动机的性能。汽车使用一段时间之后,其技术状况会发生改变,动力性也会发生改变。汽车动力性的检测方法有道路试验(简称路试)和室内台架试验(简称台试)两大类。

汽车动力性室内台架试验,主要是用无外载测功仪(或无负荷测功仪)检测发动机功率,用底盘测功机检测汽车的最大输出功率、最高车速和加速能力。室内台架试验不受气候、驾驶人技术条件等客观因素的影响,只受仪器本身精度的影响,测试易于控制,因此在汽车检测站广泛应用。

为了使测量结果更为精确,底盘测功机的生产厂家都在说明书中给出了底盘测功机本身在测试过程中随转速变化机械摩擦所消耗的功率,对风冷式测功机还会给出散热风扇随转速变化所消耗的功率。此外,底盘测功机的结构不同,对汽车在滚筒上模拟道路行驶时的滚动阻力不相同,在说明书中还会给出不同尺寸的车轮在不同转速下的滚动阻力系数。

(1) 汽车底盘输出功率的检测方法 通过底盘测功机可以检测车辆的最大底盘驱动功率,从而评定车辆的技术状况等级。底盘测功机又叫底盘测功试验台,是一种不解体汽车而测量驱动轮输出功率的台架检测装置,是汽车动力性检测的重要设备。不仅通过在室内台架上模拟汽车道路行驶工况的方法来检测汽车的动力性,而且可以测量汽车多工况排放指标及油耗。此外,底盘测功机还能方便地进行汽车的加载调试和诊断汽车在负载条件下出现的故障等。在汽车底盘测功机上进行试验时,可以对试验条件进行控制,从而使周围环境条件的影响降到最小;同时,通过功率吸收加载装置来模拟道路行驶的阻力控制行驶状况,因此可以进行某些模拟实际行驶状况的复杂循环试验,得到了广泛应用。

底盘测功机分为两类:①单滚筒底盘测功机,其滚筒直径大(500~2500mm),制造和安装费用大,但其测试精度高,一般用于汽车生产厂家和科研单位;②双滚筒底盘测功机,滚筒直径小(180~500mm),设备成本低,使用方便,测试精度稍差,一般用于汽车使用、维修行业及汽车检测线站。

底盘测功机通常由滚筒装置、加载装置、惯性模拟装置、测量和辅助装置四大部分组成,如图3-1所示。检测要注意以下内容:

1)在动力性检测之前,必须按汽车底盘测功机说明书的规定进行试验前的准备。台架举升器处于升状态,无举升器者滚筒必须锁定;车轮轮胎表面不得夹有小石子或坚硬之物。

2)汽车底盘测功机控制系统、道路模拟系统、引导系统、安全保障系统等必须工作正常。

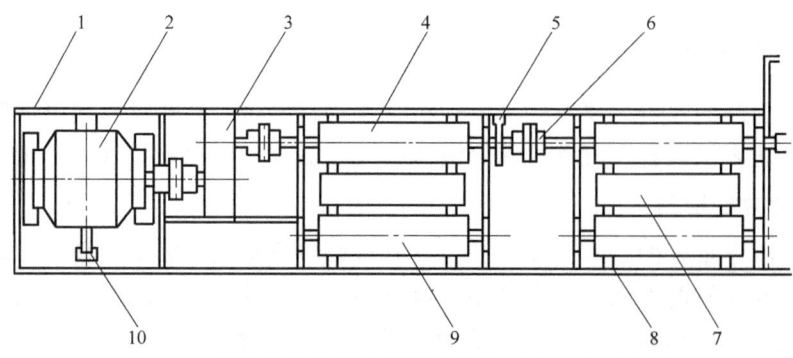

图 3-1 普通型底盘测功机道路模拟系统结构示意图
1—机架 2—功能吸收装置 3—变速器 4—滚筒 5—速度传感器
6—联轴器 7—举升器 8—制动器 9—滚筒 10—力传感器

3）在动力性检测过程中，控制方式处于恒速控制，当车速达到设定车速（误差±2km/h）并稳定 5s 后，通过计算机读取车速与驱动力数值，计算汽车底盘输出功率。

目前，不同厂家生产的底盘测功机显示内容不尽相同，有的显示功率吸收装置吸收功率的数值，有的显示驱动轮输出的最大底盘输出功率的数值。对于显示功率吸收装置所吸收功率数值的，在数据处理时，必须增加汽车在滚筒上滚动阻力消耗的功率、台架机械阻力消耗的功率及风冷式功率吸收装置的风扇所消耗的功率。

（2）**发动机功率的检测方法** 发动机输出的有效功率是发动机的综合性能评价指标。该指标直接描述了发动机的技术状况，定量地说明了发动机的动力性。目前，发动机功率的检测方法有无负荷测功法和有负荷测功法两种。有负荷测功法需要将发动机从汽车上卸下，不便于就车检测，其测量的功率精度较高。无负荷测功法又称为动态测功法，它是利用发动机无外载测功仪检测发动机功率，使用方便，检测快捷。具体做法是：当发动机在急速或空载某一低速下运转时，突然全开节气门，使发动机克服惯性和内摩擦阻力而加速运转，其加速性能的好坏可以直接反映出发动机功率的大小。

用发动机无外载测功仪测得的发动机功率为净功率。若检测车辆发动机的额定功率为总功率，那么测得的功率应加上发动机附件消耗的功率，才能与额定功率进行比较。

2. 汽车燃油经济性检测

（1）**汽车燃油经济性路试检测** 根据 GB/T 12545.1—2008《汽车燃料消耗量试验方法 第 1 部分：乘用车燃料消耗量试验方法》以及 GB/T 12545.2—2001《商用车燃料消耗量试验方法》的规定，汽车在路试条件下燃料消耗量的试验方法如下：

1）试验规范。汽车路试的基本规范按照 GB/T 12534—1990《汽车道路试验方法通则》。

2）试验车辆载荷。除有特殊规定外，轿车为规定载荷的一半，试验时取整数；城市客车为总质量的 65%；其他车辆为满载，乘员质量及其装载要求按 GB/T 12534—1990《汽车道路试验方法通则》规定。

3）试验仪器。试验仪器及精度要求如下：

① 车速测定仪和汽车燃油消耗仪：精度 0.5%。

② 计时器：最小读数 0.1s。

4）试验的一般规定。

① 试验车辆必须清洁，关闭车窗和驾驶室通风口，只允许开动为驱动车辆所必需的设备。

② 由恒温器控制的空气流必须处于正常调整状态。

5）试验项目。

① 直接档全节气门加速燃料消耗量试验。

② 等速燃料消耗量试验。

③ 多工况燃料消耗量试验。

④ 限定条件下的平均使用燃料消耗量试验。

在进行路试时，多以等速行驶燃料消耗量试验来检测汽车燃油消耗量，即汽车在常用档位（直接档），从车速 20km/h（当最低稳定车速高于 20km/h 时）开始，以 10km/h 的整数倍均匀选取车速，通过 500m 的测量路段，测定燃油消耗量 G（mL）和通过时间 $f(s)$，每种车速往返试验各进行两次，直到该档最高车速的 90% 以上（至少测定 5 个试验车速）。两次试验时间的间隔（包括达到预定车速所需的助跑时间）应尽量缩短，以保持稳定的热状态。

（2）汽车燃油经济性台架试验检测　按国标规定，检测汽车的燃油经济性应该采用路试，但是采用路试的方法检测汽车燃油消耗量受到很多条件限制，而在底盘测功机上通过台架试验检测汽车燃油消耗量目前没有国家标准。为了便利，可参照 GB/T 12545.1—2008《汽车燃料消耗量试验方法　第 1 部分：乘用车燃料消耗量试验方法》以及 GB/T 12545.2—2001《商用车燃料消耗量试验方法》的要求评价汽车燃油经济性，在底盘测功机上模拟道路等速行驶来检测汽车燃油消耗量。

1）台架试验中检测燃油消耗量的方法。当汽车驶上底盘测功机后，拆卸燃油管路，接上油耗传感器，排除油路中的空气，然后在底盘测功机上进行加载，加载量要符合该车在路试状态下的各种阻力，进行油耗检测。

台架试验中常用的检测汽车燃油消耗量的方法有两种：一种叫质量法，采用质量式油耗传感器在底盘测功机上进行油耗检测；另一种叫容积法，采用行星活塞式油耗传感器在底盘测功机上进行油耗检测。

2）台架试验中模拟加载量的确定。根据国标 GB/T 12545.1—2008《汽车燃料消耗量试验方法　第 1 部分：乘用车燃料消耗量试验方法》以及 GB/T 12545.2—2001《商用车燃料消耗量试验方法》、GB/T 12534—1990《汽车道路试验方法通则》的规定，在限定条件下的平均使用燃油量试验：试验车速建议轿车为（60±2）km/h，铰接客车为（35±2）km/h，其他车辆采用（50±2）km/h；载荷按照不同车型加载至限定条件；测试距离应保证不少于 500m。由于加载量是模拟汽车在道路上行驶时所受到的滚动阻力、空气阻力等行驶阻力，而各车型的实际情况（包括迎风面积、汽车总质量、汽车与地面接触的轮胎数等）不同，因此不同的车型在底盘测功机上应采取不同的加载量。

确定模拟加载量的方法如下：

① 汽车（走合过的新车或接近新车的在用车）在额定总质量状态下，以直接档从

20km/h 开始做燃油消耗量试验。往返各采样 3 次，算出该车 20km/h 的平均等速油耗，然后以 10km/h 的间隔加速，直到该车最高车速的 90%，重复上述试验，依次得出 20km/h 到最高车速 90% 的等速平均百公里油耗。

② 汽车在整备质量状态下，在底盘测功机上从 20km/h 开始加载，模拟该车空载时在 20km/h 路试状态下所受的外界阻力，直至加上某一载荷后得出 20km/h 等速百公里油耗值与车速为 20km/h 路试所得的平均百公里油耗相同，则上述对底盘测功机的加载量即为车速 20km/h 此时的模拟加载量。

重复上述试验，依次得出各个车速下的模拟加载量。

3) 汽车燃料经济性试验的注意事项。

① 排除油路中的空气。做油耗检测时必须排除油路中的空气，方法如下：对于汽油车，把从油箱到汽油泵的管路"短路"，装上新的、密封性好的、无堵塞的油管，用性能稳定的电动汽油泵和汽油滤清器代替原车相应部件，缩短汽油泵到传感器的油管长度，使汽油泵到油耗传感器的阻力减小，从而避免油路中空气对检测结果的影响；在柴油车油路中安装好油耗传感器后，必须用手动泵泵油，以泵油压力排除油路中的空气。它与汽油车的差别在于：一是汽油车可以在发动后排净空气，而柴油车必须在发动之前排尽油路中的空气；二是汽油车在拆去油耗传感器恢复其原油路时无须排除空气，而柴油车在拆去传感器恢复原油路后仍需排除油路中刚进去的空气。

② 电喷汽油机油耗测定时应注意的问题。使用油耗传感器检测油耗时，电喷汽油机须注意从压力调节器回流的多余燃油的问题，必须让多余的燃油回流到油耗传感器的输出端，否则测出的油耗等于实际油耗加上回流的燃油，导致结果有误。

如果因油耗传感器及喷油泵间产生负压引起气穴现象，可加一个辅助泵使燃油泵进油端的油路保持正压，避免气穴现象发生，进行稳定的油耗测量。

3. 汽车制动性能检测

汽车的制动性能好坏直接关系到交通安全。汽车制动性能检测有室内台试制动性能检验和路试检测两种。根据 GB 7258—2017《机动车运行安全技术条件》的规定，当汽车经台试后对其制动性能有质疑时，可用路试检测，并以满载路试的检验结果为准。

台试制动性能检验的主要项目有制动力百分比、制动力平衡要求、制动协调时间和车轮阻滞率；路试检测的主要项目有制动距离、充分发出的平均减速度（MFDD）和制动稳定性、制动踏板力或制动气压。

(1) 台试检测汽车制动性能的方法

1) 滚筒式制动检验台检验。滚筒式制动检验台滚筒表面应干燥，没有松散物质及油污，滚筒表面当量附着系数不应小于 0.75。

驾驶人将机动车驶上滚筒，位置摆正，置变速器于空档。起动滚筒，在 2s 后测取车轮阻滞力；使用制动，测取制动力增长全过程中的左右轮制动力差和各轮制动力的最大值，并记录左右车轮是否抱死。

在测量制动时，为了获得足够的附着力，允许在机动车上增加足够的附加质量或施加相当于附加质量的作用力（附加质量或作用力不计入轴荷）。可以采取防止机动车移动的措施（如加三角垫块或采取牵引等方法）。

当采取上述方法之后，仍出现车轮抱死并在滚筒上打滑或整车随滚筒向后移出的现象，而制动力仍未达到合格要求时，应改用其他方法进行检验。

2) 用平板制动检验台检验。制动检验台平板表面应干燥，没有松散物质及油污，平板表面附着系数不应小于0.75。驾驶人将机动车对正平板制动检验台，以5~10km/h的速度（或制动检验台制造厂家推荐的速度）行驶，置变速器于空档（配置自动变速器的机动车可置变速器于D位），急踩制动，使机动车停止，测取所要求的参数值。

3) 检验方法的选择。机动车安全技术检验时，机动车制动性能的检验宜采用滚筒反力式制动检验台或平板制动检验台，其中前轴驱动的乘用车更适合采用平板制动检验台。不宜采用制动检验台检验制动性能的机动车及对台试制动性能检验结果有质疑的机动车应路试检验制动性能。

对满载/空载两种状态时后轴轴荷之比大于20的货车和半挂牵引车，宜加载（或满载）检验制动性能，此时所加载荷应计入轴荷和整车质量。加载至满载时，整车制动力百分比应按满载检验考核；若未加载至满载，则整车制动力百分比应根据轴荷按满载检验和空载检验的加权值考核。

(2) 路试制动性能检验方法 路试检验制动性能应在平坦（坡度不应大于1%）、干燥和清洁的硬路面（轮胎与路面之间的附着系数不应小于0.7）上进行。在试验路面上画出规定宽度的试验通道的边线，被测车辆沿着试验车道的中线行驶至高于规定的初速度后置变速器于空档（配置自动变速器的车辆可置变速器于D位），当滑行到规定的初速度时急踩制动，使车辆停止。

用制动距离检验行车制动性能时，采用速度计、第五轮仪或用其他测试方法测量机动车的制动距离，对除气压制动外的机动车还应同时测取踏板力（或手操纵力）。用充分发出的平均减速度检验行车制动性能时，采用能够测取充分发出的平均减速度和制动协调时间的仪器测量车辆充分发出的平均减速度和制动协调时间，对除气压制动外的机动车还应同时测取踏板力（或手操纵力）。

4. 车轮侧滑检测

汽车转向轮定位准确与否对汽车的操纵性、行驶稳定性影响很大，因此转向轮定位是很重要的检测项目。为了保证汽车转向轮直线滚动时无横向滑移现象，要求车轮外倾角与车轮前束有适当配合，否则车轮就可能在直线行驶过程中产生侧滑现象。侧滑现象严重时，将破坏车轮的附着条件，定向行驶能力减弱甚至丧失，致使轮胎异常磨损。在机动车年度审检中，应用侧滑试验台对车轮侧滑进行检测，确保车辆的操纵性和行驶稳定性。

GB 7258—2017《机动车运行安全技术条件》中规定：汽车（三轮汽车除外）的车轮定位应符合该车有关技术条件，车轮定位值应在产品使用说明书中标明。对前轴采用非独立悬架的汽车，其转向轮的横向侧滑量用侧滑试验台检验时应小于或等于5m/km。

5. 汽车四轮定位检测

汽车保有量越来越大，公路越来越好，汽车行驶越来越快，对汽车的操纵性要求越来越高。为了保证汽车的行驶稳定性，车轮与车轴之间必须保持正确的位置关系。前轴、后轴的轴线必须相互平行且垂直于汽车纵轴线，车轮的定位角必须正确。汽车在使用过程中，由于各种事故导致悬架的损伤、车身或车架的变形引起车轮定位参数发生变化。不正确的车轮定位参数会导致转向沉重、轮胎异常磨损（俗称"吃胎"）、油耗增加、方向回正困难、行驶跑偏等，这些变化使汽车的操纵稳定性降低，影响行车安全。

车轮定位包括前轮定位和后轮定位，也就是常说的四轮定位。四轮定位的作用就是使汽车能够保持稳定的直线行驶、转向轻便，减少汽车在行驶中轮胎和转向机件的磨损。

四轮定位仪是专门用来测量车轮定位参数的设备。四轮定位仪检测的项目包括前轮前束值/角（前轮前束角/前张角）、前轮外倾角、主销后倾角、主销内倾角、后轮前束值（后轮前束角/前张角）、后轮外倾角、轮距、轴距、转向20°时的前张角、推力角和左右轴距差等。

目前常用的四轮定位仪有拉线式、光学式、计算机拉线式和计算机激光式四种，它们的测量原理都是一样的，只是采用的测量方法或使用的传感器类型及数据记录与传输的方式不同。本书介绍光学式四轮定位仪，如图3-2所示。

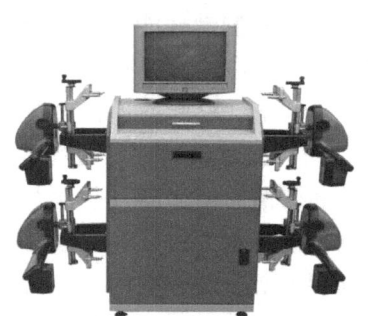

图3-2　光学式四轮定位仪

下面介绍光学式四轮定位仪的试验方法。

（1）测量前的准备工作

1）安装测试投影仪。安装投影仪时必须注意，投影仪上标有"L"的，必须安装在待检车辆行进方向的左边导轨上，标有"R"的放在右边导轨上。

左右两侧投影仪的光学中心必须校准在同一轴线上，以便测量汽车左右轮的同轴度，调整时必须保证两侧投影仪屏幕上的十字刻度线在同一水平面上。

2）调整投影仪上投光镜的高度。测量待检车轮毂中心距离地面高度，将测量值减去30mm，所得值作为投光镜的高度值，有偏差的通过手柄来调整。

3）车辆的准备。检测前，被检车辆车轴的状况必须良好，车轮的所有轴承间隙、转向间隙和主销间隙均须检查并经过调整，轮胎气压要符合出厂要求。

（2）安装调整

1）将待检车辆开到定位仪上，后轮停在可以横向移动车辆的后轮滑板中心处，在滑板的下面有滚筒支承，轮毂中心位置与投影仪等高。

2）安装轮镜。首先根据轮辋直径调整三个卡爪之间的距离，然后将万能轮镜安装架紧固在轮辋边沿上，将带有调整盘的轮镜安装在该架上，支起车轮并轻轻转动一周，若轮镜中心偏离车轴中心超过1cm，应移动轮镜至车轮中心并紧固。

（3）轮镜安装基准调整　由于轮辋的变形和轮镜安装架的安装误差，使夹在车轮上的镜面不垂直于车轮轴心线而造成测量误差，因此，需要进行轮镜安装基准调整（补偿调整）。

支起车轮，打开投影仪开关，轮镜将刻度线的像反射到投影仪的屏幕上，用手慢慢转动车轮，同时观察屏幕上的十字刻度线，若十字刻度线摆动量超过屏幕上一个刻度值，需要使用三角形布置的调整旋钮调整，直至十字刻度线不摆动为止，然后锁紧。

补偿调整结束后，将转盘置于前车轮下面，落下车辆，后轮置于滑板上，按压车身前部，给汽车悬架施加上下交替的力，使悬架系统处于正常的受力状态，并将前轮向左和向右转动几次，消除转向间隙，最后让转向盘位于中间位置，前轮位于"正前方"位置，拉紧驻车制动。

(4) **将车辆摆正定位** 定位测量卷尺置于待检车辆的左前侧，用卷尺的磁性座与投影仪的底座相连，垂直于车轮中心线量出至轮辋最低位置间的距离，同样的方法测出右侧的距离，如果左右两侧的距离有差异，调整滑板直到两侧的距离相同为止。

运用同样的方法测出后轮左侧和右侧的数值，左右调整后轮摆正滑板，直至两侧的距离相同为止。

通过上述调整过程消除了前后轮距不等所造成的影响，此时待检车辆刚好位于光学矩形中心位置，保证了该光学系统的测试精度。

6. 定位参数的测量

各定位参数的测量值可直接从屏幕上和转盘上读出或从投影仪底座上的刻度尺上读出。

(1) **测量前轮左/右主销内倾角** 前轮安装传感器及配件，锁紧前轮传感器，后轮传感器可不用，转向盘不锁紧，不用转向盘锁定杆，制动以防车轮滚动。

从"角度测量选项单"中选择"主销内倾角程序"，转动车轮使转向角显示0°，等待测量。使左轮向左转动20°（转向角度显示在屏幕上），主销内倾角将相对0°值自动存储，听到声响后即完成。转动转向盘，车轮继续向左转动，直到右边车轮也转过20°（转向角的值显示在屏幕上），存储器自动将右主销内倾角存储。然后将车轮右转20°（转向角显示在屏幕上），右轮主销内倾角测量值显示在屏幕上方，右主销内倾角测量完毕。继续转动转向盘，使左轮右转至20°，左轮主销内倾角测量值也就显示屏幕上，左主销内倾角测量完毕。

比较各测量值，从屏幕显示的颜色判断，白色表示测量值与基准值无偏差，绿色表示测量值在公差范围内，红色表示测量值在公差范围外。

(2) **测量前轮左/右主销后倾角** 采用与主销内倾角测量相同的操作过程，只是不用制动即可读出数据。

(3) **测量左（右）后轮前束角/外倾角** 测量后轮前束角和外倾角时，使用四个传感器，使用转向盘锁定杆防止车轮转向，制动防止车轮滚动，在"角度测量选项单"中选中"后轮倾角测量程序"，在屏幕上显示左、右侧后轮前束角及外倾角，还可以进一步由两后轮前束角算出推力角。用测量值与原厂值比较，如果测量值正确，可进行下一步操作；如果测量值不正确，则一定要进行调整。

(4) **测量左（右）前轮前束角/外倾角** 方法同（3）。

7. 汽车前照灯检测

(1) **前照灯光束照射位置检验方法**

1) 屏幕法检测。屏幕法就是借助屏幕检查。检查场地应平整，屏幕与场地垂直。

被检验的机动车空载,轮胎气压正常,在乘坐一名驾驶人的条件下进行。将机动车停置于屏幕前,并与屏幕垂直,使前照灯基准中心距屏幕10m,在屏幕上确定与前照灯基准中心离地面距离 H 等高的水平基准线及以机动车纵向中心平面在屏幕上的投影线为基准确定的左右前照灯基准中心位置线,分别测量左右远近光束的水平和垂直照射方位的偏移值。

2)用前照灯检测仪检验。将被检验的机动车按规定距离与前照灯检测仪对正(车辆摆正装置),从前照灯检测仪的显示屏上分别测量左右远、近光束的水平和垂直照射方位的偏移值。

前照灯检测仪分为聚光式、屏幕式、投影式和自动追踪光轴式等几种。目前,汽车检测站大多采用较为先进的自动追踪光轴式前照灯检测仪。无论哪种检测仪都是由接受前照灯光束的受光器、使受光器与汽车前照灯对正的找正装置、前照灯发光强度的指示装置与光轴偏斜量指示装置等组成的。

3)检验方法的选择。屏幕检测法需要有一个较大的场地,在检测站很少采用。目前各汽车检测机构和维修企业通常使用前照灯检测仪检测法。

(2)自动追踪光轴式前照灯检测仪的检测步骤

1)检测仪的准备。

① 在前照灯检测仪不受光状态下检查光度计和光轴偏斜指示计的指针是否能对准机械零点。若指针失准,可用零点调整螺钉将其调整在零点上。

② 检查聚光透镜和反射镜的镜面有无污物或模糊不清的地方。若有,可用柔软的布或镜头纸等擦拭干净。

③ 检查水准器的技术状况。若水准器无气泡,要进行修理;若气泡不在红线框内,可用水准器调节器或垫片进行调整。

④ 检查导轨是否沾有泥土或小石子等杂物,要保证扫除干净。

2)车辆的准备。

① 清除前照灯上的油污。

② 轮胎气压应符合汽车制造厂的规定。

③ 汽车蓄电池应处于充足电状态。

3)检测开始。

① 将汽车尽可能地与导轨保持垂直方向驶近检测仪,使前照灯与检测仪受光器相距3m。

② 将车辆摆正找准,使检测仪和汽车对正。

③ 开亮前照灯,接通检测仪电源,用上下、左右控制开关移动检测仪位置,使前照灯光束射到受光器上。

4)检测注意事项。

① 检测仪的底座一定要保持水平。

② 检测仪不要受外来光线的影响。

③ 必须在汽车保持空载并乘坐一名驾驶人的状态下检测。

④ 汽车有四只前照灯时,一定要把辅助照明灯遮住后再进行测量。

⑤ 开亮前照灯照射受光器,一定要使光电池灵敏度稳定后再进行检测。
⑥ 仪器不用时,要用罩子把受光器盖好。

8. 汽车排放污染物检查

(1) 汽车排放污染物的成分及其危害 随着汽车工业的迅速发展,汽车保有量快速增加,汽车排放的污染物造成的环境污染情况亦日趋严重。汽车排放造成的污染对社会、环境和人类的健康威胁已经成为严重的社会问题,因此对汽车排放污染物的监控与防治已到了刻不容缓的地步。为了控制汽车的排放污染,世界各国都将汽车排放作为一项很重要的汽车检测项目。我国也逐步完善了控制汽车排放物的国家标准。自 2019 年 7 月 1 日起,执行 GB 17691—2018《重型柴油车污染物排放限值及测量方法(中国第六阶段)》。2020 年 7 月 1 日起,执行 GB 18352.6—2016《轻型汽车污染物排放限值及测量方法(中国第六阶段)》。要搞好汽车排放污染物的监控与防治,首先要做好汽车排放的检测工作。

污染物主要包括气态污染物和颗粒物。气态污染物包括 CO、CO_2、碳氢化合物(假定碳氢比:柴油为 $CH_{1.85}$,LPG 为 $CH_{2.525}$,NG 的非甲烷碳氢化合物 NMHC 为 $CH_{2.93}$,NG 的甲烷为 CH_4)和氮氧化合物等。颗粒物(PM)是指在温度不超过 325K(52℃)的稀释排气中,由规定的过滤介质上收集到的所有物质。

1)一氧化碳(CO)。一氧化碳是汽油烃类成分燃烧的中间产物。如果空气充足,理论上燃料燃烧后不会产生 CO,但当空气不足(氧气不足)即混合气空燃比小于 14.8∶1 时,必然会有部分燃料不能完全燃烧而生成 CO,特别是发动机处于怠速状态时,混合气体过浓,此时发动机工作循环中的气体压力与温度不高,混合气体的燃烧速度减慢,属于不完全燃烧,致使 CO 的浓度增加。在发动机加速负荷范围工作时,或点火过分推迟也会导致尾气中 CO 的浓度增高。CO 是一种无色、无刺激的气体,它能迅速和人体血液中的血红蛋白结合成为一氧化碳血红蛋白,阻止氧的输送。当其在人体血液中的浓度超过 60% 时,会导致人因窒息而死亡。

2)二氧化碳(CO_2)。世界工业化进程引起能源大量被消耗,导致大气中 CO_2 剧增,其中约 30% 来自汽车排放物。CO_2 为无色无毒气体,对人体无直接危害,但大气中 CO_2 的大幅度增加,因其对红外热辐射的吸收而形成的温室效应,使全球气温上升,南北极冰川溶化,海平面上升,大陆腹地沙漠化趋势加剧,人类和动植物赖以生存的生态环境遭到破坏。因此近年来对 CO_2 的控制已成为研究汽车排放的重要课题。

3)碳氢化合物。碳氢化合物总称为烃类,是发动机未燃尽的燃料分解产生的气体。汽车排放污染物中的未燃烃类的 20%~25% 来自曲轴箱窜气,20% 来自油箱的蒸发,其余由排气管排出。当排出的碳氢化合物占比达到 $500×10^{-6}$~$600×10^{-6}$ 时就会影响人体健康。它与 NO_2 的混合物在强光照射下可在大气中产生 O_3 等过氧化物,对人的眼、鼻和咽喉黏膜等处有较强的刺激作用,可引起结膜炎、鼻炎、支气管炎等,并伴有难闻的臭味,严重时可致癌。

4)氮氧化合物。氮氧化合物主要包括 NO 和 NO_2,由排气管排出。试验证明供给略稀的混合气(混合气空燃比≥15.5)会增大 NO 的排放量。汽油机排出的氮氧化合物中，NO占99%，而柴油机排出的氮氧化合物中NO_2比例稍大。高浓度的NO会引起人神经中枢的障碍，并且很容易被氧化成剧毒的NO_2。NO_2有特殊的刺激性臭味，严重时会引起肺气肿。

5) 光化学烟雾。它是指汽车内燃机排气中的氮氧化合物和碳氢化合物排入大气后，在紫外线作用下进行光化学反应，由光化学过氧化物而形成的黄色烟雾。其主要成分是O_3（一种极强的氧化剂），当其占比达到50×10^{-6}时，人就会在一小时内死亡。

6) 硫氧化物。汽车尾气中硫氧化物的主要成分为SO_2。当汽车使用催化净化装置时，就算很少量的SO_2，也会逐渐在催化剂表面堆积，造成"催化剂中毒"，不但影响催化剂的使用寿命，还危害人体健康，SO_2还是造成酸雨的罪魁祸首。

7) 颗粒物。汽油机中主要颗粒物有铅化物、硫酸盐和低分子物质，柴油机中主要颗粒物是石墨形的含碳物质（碳烟）和高分子量有机物（润滑油的氧化和裂解产物）。柴油机的颗粒物数量比汽油机多30~60倍，成分也比较复杂。特别是碳烟，主要由直径$0.1 \sim 10.0 \mu m$的多孔性碳粒构成，它会被人体吸入肺部沉淀下来，并且往往粘附有SO_2及某些致癌物质，严重危害人体健康。

(2) 汽车排放污染物的检测

1) 汽油车排放污染物的检测标准。1979年9月，我国颁布了中华人民共和国成立以来第一部综合性的《中华人民共和国环境保护法（试行）》，1983年发布并于1984年实施了《汽车污染物排放标准和测量方法》。其后，又相继制定了几项排放标准，并于1993年、1999年对上述排放标准进行了修订，从严规范了诊断参数和测量方法，使我国治理废气污染走上了较为严格的法制轨道。

GB 18285—2000《在用汽车排气污染物限值及测试方法》是参照美国国家环保局标准EPA-AA-RSPD-IM-96-2《加速模拟工况试验规程、排放标准、质量控制要求及设备技术要求技术导则》制定的，使我国治理在用汽车排气污染更为严格和规范。

2005年7月1日起实施的GB 18285—2005《点燃式发动机汽车排气污染物排放限值及测量方法（双怠速法及简易工况法）》代替了GB 14761.5—1993《汽油车怠速污染物排放标准》、GB/T 3845—1993《汽油车排气污染物的测量 怠速法》和GB 18285—2000《在用汽车排气污染物限值及测试方法》中的点燃式发动机汽车部分。2019年5月1日起，实施GB 18285—2018《汽油车污染物排放限值及测量方法（双怠速法及简易工况法）》。

2001年发布的GB 14761—2001《汽车排放污染物限值及测试方法》等效采用了联合国欧洲经济委员会（ECE）1995年7月2日生效的ECER83/02《按发动机对燃料的要求类别就污染排放物对车辆的认证规则》的全部内容，采用了国际通用的试验方法，对汽车排放污染物的控制标准达到了欧洲20世纪90年代初的水平。后该标准被GB 18352.2—2001代替。

2001年实施的GB 18352.1—2001《轻型汽车污染物排放限值及测量方法（Ⅰ）》、2004年实施的GB 18352.2—2001《轻型汽车污染物排放限值及测量方法（Ⅱ）》等效采用和参照了当时欧洲的最新标准。2016年发布了GB 18352.6—2016《轻型汽车污染物排放限值及测量方法（中国第六阶段）》，于2020年7月1日实施。

2018年颁布了GB 17691—2018《重型柴油车污染物排放限值及测量方法（中国第六阶段）》，自标准2019年7月1日实施之日起，GB 11340—2005《装用点燃式发动机重型汽车曲轴箱污染物排放限值》中气体燃料点燃式发动机相关内容及GB 17691—2005《车用压燃式、气体燃料点燃式发动机与汽车排气污染物排放限值及测量方法（中国Ⅲ、Ⅳ、Ⅴ阶段）》废止。

2）汽油车排放污染物的检测。应保证被检测车辆处于制造厂规定的正常状态，发动机进气系统应装有空气滤清器，排气系统应装有排气消声器，并不得有泄漏。

应在发动机上安装转速计、点火正时仪、冷却液和机油测温计等测量仪器。测量时，发动机冷却液和机油温度应不低于80℃，或者达到汽车使用说明书规定的热车状态。

发动机从怠速状态加速至70%额定转速，运转30s后降至高怠速状态。将取样探头插入排气管中，深度不少于400mm，并固定在排气管上。维持15s后，由具有平均值功能的仪器读取30s内的平均值，或者人工读取30s内的最高值和最低值，其平均值即为高怠速污染物测量结果。对于使用闭环控制电子燃油喷射系统和三元催化转化器技术的汽车，还应同时读取过量空气系数的数值。

发动机从高怠速降至怠速状态15s后，由具有平均值功能的仪器读取30s内的平均值，或者人工读取30s内的最高值和最低值，其平均值即为怠速污染物测量结果。若为多排气管时，取各排气管测量结果的算术平均值作为测量结果。若车辆排气管长度小于测量深度时，应使用排气加长管。

测量工作结束后，把取样探头从排气管里抽出来，让它吸入新鲜空气5min，待仪器指针回到零点后再关闭电源。

3）柴油车排气污染物的标准及检测。柴油车排出的烟有黑烟、蓝烟和白烟三种。其中，以柴油机在全负荷和加速工况时排出的黑烟最为常见。黑烟的发暗程度用排气烟度表示，排气烟度用烟度计检测。烟度计可分为滤纸式、透光式、重量式等多种形式。

2017年7月27日实施了HJ 845—2017《在用柴油车排气污染物测量方法及技术要求（遥感检测法）》，标准规定了利用遥感检测法检测在实际道路上行驶的柴油车排放污染物的测量方法、仪器安装要求、结果判定原则和排放限值。另外，关于柴油车污染物的排放，还有2019年5月1日实施的GB 3847—2018《柴油车污染物排放限值及测量方法（自由加速法及加载减速法）》。

3.2 旧汽车技术等级的评定

3.2.1 静态检查

1. 静态检查所需的工具和用品

为了使检查旧汽车时得心应手，在检查之前，应该先准备一些工具和用品。需要准备的工具和用品如下：

1）一个笔记本和一支笔。用来记录看到、听到和闻到的异常情况，以及需要让机

械师进一步检测和考虑的事情。

2) 一个手电筒。用来照亮发动机舱和汽车下面又暗又脏的地方。

3) 一些棉丝头或纸巾。用于擦手或擦干净需要检查的零件。

4) 一大块旧毛毯或帆布。因为评估人员需要躺下，仰面检查汽车下面是否有漏油、磨损或损坏的零件等。

5) 一截 300~400mm 的清洁橡胶管或塑料管。可以当作"听诊器"，用来倾听发动机或其他部件是否有不正常的噪声。

6) 一个卷尺或小直（钢）尺。用于测量车轮和车轮罩之间的距离。

7) 一个光盘。用来测试 CD 唱机。

8) 一个小型工具箱。里面应该装有：成套套筒棘轮扳手、一个火花塞筒扳手、各种旋具、一把尖嘴钳子和一个轮胎撬棒。

9) 一块磁铁。用于检查塑料车身腻子的车身镶板。

10) 一只万用表。用来进行辅助电器测试。

2. 静态检查的主要内容

汽车技术状况静态检查的目的是快速、全面地了解汽车的大概技术状况。静态检查主要有车辆各种标牌检查和车身外观检查两大部分内容。

车辆在进行外观检查之前通常都要进行外部清洗。外观检查过程中，对于底盘相关项目的检查应该在设有检测地沟或有汽车举升器的工位上进行。

（1）**车辆各种标牌检查** 车辆标牌包括商标、铭牌、发动机型号和出厂编号、底盘型号和出厂编号等。检查车辆的发动机型号和出厂编号、底盘型号和出厂编号是否与行车执照上的记载相吻合；检查有无铭牌，是否标明了厂牌、型号、发动机功率、总质量、载重量或载客人数、出厂编号、出厂年月日及厂名。

（2）**车身外观检查** 对车身，特别是轿车和客车的车身，检查是否有严重的碰撞痕迹，可以判断是否曾经发生过严重事故。由于轿车和客车的车身在整车价值中权重较大，维修费用也比较高，故车身检查是技术状况鉴定的重要环节。检查顺序一般从车的前部开始，可以按以下方法进行：

1) 检查车身各处的缝隙。分别站在车的左前部和右前部，从车头往车尾观察车身各处接缝，如出现接缝不直、缝隙不一、线条弯曲、装饰条有脱落痕迹或新旧不一，说明该车的车身可能修理过。

2) 站在车前观察车漆的颜色和车身平整度。后补的油漆色彩往往不同于原车漆色，观察整个车身各个部位漆的颜色，通过车身反射光的明暗对比可以判断是否做漆，一般做漆的地方反射光较暗，可以检查是否出过事故。至于车身平整度，特别是有较大面积撞伤的部位，工人在补腻子、打磨腻子时往往磨不平，导致车身漆面看上去有波浪感，漆面凹凸不平。也可以用一磁铁沿车身四周移动，如果移到某处，感觉磁力突然减小，说明该处打过腻子、补过漆，用手敲击此处，声音较别处发闷。

3) 检查保险杠。在交通事故中，保险杠是最易、最先被撞坏的易损件，通过检查保险杠是否变形、损坏、重新补漆等痕迹，可以判断汽车是否发生过碰撞事故。

4) 检查车门。站在车门前，观察 B 柱是否呈一直线以及接缝的平整度，若 B 柱不呈直线或者接缝不平整，说明车门经过整形工艺处理；打开车门，观察门框是否呈一平面，若不平整，则说明进行过钣金处理；另外，可以观看车门附近是否有铆钉痕迹（原车结合时留下的），没有铆钉痕迹说明车子重新烤过漆。

5）观察车窗、车门的关闭。车窗、车门应关闭灵活、密封严实、锁止可靠、缝隙均匀，胶条无老化现象。检查前风窗玻璃是否有国家安全认证标志，没有则表明前风窗玻璃已经更换过。

6）检查后视镜、下视镜。汽车必须在左右各设一面后视镜，安装、调节及其视野范围要符合相关规定。车长大于 6m 的平头客车、平头货车应在车前设置一面下视镜。

7）检查灯光。主要检查灯光是否齐全、有效，光色、光强、光照角度等是否符合国家标准的相关规定。

8）检查车身金属件的锈蚀情况。随着汽车使用年限的增加以及各种事故的损害，车身金属零部件逐渐锈蚀，通过锈蚀的严重程度可以判断该车的使用年限。检查的零部件主要是车门、车窗、排水槽、底板及各接缝处等。

（3）**驾驶室和车厢内部检查**

1）检查座椅。所有的座椅安装应牢固可靠。驾驶人座椅、副驾驶人座椅及长途客车和旅游客车前面没有座椅或护栏的座椅的安全带应齐全、有效。还要查看座椅的新旧程度。座椅表面应平整、清洁、无破损，若座椅松动或严重磨损、表面凹陷，则说明该车经常载人，长时间在较高的负荷下运行。

2）查看车顶的内篷是否破裂，车辆内部是否污秽发霉，地毯或地板胶是否破损残旧，从地毯的磨痕可以推断车辆的使用频率。揭开地毡或地板胶，查看车厢底板是否有潮湿或生锈的痕迹，是否有烧焊的痕迹，如果有，说明该车下雨时可能漏水。

3）查看车窗玻璃升降是否灵活。

4）检查行李舱。打开行李舱，检查舱盖防水胶条是否完好；检查行李舱是否锈蚀；检查行李舱两边的钣金件以及与后保险杠的接合处是否有烧焊的痕迹。

5）查看仪表盘。检查仪表盘底部有没有更改线束的痕迹，要求安装汽车行驶记录仪的车辆是否按要求安装，能否正常工作。

6）检查各踏板。检查离合器踏板、制动踏板、加速踏板有无弯曲变形及干涉现象，各踏板胶条是否磨损过度，坐在车上试试所有踏板有没有弹性。离合器踏板应该有少许空间，同时留心听听踏下踏板时有无异常声响。

（4）**发动机舱内检查** 发动机的外观检查可以通过以下几个方面进行：

1）检查发动机舱盖。首先看外观。仔细查看发动机舱盖与翼子板的密合度或与发动机留有的缝隙是否一致，是否有大小不一的情形，发动机与风窗玻璃之间的间隙是否一致或留有原车的胶漆，这些都是检查的重点。其次检查内部。发动机舱盖内的检查是重点中的重点，打开发动机舱盖时，先检查一下其内侧，如果有烤过漆（或喷漆）的痕迹，表明这片盖板碰撞过，维修时喷过漆。然后检查发动机前部的端框，该部件往往是固定散热器和冷凝器的，同时它还是前照灯定位和调整的基准，所以非常重要。

2）检查发动机外部清洗状况。使用中车辆的发动机外部表面有少量的油迹和灰尘是正常现象，但是，如果发动机表面满是油污，说明发动机可能存在漏油现象，并且该车日常维护不到位;如果发动机表面满是灰尘,说明车主日常维护欠佳或者车辆使用环境恶劣;如果发动机表面一尘不染,则说明发动机刚进行过清洁处理,要特别注意卖主可能用蒸汽清洗发动机后才让买方看车。

3)检查蓄电池。现在汽车用蓄电池多为免维护蓄电池,寿命一般在2~3年,维护得好寿命可以更长一些。因此消费者在检查蓄电池时,可先注意蓄电池上的制造日期,如果已经超过两年,则表示这个蓄电池已经快要报废了。大多数免维护蓄电池在盖上设有一个孔形液体(温度补偿型)比重计,它会根据电解液比重的变化而改变颜色,指示蓄电池的存放电状态和电解液液位的高度。当比重计的指示眼呈绿色时,表明已充足电,蓄电池正常;当指示眼绿点很少或为黑色,表明蓄电池需要充电;当指示眼显示淡黄色,表明蓄电池内部有故障,需要修理或进行更换。另外,要检查蓄电池在车上是否固定好,外壳表面是否有磕碰伤;检查蓄电池电缆是否连接可靠,排气孔是否有灰尘。

4)检查发动机机油状况。正常情况下,车辆换过机油使用一段时间后,机油颜色会慢慢变黑。检查时,抽出机油尺,观察机油品质及油量。在白纸上擦一下,如果发现机油的颜色发灰、浑浊或有乳化现象(起水泡),说明机油中混入了水,可能是冷却系统和燃烧系统有联通的状况,致使冷却液进入了曲轴箱。机油尺上一般都有高低油位的指示孔,如果机油高度在两油位之间,表示正常。如果机油量的高度过低,而换机油的时间和里程正常,说明气缸可能密封不良,导致机油进入气缸与汽油一同燃烧,发生发动机"烧机油"现象;若机油量的高度过高,而加入量正常,说明发动机窜气或漏水。

5)检查冷却液状况。注意一定要在冷车状态,防止温度很高的冷却液溅出烫伤人。打开散热器盖,如果散热器内的冷却液是黄色的铁锈水或散热器外有锈水漏出,说明散热器内锈蚀或散热器有渗漏现象;如果发现冷却液表面有油污漂浮,表明有机油渗入,可能气缸垫漏气。用力捏一下散热器的上下两条软管,看看有没有裂痕。检查散热器盖关闭后是否紧密,胶垫是否有松脱。检查散热器是否有撞过的迹象,散热片是否有烧焊现象。

6)检查变速器油。变速器油的油位应在MIN和MAX之间。变速器油应该呈红色,如果颜色变为棕色,说明变速器可能发生故障;如果闻到糊味,说明变速器磨损严重。

7)检查软管、传动带、电缆导线。检查进气管、暖风管、水泵管、散热管等有无老化、变硬、变脆迹象;高档汽车还有很多软管连接到空调器、巡航控制器、真空控制器等,检查时用手挤压,看是否富有弹性,不应有硬和脆的感觉。传动带用来带动曲轴、凸轮轴、水泵、助力转向泵、发电机、空调压缩机、风扇等,检查各传动带是否有脱落、严重开裂等迹象,另外还要检查带轮是否被磨光亮,带轮磨光会引起打滑,表现为起动、急速时有刺耳的响声。检查电缆线、导线等是否有老化、外皮剥落现象。有的车主购车后加装了防盗器、低音炮、雾灯等,会有绝缘胶带包裹,这些线路应该有条理。

(5) **车辆底盘检查** 汽车底盘由传动系统、行驶系统、转向系统和制动系统四部分组成。底盘检查工作主要就是对这四部分进行检查,通常在地沟或车辆举升器上进行。

1)传动系统的检查。

① 检查离合器踏板的自由行程是否符合整车技术条件的要求、离合器的摩擦片磨损状况、铆钉是否松动;弹簧是否发生疲劳折断/开裂;分离拨叉的支点磨损是否严重;

分离轴承的磨损情况;若是液压操纵控制的离合器,还要检查液压系统是否漏油等。

② 检查变速器壳体四周、加油口、放油口等处是否存在漏油或渗油现象;换档控制机构是否顺畅、各连接处磨损是否严重等。

③ 检查传动轴、中间轴、万向节等处是否有裂痕或者松旷现象;传动轴是否发生弯曲;轴承是否因磨损而松动;连接螺栓是否松动或有裂痕等。

④ 检查桥壳是否有裂痕;检查桥壳各连接处是否有漏油或渗油迹象。

2) 行驶系统的检查。

① 检查车架是否有裂纹、锈蚀,是否有影响正常行驶的变形(弯曲、扭曲等);检查螺栓和铆钉是否齐全并紧固,车架不得进行焊接。

② 检查车辆的前后桥是否有裂痕和变形。

③ 检查车辆的悬架系统是否有损坏、螺栓是否松旷、减振器是否漏油;检查板簧有无裂痕、断片和缺片现象,中心螺栓和U形螺栓是否紧固等。

④ 检查车架与悬架之间的所有拉杆和导杆是否变形,各连接处是否松旷或移位。

⑤ 检查轮毂轴承是否磨损、松旷;轮胎螺母以及半轴螺母是否齐全并紧固;检查同一桥上左右轮胎的型号、花纹是否相同;轮胎磨损是否严重、是否翻新轮胎(转向轮不得使用翻新轮胎)、轮胎的帘线是否外露;检查轮胎是否有异常磨损,若轮胎出现非正常磨损,则说明车轮定位参数不正确或者车辆长期超载运行。

3) 转向系统的检查。

① 检查转向盘与前桥的连接是否松旷。

② 检查转向器的垂臂轴与垂臂连接是否松旷,检查拉杆球头连接是否松旷,检查拉杆与转向节的连接是否松旷,检查转向节与主销之间是否松旷等。

③ 检查转向节与主销之间配合是否满足要求,检查转向器的润滑是否适合等。

④ 检查转向轴是否弯曲。

⑤ 检查液压助力转向的转向泵驱动带松紧是否合适,油泵、油管是否有漏油现象,软管是否老化。

4) 制动系统的检查。

① 检查制动踏板的自由行程是否符合车辆技术条件的要求,检查液压制动系统的总泵、分泵、管路以及管路连接处是否有漏油现象。

② 检查油管是否有损伤,特别是凹瘪现象;检查真空管是否有损伤。

③ 对于气制动车辆,应检查储气罐的压力能否达到规定气压,检查制动管路是否有损伤。

(6) 汽车电器及其附属装置的检查

检查刮水器、收音机、仪表、反光镜、加热器、灯具、转向信号、喷水装置、空调设备等是否破损、残缺。检查汽车电路各线束的连接是否牢靠,有无损坏或烧焦痕迹。

3.2.2 动态检查

1. 路试前的准备

在进行路试之前,检查机油油位、冷却液液位、制动液液位等,各个项目正常后方可起动发动机，进行路试检查。

(1) **检查机油油位** 检查之前应将车停放在平坦的场地上。将起动开关钥匙拧到关闭位置，把驻车制动杆放到制动位置，变速杆放到空档位置。

打开发动机舱盖，抽出机油尺，将机油尺用抹布擦净后，插入机油尺导孔，拔出查看。油位在上下刻线之间，即为合适。如果超出上刻线，应放出机油；如果低于下刻线，可从加油孔添加，待10min后，再次检查机油油位。补充时应严格注意清洁并检查是否有渗漏现象。

(2) **检查冷却液液位** 检查冷却液时，对于没有膨胀散热器的冷却系统，可以打开散热器盖进行检查，要求液面不低于排气孔10mm。如果使用防冻液，则要求液面高度应低于排气孔50~70mm（这是为了防止防冻液因温度增高溢出）。对于装有膨胀散热器的冷却系统，要求膨胀散热器的冷却液量应在规定刻线（H~L）之间。检查冷却液液量时，应在冷车状态下进行，检查后应扣紧散热器盖。补充冷却液时，应尽量使用软水或同种防冻液。添加前要检查冷却系统是否有渗漏现象。

(3) **检查制动液液位** 正常制动液量位置应在储油罐的上限（H）与下限（L）刻线之间或标定位置处。当液位低于标定刻线或下刻线位置时，应把新的制动液补充到标定刻线或上限位置。

由于常用的制动液具有一定的吸湿性，因此，在向储液罐内补充制动液时，一方面要使用装在密封容器内的新制动液，另一方面要避免长时间开放储液罐的加液口盖，因为制动液吸收水分后其沸点会显著降低，容易引起气阻，造成制动失灵。

(4) **助力转向液压油的油量** 首先将助力转向储油罐的外表擦干净，再将加油口盖从储油罐上取下，用干净的布块将油标尺上的油擦干净，重新将油标尺装上（检查时，不要拧紧加油口盖），然后取下油标尺，检查油平面，油标尺所示的刻度和意义与机油尺相同。如果油平面高度低于油标尺下限刻度，则需要添加同种转向液压油，直到上限刻度（H）为止。在添加之前应检查动力管路是否有渗漏现象。在检查或添加转向液压油时，应检查油质的污染情况，发现变质或污染时应及时更换。

(5) **检查散热风扇传动带** 检查风扇传动带的紧度，用拇指以9~10kg物体的重力按压风扇传动带中间部位时，挠度应为10~15mm。如果不符合要求，按需要可调节发电机支架固定螺栓的位置。

(6) **检查制动踏板行程并确保制动灯工作** 路试二手车前，一定要检查制动系统并确保制动灯工作良好。检查制动踏板时，踩下踏板25~50mm，就应感到坚实而没有松软感，即使踩下半分钟也是如此。如果制动踏板有松软感，可能制动管路有空气，这就意味着制动系统中某处可能有泄漏。另外，还要检验驻车制动是否工作，是否能将汽车稳固地保持住。

(7) **检查轮胎气压** 拧开轮胎气嘴的防尘帽，用轮胎气压表测量轮胎气压，轮胎的气压应符合规定。气压不足，应进行充气；气压过高，放出部分气体。轮胎气压过低或过高，均不宜进行测试。

2. 动态检查的主要内容

(1) **发动机的起动状况检查** 正常情况下，用起动机起动发动机时，一般起动不应超过 3 次,每次起动时间不超过 5~10s;若需再次起动,应间隔 15s 以上,起动时,应无异常响声。如果发动机不能正常起动,表明发动机的起动性能不好。

影响发动机起动性能的原因有很多,主要有油路、电路、气路和机械四个方面。例如供油不畅、电动汽油泵没有保压功能、点火系统漏电、蓄电池接线柱锈蚀、空气滤清器堵塞、气缸磨损使气缸压力过低、气门关闭不严等。发动机起动困难应综合分析各种原因,引起发动机起动困难的原因不同,对车辆价值影响也不同,并且差别很大。

检查导致发动机起动不良的原因时,首先检查蓄电池,其次检查发动机运转的阻力(拆下全部火花塞和喷油器,手动运转曲轴,检查转动阻力大小),再次检查汽油机的点火系统(可能点火不正时、火花塞打火弱或者不打火)、燃油系统(混合气体过浓或过稀)、气缸压力等。对于柴油机,则可能气缸压力过低,燃油中有水或空气,输油泵、喷油泵、喷油器工作不良,油路堵塞等,应一一排查。

(2) **发动机怠速运转检查** 发动机起动后,使其怠速运转,此时发动机应在规定的怠速范围内平稳地运转,转速波动应小于 50r/min。发动机怠速时,若出现转速过高、过低、发动机抖动严重等现象,均表明发动机怠速不良,引起发动机怠速不良的原因很多。

对于汽油机,点火正时、气门间隙、配气正时、怠速阀调整不当,真空阀漏气,曲轴箱通风系统(单向阀不密封或卡阻、怠速时不能关闭等)、排气再循环系统、点火系统、供油系统等的问题均可能引起怠速不良,有的汽车怠速不良是顽症,可能生产厂家都无法解决,应引起鉴定评估人员重视。

对于柴油机,怠速不良的原因主要有:供油正时、气门间隙、配气正时或怠速调整不当;燃油中有水、空气或黏度不符合要求;各缸的柱塞、出油阀偶件、喷油器工况不一致,或者是调速器松旷、锈蚀、弹簧疲劳失效等因素导致各缸的喷油量不一样;或者各缸的压缩力不一致等。发动机怠速运转时,同时检查各仪表工作状况,检查电源系统充电情况。

(3) **检查发动机声响** 让发动机怠速运转,检查人员站在车头旁边听发动机有无异响以及响声大小。然后,用手拨动节气门,适当增加发动机转速,倾听发动机的异响是否加大,或是否有新的异响出现。技术状况良好的发动机,零部件之间的配合间隙适当、润滑良好、工作温度正常、燃油供给充分、点火正时准确,无论转速和负荷怎样变化,都发出平稳而有节奏、协调而又平滑的排气声音和运转声。运转过程中,如果发动机发出一些不协调的声响(如类似金属敲击的声音、咔嗒声、摩擦声等,这些声音统称为异响),说明发动机的某个零部件的技术状况发生了变化,导致工作异常;如果听到低频的轰隆声或爆燃声,表明发动机受损严重,需要进行大修了。

常见的发动机异响有:曲轴轴承异响、连杆轴承异响、活塞敲缸异响、气门异响等。这些异响很难排除,特别是发动机内部异响,鉴定评估人员需要特别注意。

(4) **检查发动机的急加速性(加速灵敏性)** 待冷却液温度、油温都正常后,通过改变节气门的开度检查发动机在各种转速下运转是否平稳,转速变化时应过渡顺畅。迅速踏下加速踏板,发动机由怠速状态猛加速,观察发动机转速由低到高能否灵活反应,此过程中发动机应无"回火""放炮"现象。发动机加速运转过程中,检查发动机有无

"敲缸"和气门运动噪声。把加速踏板踩到底然后迅速释放,观察发动机的转速能否由高速迅速降到低速,且灵活反应,发动机是否怠速熄火。在规定转速下,发动机机油压力应符合相关规定。

(5) **检查曲轴箱窜油、窜气情况** 打开机油加注口,慢慢踩踏加速踏板,如果窜气严重,肉眼就能观察到油雾气;若窜气不是很严重,可将一张白纸平放在机油加注口上方5cm左右处,然后踩下加速踏板,若白纸上有油迹,则表明有窜油状况发生,严重时油迹面积会更大。

(6) **检查尾气颜色** 如果发动机技术状况良好,气缸内的混合气体能够充分燃烧,汽油机排出的尾气应该是无色的,在冬季能够看见白色的水汽;柴油机工作时排出的气体一般是淡灰色的,当负荷较大时,灰色加深。无论是汽油机还是柴油机,如果排气颜色呈现蓝色,说明机油窜入了燃烧室。最常见的原因是活塞、活塞环与气缸之间的密封不良,即因活塞、活塞环与气缸磨损严重导致间隙过大。如果排气管冒黑烟,说明混合气过浓,发动机技术状况欠佳;如果排气管冒白烟,可能是气缸垫损坏或者缸体有裂缝等原因造成冷却液进入气缸。

(7) **检查发动机熄火情况** 对于汽油机,关闭点火开关后,发动机正常熄火;对于柴油机,停机装置应灵活有效。

3. 汽车路试检查

汽车路试检查就是通过一定的行驶里程检查汽车的工况。路试检查应在平坦、硬实、干燥、清洁的道路上进行。下面具体介绍路试检查的主要内容。

(1) **检查离合器** 检查时,检测人员按照正确的汽车起步方法操作,挂低档平稳起步。正常情况下,离合器应该接合平稳,分离彻底,工作时不得有异响、抖动和不正常打滑现象。踏板自由行程应符合汽车技术条件的有关规定。若自由行程过小,一般说明离合器摩擦严重。

离合器常出现的故障为打滑和分离不彻底,有的还有异响。这些故障会导致车辆起步困难、行驶无力、爬坡困难、变换档位时变速器齿轮发出刺耳的撞击声、起步时车身发抖等现象。

(2) **检查变速器的工作状况** 从车辆起步加速升至高速档,再减速至低速档,整个过程中检查换档是否灵活自如;是否有异响;互锁和自锁装置是否有效,是否有乱档、掉档现象;换档操作时,变速杆是否与其他部件干涉。

(3) **检查汽车的动力性** 汽车动力性的好坏直接影响汽车性能的高低,动力性是汽车使用最重要的基本性能。汽车在使用一段时期后,技术状况会发生某些变化,动力性也会变化。汽车技术状况不良,首要表现为动力性不足,燃料消耗增大。

检测汽车动力性的项目一般有高档加速时间、起步加速时间、最高车速、陡坡爬坡车速、长坡爬坡车速,有时也检测牵引力。

乘用车的动力性最常见的指标是从静止状态加速至100km/h所需时间和最高车速,其中前者是最具意义的动力性指标,也是国际流行的轿车动力性指标。

检测时,汽车起步后,猛踩加速踏板,发动机发出强劲的轰鸣声,车速迅速提高,以此检查汽车的加速性能。各种汽车设计的加速性能不尽相同。有经验的鉴定估价人员熟悉各种常见车型的加速性能，通过如此检测就可以检查出被检汽车的加速性能与正常的该型号汽车加速性能之间的差距。

将被检汽车在相应的坡道上使用相应的档位时的动力性能与经验值相比较，检查人员可以感觉车辆爬坡能力的高低。检查汽车是否能够达到设计车速，如果达不到，可以估计一下差距大小。如果爬坡动力不足、最高车速与设计的最高车速相差太大，说明该车辆动力性差。

（4）检查制动性

1）制动性检查的技术要求。关于汽车的制动性和应急制动性在 GB 7258—2017《机动车运行安全技术条件》中规定，检查应在平坦、硬实、清洁、干燥且轮胎与地面间的附着系数不小于 0.7 的混凝土或沥青路面上进行，检测时发动机与传动系统分离。汽车在规定初速度下的制动距离和制动稳定性应符合表 3-1 所示的要求。

表 3-1　制动距离和制动稳定性要求

机动车类型	制动初速度/(km/h)	空载检验制动距离要求/m	满载检验制动距离要求/m	试验通道宽度/m
三轮汽车	20	≤5.0		2.5
乘用车	50	≤19.0	≤20.0	2.5
总质量小于或等于3500kg的低速货车	30	≤8.0	≤9.0	2.5
其他总质量小于或等于3500kg的汽车	50	≤21.0	≤22.0	2.5
铰接客车、铰接式无轨电车、汽车列车（乘用车列车除外）	30	≤9.5	≤10.5	3.0①
其他汽车、乘用车列车	30	≤9.0	≤10.0	3.0①
轮式拖拉机运输机组	20	≤6.0	≤6.5	3.0
手扶变型运输机	20	≤6.5		2.3

① 对车宽大于 2.55m 的汽车和汽车列车，其试验通道宽度为"车宽+0.5m"。

2）制动性的检查内容。

① 检查行车制动。如果汽车制动时跑偏，很可能是同一车桥上左右两个车轮的制动力不等或者是制动力相同但制动时刻不一致导致的。其原因有轮胎气压不一致、制动鼓（盘）与摩擦片间隙不均匀、摩擦片上有油污、制动蹄片弹簧损坏等。汽车起步后，先踩一下制动踏板（俗称点刹），检查是否有制动；然后加速至 20km/h 进行紧急制动，检查紧急制动是否可靠，有无跑偏、甩尾等现象；再加速至 50km/h，先用点刹检查汽车是否能够立即减速，是否有跑偏，再紧急制动检查制动距离和跑偏量。

② 检查制动效能。如果在行车过程中进行制动，减速度很小，制动距离很长，说明该车的制动效能欠佳。导致制动效能欠佳的原因有摩擦片与制动鼓（盘）的间隙较大、制动踏板自由行程过大、制动油管内有空气、制动总泵或分泵有故障、制动油管漏油等。制动时，如果踏下制动踏板时有海绵感觉，说明制动管路内有空气或制动系统某处有泄漏，应立即停止路试；如果踩下制动踏板时制动踏板或制动鼓发出尖叫声，说明摩擦片可能磨损，路试结束后应检查摩擦片的厚度是否符合技术要求。

③ 检查驻车制动（手刹）。检查驻车制动，应选择坡路。在坡路上，拉紧手刹后观察汽车能否停稳。若发现有溜车现象，说明驻车制动有故障。其原因可能是摩擦片与制动鼓（盘）间隙过大或者有油污、摩擦片磨损严重或打滑等。一般地，驻车制动力应不小于整车质量的 20%。

（5）**检查行驶稳定性和操纵性** 使检查车辆保持 50km/h（中速）左右的速度直线行驶或空档滑行，双手松开转向盘，观察汽车行驶状况。无论汽车转向哪一边，都说明该车的转向轮定位不准，或车身及悬架变形、一侧的减振器漏油、两边的轴距不准确、两侧胎压不等。

使检查车辆保持 90km/h（高速）以上的速度行驶，观察转向盘有无摆振现象（俗称汽车摆头）。如果发现汽车有高速摆头现象，则表明可能存在车轮不平衡或不对中、横拉杆球头松旷、轮毂轴承松旷、前束过大等故障。

在比较宽敞的路面上，左右转动转向盘（或做转弯测试），检查转向是否灵活、轻便。若转向沉重，则说明可能存在下列状况：转向节轴承缺润滑油，轮胎气压过低，横拉杆、前桥、车架弯曲变形，前轮定位不准。对于带助力转向的汽车，转向沉重可能是助力转向泵和齿轮齿条磨损严重，或是油路中有空气、驱动带打滑、安全阀漏油等原因。转向时如果发出"嘎吱"的声音，可能是转向油储油罐的液面过低、油路堵塞、油泵噪声等原因。

转向盘最大自由转动量不允许大于 20°（最高设计车速不小于 100km/h 的机动车）。若转向盘的自由转动量过大，意味着转向机构磨损严重，导致转向盘的游动间隙过大，转向不灵敏。

（6）**检查汽车行驶平顺性** 驾驶汽车通过粗糙、凹凸不平的路面，或通过公路、铁路口，感觉汽车通过的平顺性和乘坐舒适性。

当汽车转弯或通过坑洼不平的路面时，仔细听汽车前端是否发出"嘎吱"的声音。若有，则可能是减振器紧固装置松旷或轴承磨损严重。汽车转弯时，若车身侧倾过大，则可能是横向稳定杆衬套或减振器磨损严重。

（7）**检查汽车传动效率** 通过做汽车滑行试验，可以检查汽车传动效率。做法是：在平坦的路面上，将汽车加速至 50km/h 左右，踏下离合器踏板，将变速器挂空档滑行。根据经验，通过滑行距离估计汽车传动效率的高低。汽车越重，其滑行距离越远；初始车速越高，其滑行距离越远。

（8）**检查风噪声** 汽车行驶过程中，逐渐提高车速至高速行驶，倾听车外风噪声。风噪声过大，说明车门密封不严，原因为密封条变质损坏或车门变形，特别是事故车在整形后密封问题较难解决。正常情况下，车速越高，风噪声越大。空气动力学性能好的汽车，其密封和隔音性能较好，噪声较小；而空气动力学性能较差或整形后的事故车，风噪声一般较大。

4. 路试后的检查

（1）**检查各部件的温度** 动态试验结束后，检查人员还要检查机油、冷却液的温度，冷却液温度不应超过 90℃，发动机机油温度不应高于 95℃，齿轮油温度不应高于 85℃。

检查运动机件是否存在过热情况。查看轮毂、制动鼓、传动轴、变速器壳、中间轴承、驱动桥壳等的温度，不应有过热现象。

（2）**检查渗漏现象** 在发动机运转及停车时，散热器、水泵、缸体、缸盖、暖风装置以及所有连接部位皆不得有明显的渗液、漏液现象。汽车连续行驶距离不小于10km，停车5min后观察，不得有明显的渗油、漏油现象。气压制动汽车，在气压升至600kPa且不使用制动的情况下，停止空气压缩机3min后，气压的降低值不应大于10kPa。在气压为600kPa的情况下，将制动踏板踩到底，待气压稳定后观察3min，气压的降低值不应大于20kPa。液压制动的汽车，保持踏板力700N，1min以内不允许有缓慢向前移动的现象。

3.2.3 仪器检查

利用静态检查和动态检查，可以对汽车的技术状况进行定性的判断，即初步判定车辆的运行情况是否正常、车辆各部分有无故障及故障的可能原因、车辆各总成及部件的新旧程度等。当对车辆各项技术性能及各总成、部件的技术状况进行定量、客观的评价时，通常需借助一些专用仪器、设备进行。

对二手车进行综合检测，需要检测车辆的动力性、燃料经济性、转向操作性、排放污染物等整车性能指标，以及发动机、底盘等各部件的技术状况。汽车主要检测项目及对应的仪器设备见表3-2。

表3-2 汽车主要检测项目及对应的仪器设备

检测项目			检测仪器设备
整车性能	动力性	底盘输出功率	底盘测功机
		汽车直接加速时间	底盘测功机（装有模拟质量）
		滑行性能	底盘测功机
	燃料经济性	等速百公里油耗	底盘测功机、油耗仪
	制动性	制动力	制动检验台、轮重仪
		制动力平衡	制动检验台、轮重仪
		制动协调时间	制动检验台、轮重仪
		车轮阻滞力	制动检验台、轮重仪
		驻车制动力	制动检验台、轮重仪
	转向操作性	转向轮横向侧滑量	侧滑试验台
		转向盘最大自由转动量	转向力角仪
		转向操纵力	转向力角仪
		悬架特性	底盘测功机
	前照灯	发光强度	前照灯检测仪
		光束照射位置	前照灯检测仪
	排放污染物	汽油车急速污染物排放	废气分析仪
		汽油车双急速污染物排放	废气分析仪
		柴油车排气污染物	不透光仪
		柴油车排气自由加速烟度	烟度计

（续）

检测项目		检测仪器设备
整车性能	喇叭声级	声级仪
	车辆防雨密封性	淋雨试验台
	车辆表示值误差	车速表试验台
发动机部分	发动机功率 — 发动机总功率	无负荷测功仪、发动机综合测试仪
	发动机功率 — 发动机单缸功率	无负荷测功仪
	气缸密封性 — 气缸压力	气缸压力表
	气缸密封性 — 曲轴箱窜气量	曲轴箱窜气量检测仪
	气缸密封性 — 气缸漏气率	气缸漏气量检测仪
	气缸密封性 — 进气管真空度	真空表
	起动系统 — 起动电流蓄电池起动电压起动转速	发动机综合测试仪、汽车电气万能试验台
	点火系统 — 点火波形 点火提前角	汽车专用示波器 发动机综合测试仪
	燃油系统 — 燃油压力	燃油压力表
	润滑系统 — 机油压力、品质	机油压力表、机油品质检测仪
	异响	发动机异响诊断仪
底盘部分	离合器打滑	离合器打滑测定仪
	传动系统游动角度	游动角度检验仪
行驶系统	车轮定位	四轮定位仪
	车轮不平衡	车轮平衡仪
空调系统	系统压力	空调压力表
	空调密封性	卤素检漏灯
电子设备		微机故障检测仪

3.3 评定标准

汽车经过一段时期的使用以后，技术状况将发生变化。变化的程度随行驶里程的长短及运行条件、使用强度、维修质量的不同而各有差异。为了及时掌握汽车的技术状况，采用相应技术措施，合理地组织安排运输能力，正确地编制车辆维修计划，各运输企业应定期对汽车性能进行综合评定，核定其技术状况，并根据国家有关标准将车辆技术状况划分等级，以便于车辆的合理运用和科学管理。

根据《道路运输车辆技术管理规定》，从事道路运输经营的车辆应当符合下列技术要求：

1）车辆的外廓尺寸、轴荷和最大允许总质量应当符合《汽车、挂车及汽车列车外廓尺寸、轴荷及质量限值》（GB 1589）的要求。

2）车辆的技术性能应当符合《道路运输车辆综合性能要求和检验方法》（GB 18565）的要求。

3）车型的燃料消耗量限值应当符合《营运客车燃料消耗量限值及测量方法》（JT/T 711）、《营运货车燃料消耗量限值及测量方法》（JT/T 719）的要求。

4）车辆技术等级应当达到二级以上。危货运输车、国际道路运输车辆、从事高速公路客运以及营运线路长度在 800km 以上的客车，技术等级应当达到一级。技术等级评定方法应当符合国家有关道路运输车辆技术等级划分和评定的要求。

5）从事高速公路客运、包车客运、国际道路旅客运输，以及营运线路长度在 800km 以上客车的类型等级应当达到中级以上。其类型划分和等级评定应当符合国家有关营运客车类型划分及等级评定的要求。

6）危货运输车应当符合《危险货物道路运输规则》（JT/T 617）的要求。

根据 JT/T 198—2016《道路运输车辆技术等级划分和评定要求》，道路运输车辆技术等级划分为一级和二级。

道路运输车辆技术等级评定项目包括"核查评定项目"和"技术评定项目"。其中，"技术评定项目"分为"关键项""一般项"和"分级项"。具体评定项目和评定要求见 JT/T 198—2016 的附录 A。

思 考 题

1. 简述车辆标牌检查的内容。
2. 汽车动态检查的内容包括哪些？
3. 评定一级车的标准是什么？
4. 评定二级车的标准是什么？

第4章　新汽车评估

4.1　新汽车的价格

4.1.1　新汽车的价值

1. 新汽车的定义

（1）**商品新车**　商品新车就是用来展出的车，只是一种新款式的展示，还没有投入使用，但是以后可以销售。商品新车又叫零公里汽车，下线之后没有上路跑过。零公里汽车是一个销售术语，是指行驶里程为零（或里程较低，如不高于10km）的汽车，它的出现是为了满足客户对所购车辆"绝对全新"的要求。为了保证里程表的读数为零，从生产厂到各销售点，均采用大型专用汽车运输，以保证车辆全新。

（2）**准新车**　旧汽车市场上"准新车""次新车"这两个词汇颇为流行，也是经营者和消费者共同关注的焦点。所谓"准新车""次新车"，就是指一些使用时间较短但已经进入市场交易的车辆。准新车车况与新车没有多少差异，并且有些车辆还处在原车质保期内，使很多消费者打消了购买二手车的顾虑。在某些市场，准新车交易量已经占到30%~40%。

2. 价值和新汽车价值的定义

（1）**价值**

1）价值是商品的一种属性，指的是商品在一般等价物上的数量值。

2）哲学概念的价值指的是存在、存在者的数量值，或者一定数量值的存在或存在者。

作为单独的两个汉字，"价""值"都有数量值的含义，"价"指的是货币的数量值的多少，"值"指的是数字的高低。

（2）**新汽车价值的定义**　新汽车价值是指汽车企业设计研制与生产该产品时所消耗的代价，同时也是指汽车企业的产品和服务带给消费者的利益。它是决定汽车价格高低和汽车品牌崇尚度的依据。新汽车价值评估是汽车制造企业对汽车定价的主要依据，可为消费者购车提供参考和咨询服务。

4.1.2 新汽车的价格定义及种类

1. 价格的定义

价格是商品同货币交换比例的指数，或者说，价格是价值的货币表现。价格是商品的交换价值在流通过程中所取得的转化形式。在经济学及营商的过程中，价格是一项以货币为表现形式，为商品、服务及资产所订立的价值数字。在微观经济学中，在资源在需求者和供应者之间重新分配的过程中，价格是重要的变数之一。

在现代社会的日常应用中，价格一般是指进行交易时，买方所需要支付的货款。

2. 新汽车价格

新汽车价格是指汽车价值的货币体现。它直接关系到汽车产品被市场的接受程度，决定着经营者、生产者和车主的切身利益。这里特别介绍一下新车购置价，它是投保时确定保险金额的基础。新车购置价是指保险合同签订地购置与保险车辆同类型新车（含车辆购置附加费）的价格。

3. 汽车的价格种类

（1）**短期价格** 由实际经验可知，供给与需求这两种因素与价格之间的因果变化正好相反，在市场上短期内的价格是由已有的供给量与待实现的需求量共同决定的。例如，市场上有5万辆某款汽车的可供货源，其价格就是根据能够刚好把这5万辆车卖完的条件确定的。如果按现有的价格不能把这些车全部卖完，供给的一方就会受到损失，因此，他们会降低一些价格来扩大需求；如果确定价格车辆在供给一方预期的时间之前就已售完，供给方会认为价格过低，从而提高价格。因此，短期内市场的价格是在预定时间内刚好能把已有的商品全部卖完的价格。

（2）**长期价格** 长期价格又称均衡价格。它是这样一种价格，即根据这种价格，市场各类生产者和经营者愿意继续供给的数量正好等于市场各类消费者愿意继续购买的数量，因此如果没有其他因素的影响，这个价格是唯一能持久的价格。

在短期内，企业虽然根据市场价格把全部商品销售一空，但并不等于说，这个价格已经为企业所接受。如果企业认为这种价格过低，它就会减少下一个周期的供给量，因此，在下一个周期由于供给量的减少价格就会上升；而如果企业认为现有的价格比期望的还要高，它在下一个周期中就会增大供给量，从而使下一个周期的价格下降。

在图4-1中，如果价格处在短期价格1时，根据这个价格，消费者愿意购买的数量小于企业愿意供给的数量，市场实际上处于供大于求的状态，因此价格趋于下降。如

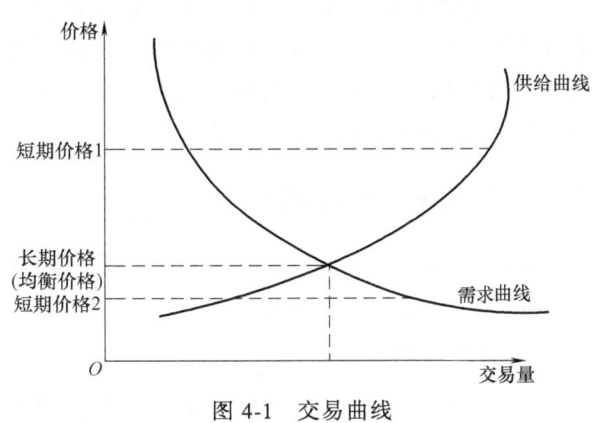

图4-1 交易曲线

果价格处在短期价格2的位置,根据这个价格消费者愿意购买的数量大于企业愿意供给的数量,市场实际上又处于供不应求的状态,因而价格又存在上升的趋势。只有当价格处于均衡价格的位置时,市场愿意供给的数量与消费者愿意购买的数量正好相等,价格既没有上升的推力,也没有下降的压力,这个价格就是一种长期的价格。

4.1.3 汽车价值与价格的区别

汽车作为一种商品,既具有价值,也有价格,因此在分析新汽车的价格构成时,需要对汽车的价值与价格予以区别。

1. 汽车价值

从经济学的角度来看,汽车价值既包括汽车基本属性(如性能、质量等)的价值,也包括汽车的延伸功能(如舒适性、方便性和售后服务等)所带来的价值。汽车价值构成的五大要素有:

(1) **性能价值** 主要包括动力性、操纵稳定性(即主动安全性)、安全性(即被动安全性)、燃料经济性和舒适性等的价值。

(2) **品质价值** 主要包括零部件的可靠性、维修性和寿命等的价值,它关系到汽车使用者的使用便利程度和维修支出负担。

(3) **使用成本** 使用成本是指在汽车的使用过程中的经济耗费,它包括燃料的消耗、维修费用的支出、保险保养等费用的支出。

(4) **残值(即二手车价格)** 新汽车在使用一段时间以后,被作为二手车进行转让出售、置换,此时汽车能在市场上所卖出的价格残值。目前,我国的新车平均使用时间为4~5年,然后便会被卖旧换新。二手车的残值大,则转手价格就高,车辆的保值功能就强。

(5) **售后服务** 售后服务关系到汽车使用者的使用便利程度以及相关的维修保养支出。售后服务的质量主要体现在售后服务网点的布设密度、布局位置,网点的汽车维修服务能力的强弱,网点的汽车救援响应能力,售后服务价格高低等。汽车的售后服务质量水平越来越成为汽车市场竞争的重要内容。

2. 汽车价格

这里的汽车价格是指纯车价。从经济学原理上讲,价值决定价格。汽车也不例外,汽车价值决定汽车价格,汽车价格是汽车价值的货币表现,但在市场经济的环境中,由于受汽车市场供求关系等因素的影响,汽车价格表现得非常活跃,价格时常与价值产生偏离,有时价格低于价值,有时价格高于价值。

4.1.4 新汽车价格的构成

在价格形态上的汽车价值转化为汽车价格构成的四个要素是开发与生产成本、汽车流通费用、政府税金和企业利润。

1. 开发与生产成本

开发与生产成本是汽车价格构成的重要组成部分,是制定汽车价格的重要依据。在汽车发达国家，一个新车型的开发成本在 3 亿美元左右，而我国汽车开发成本往往低于这个数字；我国汽车的生产成本中劳动力成本也较发达国家低得多。

2. 汽车流通费用

汽车流通费用是产生于汽车生产企业向最终消费者转移车辆过程各个环节之中的，并与汽车转移的时间、距离相关，是汽车成本构成必不可少的因素。一般而言，汽车销量越小、销售距离越远，则流通费用越高。另外，如果汽车的销售规模较大，则分摊到每辆汽车上的流通费用相对固定。

3. 政府税金

政府税金是指政府向生产企业征收的税金，是汽车生产环节的税金。税金的多少直接影响汽车的价格。税率的高低对汽车价格的影响较大。例如，我国制造业目前增值税税率为 13%，也就是说一辆售价 10 万元的汽车包含了 10 万元×13%/(1+13%) = 1.15 万元的增值税。再如，进口汽车的税费构成见表 4-1。

表 4-1 进口汽车税费构成

项目		计算公式	举例	
报关价		到岸价	以报关价 20 万元人民币计	20 万元
关税		应纳关税 = 报关价×关税税率 25%	20 万元×25% = 5 万元	5 万元
消费税		应纳消费税 = (报关价+关税)×消费税/(1-消费税税率)税率	消费税 = (20 万元+5 万元)×12%/(1-12%) = 3.4 万元	3.4 万元
增值税		应纳增值税 = (报关价+关税+消费税)×13%	增值税 = (20 万元+5 万元+3.4 万元)×13% = 3.692 万元	3.692 万元
综合费用	通关费用			3 万元
	商检费用			
	运输费用			
	银行费用			
	选装件价格			
	其他费用			
经销商利润				4 万元
进口汽车国内销售价				39.092 万元

4. 企业利润

它是汽车生产者和汽车经销者为社会创造价值的表现形态，是汽车价格构成的必要因素，是企业扩大再生产的重要保证。在汽车价格组成中，不同车型的利润差异较大，利润通常与汽车的品牌美誉度、汽车品质、热销程度成正比。

4.1.5 影响新汽车价格的因素

在市场经济条件下，特别是由卖方市场向买方市场转换时，汽车价格波动激烈，可

能经常偏离价值。除此之外，揭示影响汽车价格的特征因素，有助于消费者选购质量称心、价格合理的汽车产品，也有助于相关管理部门掌握汽车价格分布趋势，进行汽车价格的宏观调控；汽车新产品价格还可以反映汽车产品的各种性能指标，可为汽车厂商的决策提供建议；通过模型分析，可以对相关汽车产业政策做出评价，为政府部门制定合理有效的政策提供依据。影响新车价格波动的因素主要有以下几个方面。

1. 汽车特质

所谓汽车特质，是指汽车本身的品质特征，包括汽车的质量、性能、造型、配置、服务等内容，对消费者产生吸引力的往往就是汽车特质。汽车特质一方面决定了汽车的研发与生产成本的高低，同时也很大程度上影响了消费者的购买意向，因此汽车特质是影响汽车价格的首要因素。

消费者购买汽车时往往首先关注的就是汽车特质。因此汽车生产企业要根据选定的目标市场，根据目标客户的要求，推出相应特质的汽车产品，在此基础上，根据汽车特质给消费者带来的认知价值的高低进行汽车产品的定价。

2. 汽车的制造成本、费用

这是指汽车的生产成本、技术转让成本、管理费用和销售费用，是汽车价格构成的主体。汽车价格的绝大部分都要用来补偿生产汽车所消耗的成本及经营费用，因此，汽车单位成本多少，经营费用的多少，也决定了汽车价格的范围。如果汽车的价格无法补偿其所消耗的成本费用，那么这个产品也就失去了生产的价值。

3. 市场需求

对于同一款汽车产品，假设没有其他因素的影响，则汽车的价格越低，市场需求量就会越大。对于企业来说，在进行新车定价时，对于中高档汽车，可以维持较低产量，而实行较高的价格；而对于大众化的经济型、紧凑型汽车则应该降低价格，扩大市场需求，提高销量，从而维持较高的市场占有率。

1）莱肯（Lykan Hypersport）是由成立于2012年的黎巴嫩的W Motors公司所限量生产的跑车，全球限量生产7台。在2015年的天津车展上，该车售价高达1066万美元（当时约合人民币6600万元），运用奢华材质，车上很多地方采用钛合金与碳纤维材料，前照灯采用钻石涂层的LED，座椅则采用金线缝制，是一款彻头彻尾的奢侈品。

2）吉利帝豪，从破局者到引领者，从顺应时代到引动潮流，演绎了中国向上力量，连续8年蝉联自主品牌轿车销量冠军，截至2019年年底，总销量超270万辆。

4. 市场供给

在汽车市场上，处在同一层次的汽车产品的定价往往会影响汽车产量。一般地，汽车定价较高、利润空间较大，则会吸引竞争对手进入同一竞争市场，导致供给增加；汽车价格降低、利润降低，则会导致某些企业退出竞争市场。而汽车价格的高低，往往是竞争力强的企业定价自由度大，竞争力弱的企业只能追随定价，自由度较小。例如，2019年，吉利博瑞，广汽传祺GA6就是以一汽红旗H5的价格，14.98万元为引导进行定价的，吉利博瑞定价为14.38万元，广汽传祺定价为GA6 13.48万元，因为一汽集团在中国市场的地位，其生产能力以及销量都主导着国产汽车市场。

当然，市场供给量达到一定程度后，市场竞争激烈，又会导致汽车价格的下降。自进入 21 世纪以来，我国汽车价格的大幅度下降就是例证。

5. 市场竞争环境

首先，从行业的竞争程度看，如果汽车行业垄断程度较高，汽车生产厂家就会减少供给，导致供不应求，使消费者选择的自由度减小，汽车可以定较高的价格，企业获取垄断利润；相反，如果汽车市场竞争程度较高，汽车同质化程度较大，市场供求趋于平衡，甚至供大于求，企业就必须根据自身的实力和市场策略来选择合适的价格策略。其次，现在的汽车市场竞争激烈，从市场上汽车价格的动态变化上看，竞争对手调整汽车价格是常有的事情。如果竞争对手调整汽车价格，那就要认真分析对手调价的目的以及调价后市场的反应，然后采取有针对性的多样化的顾客增值模式进行应对，防止盲目地跟随竞争对手进行价格调整，要化被动为主动。

6. 法律法规

为了维护国家利益、社会公共利益以及本国消费者的基本利益，维持正常的汽车市场秩序，保障国民经济的稳定发展，各国都制定了一系列的法律法规来规范汽车市场，这些法律法规都直接或间接地影响着汽车的价格。例如，2019 年 6 月 28 日，财政部和税务总局发布《关于继续执行的车辆购置税优惠政策的公告》规定，自 2018 年 1 月 1 日至 2020 年 12 月 31 日，对购置新能源汽车免征车辆购置税；自 2018 年 7 月 1 日至 2021 年 6 月 30 日，对购置挂车减半征收车辆购置税。

7. 社会经济环境

按照国际社会定义一个国家或地区进入汽车社会的一般标准，拥有汽车的家庭数达到社会家庭总量的 20% 以上，或该国（或地区）的平均车价与人均国内生产总值（GDP）比值 R 落在 [2，3] 区间，小汽车开始大量进入家庭，则该国（或地区）进入了汽车社会。从发达国家的经验来看，当一个国家或地区 R 值小于 3 时，家庭年收入即可购买一部新车，汽车消费开始快速普及，市场渗透率迅速提高；当 R 值小于 2 时，市场已高速发展了一段时间，普及率已达到一定水平，汽车销量增速开始缓慢下移，增速中枢降低；R 值小于 1 时，劳动者平均一年收入即可购买一部新车，此时市场渗透率已达到相当高的水平，市场进入成熟状态。经济发展水平越高，发展速度越快，人们的购买力越强，对汽车的价格敏感性就越差，汽车企业定价的自由度就越大，反之企业的定价自由度就越小。

我国对私家车的消费一直采取较为宽松的政策，中高档汽车的价格仍有下降的空间与压力，车价与人均 GDP 的比值近 10 年不断降低，向 [2，3] 区间接近，从而为轿车大量进入家庭提供了保证。

8. 汽车使用环境

汽车购买之后的过路过桥费、停车费、燃油费、汽车维修保养费用等都不同程度地影响着汽车的消费结构，影响着人们的购买力，从而影响着企业对相应车辆的定价。

作为交通工具，汽车购买之后还需要有相应的道路及停车场等相关的配套设施。随着汽车保有量的增加，各大城市的道路交通压力越来越大，尤其在北京、上海等特大城市更加严重，某些地方甚至出现汽车没有自行车快的现象，这些现象反过来会抑制汽车的消费，从而影响汽车的价格。

9. 汽车消费市场的发展水平

汽车消费市场的发展水平主要包括汽车市场发展所处的阶段、汽车市场竞争状况等。

(1) 汽车市场发展所处的阶段

1) 充分竞争市场。由市场供求关系决定汽车价格的比较公平、公开的汽车市场。

2) 完全垄断市场。整个汽车市场完全被少数几个品牌所垄断。例如，我国 20 世纪 80 年代—90 年代的汽车市场就是此种情况，此种环境下的汽车价格肯定会很高。

3) 垄断竞争市场。既有独占倾向又有竞争成分的市场。例如，现阶段我国中、低档轿车市场就是这种情况。其主要特点是：一方面同类汽车有较多的生产者，从而形成了激烈的市场竞争；另一方面不同企业生产的同类车型也存在着差异性，不同消费者偏好不同的品牌。

4) 寡头垄断市场。某类汽车的绝大部分被少数几家企业所垄断的市场。它是介于上述第 2)、第 3) 两种情况之间的一种汽车市场。例如，我国目前的货车市场就属于此种情况。此种市场上的汽车价格不是由市场供求关系决定的，而是由几家大汽车厂通过协议或默契形成的。

(2) 汽车市场竞争状况 汽车市场的竞争激烈程度对汽车价格的影响非常大。一款新车的定价策略必须考虑它处于一个什么市场，市场中存在哪些竞争者，竞争的激烈程度，竞争对手的生产技术、产品的品质、种类和市场占有率，以及同类产品的供求关系、价格策略和销售策略等。

在完全竞争的市场中，通过价格可以调节市场的供求，使得供需达到均衡。当供求达到均衡时，价格会趋于稳定，此为价格机制的基本原理。汽车市场的供需与价格的关系如图 4-2 所示。

10. 汽车价格体系

汽车价格体系是指在国家整个汽车市场中，各种汽车价格之间相互关系的总和。从价格学的角度，价格体系一般分三个体系，即比从体系、差价体系和体现我国价格管理体制的各种价格形式体系。

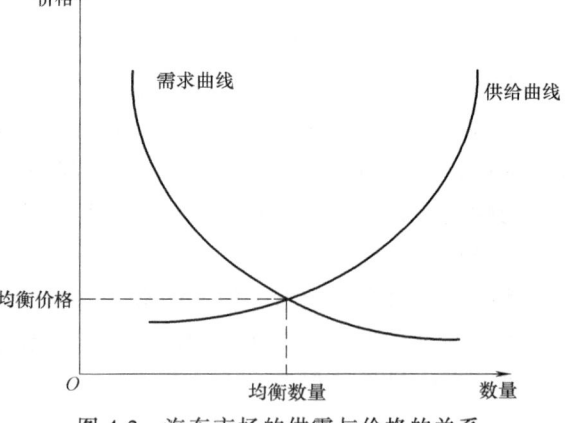

图 4-2 汽车市场的供需与价格的关系

从营销角度看，汽车价格体系主要是指汽车差价，即因购销环节、购销季节、汽车质量不同形成的价格差异。

4.1.6 汽车的特征价格

1. 汽车的特征属性

从消费者角度来看，舒适性、安全性、经济性和可操作性是消费者购车时必定考虑的四大因素，因此汽车特征的选择主要从这四方面着手，所选变量要尽可能反映消费者的消费理念。

（1）**舒适性** 衡量一辆车的舒适性可以从车身的尺寸以及隔绝振动的能力、车厢内装备功能的多少、内饰的材质、车厢内的自动化程度四方面来判断。汽车的长度、高度和宽度实际上是汽车内部宽敞程度的主要决定因素，因此，首先考虑汽车的长度、宽度和高度三变量，而不考虑前排内部高度、前排内部宽度、后排内部宽度、后排内部高度等车内变量。汽车的隔绝振动能力可用电子制动力分配（EBV）装置来衡量，另外，轮距对汽车的稳定性也有一定的影响，一般来说轮距越大，对操纵平稳性越有利，同时对车身造型和车厢的宽敞程度也有利，横向稳定性也越好，因此可以考虑将前轮距、后轮距两变量引入模型。车厢内的装备功能主要考虑是否带有 CD 或 DVD、MP3、空调等装置，在模型中用虚拟变量来代替。大部分内饰材料实际上属于汽车附件产品，消费者购买后可以自行进行更换，相对于其他部件来说，这些并不是决定汽车价格的主要因素，因此暂不考虑将内饰材料引入模型。从汽车的自动化程度来看，有车厢内的自动化装置，也有门窗的自动化装置，目前从消费者方面来看，主要注重的是自动恒温空调和感应式刮水器。

（2）**安全性** 安全性是每一个购车者必定要考虑的因素。一般汽车的安全装置有主动安全装置和被动安全装置两种。目前，普遍采用的主动安全装置是电子控制 ABS。被动安全装置主要是指安全气囊。从已经收集到的数据资料来看，大部分车中已经配备双气囊，因此从安全性方面考虑，选择是否有 ABS 和安全气囊作为安全性的指标，对气囊的量化用其个数表示。另外，从安全性方面考虑还有另一层含义，即车自身的安全性，应从是否装有汽车防盗系统装置来设定变量。消费者较为常用且较为关注的装置主要有电子防盗系统和防盗报警装置两种防盗系统。另外还选择了一部分安全特征，如遥控中央门锁及行李舱锁、发动机防盗锁、儿童安全锁等。

（3）**经济性** 汽车的经济性指标主要由耗油量来衡量。在汽车的使用成本中，油费是第一要素，因此选择一辆燃油经济性高的车，毫无疑问地将会节省一笔不小的支出。

（4）**可操作性** 从可操作性方面来考虑，应该考虑汽车的动力性能及整车整备质量。首先为使车辆具有完备的动力性能，汽车功率、转矩、最高时速、排放性等应该得到关注，发动机的排量和升功率在相当程度上也体现了汽车发动机的先进程度。由于升功率直接与最大功率和排量相关，因此它可以由最大功率和排量替代。整车整备质量是指汽车完全装备好的质量，包括润滑油、燃料、随车工具、备胎等所有装置的质量。整车整备质量大时行驶相对稳定，但是油耗会随之升高。

另外，轴距对于汽车整车性能也相当重要，从设计角度讲，轴距决定了汽车中心的位置。从实际使用看，轴距的长短直接影响汽车的长度，进而影响汽车的内部使用空间。因此来看，轴距应当引入模型。

由于车辆档次不同，高收入者倾向于购买高档车，而低收入者可能更愿意购买低档车。不同消费阶层其消费观念、消费习惯均会有所不同，从而导致不同档次的车其价格变化的幅度以及变化的快慢程度会有所差别。

2. 特征模型的建立

汽车的特征价格可表示为

$$P = P(X_1, X_2, \cdots, X_n)$$

式中　　P——汽车的价格；

　　$X_1, X_2, \cdots, X_n$——特征属性。

将价格 P 对某一特征属性 X_i 求偏导，得

$$\Delta P_i = \frac{\partial P}{\partial X_i}$$

此为汽车的特征价格。

由以上的分析可知，特征价格理论的核心思想就是使价格与产品特征、时间建立联系，其模型的函数形式主要有以下四种：

$$P = \beta_0 + \sum_{i=1}^{n} \beta_i X_i + \varepsilon$$

$$P = \beta_0 + \sum_{i=1}^{n} \beta_i \ln X_i + \varepsilon$$

$$\ln P = \ln \beta_0 + \sum_{i=1}^{n} \beta_i \ln X_i + \varepsilon$$

$$\frac{P^\lambda - 1}{\lambda} = \beta_0 + \sum_{i=1}^{n} \beta_i \ln X_i^\lambda + \varepsilon$$

式中　　$\beta_0, \beta_1, \cdots, \beta_n$——相应参数；

　　ε——随机扰动项。

3. 模型的参数估计

(1) **参数的最小二乘 (OLS) 估计**　参数估计法具体应用时，采用的是最常用方法最小二乘法。最小二乘法是经典线性计量经济学模型最主要的估计方法，从最小二乘原理出发进行参数估计，即选择合适的参数使得全部样本值的残差平方和 (Residual Sum of Square, RSS) 最小，即

$$\min \sum e_i^2 = \sum (Y_i - \hat{Y}_i)^2$$

式中　　$\sum e_i^2$——残差平方和；

　　Y_i——样本的真实值；

　　$\hat{Y}_i$——样本估计值。

用最小二乘法得到的多元线性回归的参数估计值具有线性无偏性、最小方差性。

(2) **加权最小二乘 (WLS) 法**　在 OLS 估计方法中，要求样本方差为一常数，也就是说，所有的变量对于计算过程具有相同的贡献。如果某些变量较其他变量变异较

大,即样本方差不为常数时,使用 OLS 方法就不合适了。如果其变异性是可以通过其他变量进行预测的,就可以使用 WLS 估计方法来进行模型拟合。WLS 实际上是在回归分析计算过程中给予不同的变量不同的权位,变异性小的变量赋予更大的权值。加权回归将给出一个加权转换的范围,并指出最佳的权位。

（3）**随机误差项方差的估计**　参数估计量的方差或标准差是衡量参数估计量偏离真实参数的重要指标,据此可以推断参数估计量的可靠性。回归方程的标准误差是反映被解释变量的实际值与估计值的平均变异程度的指标。标准误差越大,回归直线的精度越低；标准误差越小,回归直线的精度越高；当标准误差为零时,表示所有样本点都落在回归直线上。

4. 模型的检验

（1）**经济意义检验**　经济意义检验主要检验模型参数估计量在经济意义上的合理性,主要方法是将模型参数的估计量与预先拟定的理论期望值进行比较,包括参数估计量的符号、大小、相互之间的关系。无论拟合度有多高,如果模型中有多个系数的估计有误,则该模型就不能说是一个好的模型。

（2）**统计检验**　拟合优度是指样本回归直线与观测值之间的拟合程度,即回归平方和与总离差平方和的比值,用 R^2 表示。回归分析的基本思想是用模型中所包括的解释变量来尽可能地解释因变量的变化,R^2 越高,则认为模型越好。

总体显著性检验,即 F 检验,就是检验全部解释变量对被解释变量的共同影响是否显著。

回归参数的显著性检验,即 t 检验,目的在于检验当其他解释变量不变时,该回归系数对应的解释变量是否对因变量有显著影响。

（3）**计量经济学检验**　计量经济学检验目的在于检验模型的计量经济学性质,通常最主要的检验准则有以下三种:

1）**随机误差项的自相关性检验**　自相关性会使模型参数估计值不具最优性,而且很容易低估随机误差项的方差。自相关性的检验方法常采用 D-W 检验。

2）**异方差性检验**　模型的异方差性会使模型参数估计值的方差不具有最小性质,由此得到回归模型估计式的代表性相应降低,因此在建立汽车特征价格模型过程中应该检验模型是否存在异方差性。检验的方法很多,有 White 检验和 G-Q 检验等。

3）**特征变量的多重共线性检验**　在特征价格模型中,如果特征变量存在多重共线性,则将对参数估计、统计检验及模型估计值的可靠性、稳定性产生不利影响。常用方法有相关系数检验法、方差膨胀因子检验法、特征值检验法等。

5. 模型潜在的问题和处理措施

在应用特征价格进行研究时,应有下面几个假设:

1）价格由产品属性决定,包括内部及外部属性。
2）消费者及生产者的行为皆追求效用最大化。
3）市场上有大量的异质性产品,故生产与消费可有不同的连续组合。
4）适用于完全竞争市场。

5）所有物品不考虑转售等复杂问题。

4.1.7 消费者的购车动机和购车行为分析

动机是推动人们从事某种行为、达到某种目的、满足某些需要的意图、愿望和信念。行为是动机的具体外在表现。消费者的购车动机必然直接或间接地表现在购车过程之中，影响其购车行为，不同的购车动机影响着消费者对新车价格的不同看法。

1. 常见的汽车购买动机

（1）**求实动机** 求实动机是消费者追求"实惠""实用"，以汽车的使用价值为导向的购买动机。持有这种动机的消费者对所谓的汽车"个性"、造型、款式、色彩、品牌等并不是特别强调。收入不高的用户和商用车的用户持此种动机的较多。针对持有求实动机的消费者，企业在对新车定价时，应坚持薄利多销的原则，价格不可定得过高。

（2）**求新动机** 求新动机是消费者追求"时髦"和"奇特"，此类消费者拥有以追求汽车的新潮、时尚、新颖、奇特为导向的购买动机。在求新动机的支配下，消费者选择汽车时，特别注重款式、颜色、造型等是否流行与新颖，相对而言，对汽车的耐用性、价格等并不十分介意。一般而言，求新动机在收入水平较高的人群及经济条件比较好的青年消费者中较常见，他们一般是新产品的尝试者，喜欢领导新潮流。针对持有求新动机的消费者，对于刚上市的新车定价时，可以适当地提高一些，以获取较高的利润，也为以后的降价留出空间。

（3）**求名动机** 消费者以追求高档、名牌汽车为主要特征，几乎不考虑汽车的价格和实际使用价值，期望通过高档名牌汽车显示或提高自己的身份或地位，从而得到心理上的满足。具有这种购买动机的消费者一般都具有相当强的经济实力和一定的社会地位。此外，表现欲望和炫耀心较强的顾客，即使经济条件一般，也可能具有此种购买动机，他们是高档名牌汽车的主要消费者。针对持有求名动机的消费者，若企业的汽车品牌比较有名，则可以将汽车价格定得较高，在满足消费者心理需求的同时获取较高的利润。

（4）**求廉动机** 消费者以追求汽车的价格低廉为特征。在求廉动机的支配下，消费者在选择汽车时，最注重的是汽车的价格，相对而言，对汽车的颜色、款式、内饰等不太计较，而对降价、折让等促销活动怀有较大兴趣，喜欢在促销、降价时购买汽车，并且特别注重厂家的赠品。购买前消费者会花费较多的精力和时间，多途径了解、比较各种汽车的价格，从而选择价格相对便宜的汽车。针对持有求廉动机的消费者，企业可以减少不必要的配置，从而降低实际成本，将汽车价格定得较低，使之具有市场竞争力，提高市场占有率，实现薄利多销。

（5）**攀比动机** 持有该类动机的消费者在购买汽车时自觉不自觉地与周围的人进行比较，以争强好胜、不甘居人后为主要特征。这类消费者在购买汽车时不是出于对汽车的了解和实际需求，而是为了与别人攀比、向别人炫耀，其购买行为在很大程度上取决于归属的社会群体，具有较大的盲从性。针对持有攀比动机的消费者，企业在定价时要考虑当地汽车市场的消费文化。

（6）**嗜好动机** 嗜好动机是消费者以满足个人兴趣、爱好为导向的购买动机。在

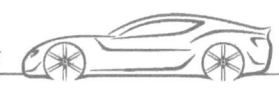

嗜好动机的驱使下，消费者往往对某类或某品牌汽车表现出特别的兴趣，从而成为这类汽车的购买者。他们的购买行为取决于个人的嗜好，一般不受他人或广告的影响。例如有人喜欢四驱车或SUV，尽管价格较贵、油耗较高，在市区内其性能得不到充分发挥，还是要买。针对持有嗜好动机的消费者，企业在对新车定价时，要考虑产品的目标客户群，了解消费者的嗜好，掌握消费者的心理诉求。

(7) **模仿动机** 消费者在购买汽车时会自觉不自觉地模仿他人。模仿动机形成的原因多种多样，或是仰慕名人，或是缺乏主见，或是对汽车不了解而模仿，不管何种缘由，持模仿动机的消费者，其购买行为受他人影响比较大。因此企业在进行新车定价时，可以聘请对消费者具有较大影响力的歌手、演员等作为代言人，以刺激模仿者的视觉神经，进行市场促销。

上述购买动机往往相互影响、相互制约。有些情况下，一种动机居支配地位，其他动机起辅助作用，也可能是几种动机共同起作用。不同的购买动机，使消费者能够接受的汽车价格差别很大。

目前，我国消费者的购车动机还相对情感化，往往关注的是朋友、同事花多少钱买什么车，受周围环境的影响较大。

2. 不同消费者购车动机的差异

消费者由于收入和观念上的差别，以及年龄、性别、职业、兴趣、爱好等方面的不同，消费需求不同，对汽车的追求也不同，从而导致不同的购车动机。下面以性别和年龄两个因素为例简要说明一下不同消费者的购买动机。

(1) **不同性别的消费者购车动机的差异**

1) 男性消费者购车动机的特点。

① 动机形成迅速、果断，自信心强。男性消费者的独立性和自尊心相对较强，善于控制自己的情绪，考虑问题时一般能够理性、冷静地权衡各种利弊因素，受他人的影响相对轻一些，一旦产生购买动机，决策形成很快，决策过程相对较短。

② 购车动机具有被动性。通常，男性消费者往往由于实际需要并且家庭经济情况允许购买才会产生购买动机，不会盲从。

③ 购车动机感情色彩淡薄。男性消费者在购买汽车时，主要考虑汽车的性能、质量、品牌、使用的效果、售价和保修期限，属于理性的消费者，不会为了面子而购买不适合自己需求的车辆。

④ 购买商用车的动机是实用性。由于商用车是用于经营，而不是代步工具，购买是为了赚钱而不是为了享受，也不是为了炫耀，因此男性消费者在购买商用车时往往考虑车的实用性，注重车的配置和适用工况。

2) 女性消费者购车动机的特点。在汽车营销过程中，营销人员应充分重视女性消费者，掌握女性消费者的购车动机，挖掘女性汽车消费市场。女性消费者的购车动机一般具有以下消费特点：

① 追求时尚。俗话说"爱美之心，人皆有之"，对于女性消费者来说，更是如此。不论是青年女子，还是中老年女性，尽管年龄不同，消费心理有所差异，但是她们在选购汽车时，更多想到的就是车辆能否增加自己的形象美，使自己显得更加年轻和富有

魅力。

② 追求外观。女性消费者较注重汽车的外观，将外观与质量、价格当成同样重要的因素来看待，因此在选购汽车时，她们会注重汽车的色彩、式样。

③ 购车动机具有主动性、灵活性。与男性不同，女性的购买原因是多方面的，或者客观需要，或者作为爱好消遣，或者为了炫耀等，购买动机具有较强的主动性、灵活性。所谓灵活性，是指女性购车变数较多，如原本打算购买某种车辆，若此时看到有更时尚的新车上市，就会放弃原来的购买计划转而购买新款车。

④ 购车动机带有浓厚的感情色彩。女性消费者一般具有比较强烈的情感特征。在女性消费者特别是年轻女性看来，汽车不仅仅是代步工具，而且是一个温馨的家，因此她们对车子的式样、外观、颜色、内饰等的期望值比男性更高。同时，女性的感情比较丰富、细腻，富于幻想、联想，因此购车动机带有强烈的感情色彩。例如，看到某种时尚的车型新颖漂亮，就马上会联想到自己驾驶的感觉，随之就会产生强烈的喜欢、偏爱等感情，促发购买动机。

⑤ 购车动机波动性较大，易受外界因素影响。女性心理活动较男性细腻、复杂，易受外界因素的影响，购车动机的变化较大。例如，广告宣传、促销活动、销售人员的服务、4S店的陈列布置、周围朋友的意见等都会使女性临时改变购车计划。

(2) 不同年龄的消费者购车动机的差异

1）青年消费者购车动机的特点。

① 追求时尚和新颖，追赶潮流。青年人的特点是热情奔放，思想活跃，富于幻想，喜欢冒险，感觉敏锐，追求刺激，标新立异，容易接受新鲜事物，尝试新的生活，喜欢追赶时代潮流。他们的购车行为趋于求新求美，喜欢购买时尚有特色的车辆。因此，刚刚上市的新车，或当前社会流行的某一款车，都会引起他们极大的兴趣和购买欲望，即使一时经济上不允许，他们也会通过其他途径与车辆接触。

② 张扬个性，表现自我。青年消费者处于由少年不成熟阶段向中年成熟阶段的过渡时期，特别是现在的年轻一代，大多是独生子女，反映在消费行为上就是通过购买具有特色的座驾表现自我个性与追求，喜欢个性化强烈的汽车，力求在消费活动中充分表现自我，决不人云亦云，对于大众化的车辆一般不屑一顾。

汽车厂商也嗅出"个性化"的味道，为了满足消费者的个性，通过产品差异化手段纷纷给自己的车辆加入了"自我"的元素。个性化的元素不仅体现在车型、外观、颜色上，还逐渐延伸到内部设计、功能服务等方面，目的就是满足追求个性的消费者的需求。

③ 购买动机具有冲动性。年轻人的心理特征一方面表现出果断迅速、反应灵敏，另一方面也由于人生阅历并不丰富，思想感情、兴趣爱好、个性特征正处在由不稳定向稳定过渡的时期，对事物的分析判断能力还没有完全成熟，容易感情用事，甚至产生冲动行为，容易出现吃"后悔药"的现象，因此他们的购车动机具有明显的冲动性特点。很多年轻消费者并没有冷静地分析车辆的各种性能，而仅仅凭着对车辆的感情色彩来判断车辆的好坏、优劣，就形成了对车辆的好恶倾向。选购车辆时他们首先注重的是车辆的美观和时尚，其次才是质量和价格。

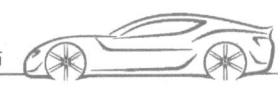

很多年轻人购买汽车之后，最初的一段时间感觉非常新奇，对新车爱不释手，爱护有加，细心保养。经过一段时间后，新鲜感渐渐褪去，此时年轻人特有的多变心理使得他们开始对自己的汽车失去兴趣，转而对其他车辆产生兴趣，开始盘算如何将手中的车卖掉，置换一款自己更中意的新车。有资料显示，由于年轻人的"喜新厌旧"而淘汰的"旧车"在整体二手车交易量中占有不小的比例。

2) 中老年消费者购车动机的特点。由于中老年消费者（在我国，特别是中年消费者）工作稳定，收入较高，家庭稳定，有条件也有需要改善生活质量，在竞争日益激烈的市场环境下，汽车营销人员应特别注重中老年消费者的市场需求，了解其消费心理特征。中老年消费者所具有的汽车消费心理特征主要有以下几个特点：

① 注重汽车的品牌，强调汽车安全性。中老年消费者在长期的社会生活中，对于曾经接触过或使用过的汽车品牌印象比较深刻，而且非常相信自己的感觉，对于印象好的汽车品牌的忠诚度较高。

② 购车动机具有较强的理智性。中老年消费者生活经验丰富，情绪反应比较平稳，很少感情用事，大多会以理智来支配自己的行为，消费心理比较成熟，购车时比较注重车辆内在的质量和性能，购买车辆具有较强的理智性，不会像年轻人那么冲动。

③ 精打细算，注重服务。中老年消费者更注重汽车的售后服务，倾向于到 4S 店去购买车辆。考虑到购车后的"养车"费用，更追求实惠，按照自己的实际需求购买汽车，量入为出，对汽车的质量、价格等都会详细了解，减少盲目性。

④ 有主见，不易受他人影响。中老年消费者相信自己的生活经验，比较有主见，不会人云亦云，对于商家的广告轰炸和他人的介绍能理性地分析车辆的各种特点，然后决定是否购买。汽车营销人员在对此类消费者进行推销或业务介绍时，不要一味地向他们推荐车辆，防止引起他们的"反感"，要做一个忠实的聆听者，尊重和听取他们的意见，向他们"晓之以理"，促进成交。

3. 消费者购车行为模式

通过对消费者的消费心理研究，结合汽车市场的营销现状，总结出我国消费者购买汽车的一般行为模式。

消费者受到某些刺激（购买动机的影响因素）之后，从心里感到并确认自己的确需要一辆汽车，由此产生购买动机，引发其购买欲望。

当消费者产生购买欲望后，就会主动地通过某些途径去搜集相关汽车的资料，认真研究，加以比较，从中确认适合自己需要的汽车，综合考虑各种影响购买的因素如经济能力等（对比评价——购买决策这个过程可能会重复多次）后，最终做出购买决定，发生购买行为。

消费者购买某品牌的汽车，这只是第一阶段的购买行为，属于初次购买，完整的购买行为并没有完全结束。由于汽车属于高档耐用消费品，并不是一次性消费完毕，消费者在购买汽车之后相当长的时间内关于汽车的使用、维护、保养等问题都会使消费者重新认识、评价汽车产品。若汽车产品获得了消费者的认可，则消费者会通过某些渠道正面宣传该汽车产品，对其周围的潜在消费者产生深远的影响，导致重复购买；相反，如果消费者使用之后发现所购汽车并没有原来期望的那么好，就会影响消费者对该产品的

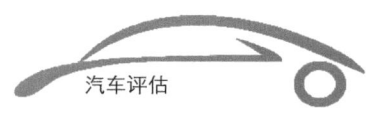

评价,并且影响其周围的消费群体,使该产品的部分潜在消费者流失,影响产品的市场预期,导致市场销量下降。

通过对消费者购车行为模式的分析可以看出,在某些环节,营销人员可以通过自己的主动性去影响消费者。例如,了解哪些刺激能够影响消费者的需求,有助于汽车营销人员更好地找到刺激消费需求的刺激点,有助于营销人员发布相应的信息吸引消费者注意,使宣传、促销工作的效果更加明显。

消费者即使做出了购买决策也并不一定能发生购买行为,因为可能受其他条件（如资金）限制而不能执行购买决策,不能立即产生相应的购买行为。如果营销人员观察到这一点,就可以帮助消费者解决妨碍购买行为发生的条件,有助于消费者最终产生购买行为。例如,若受资金所限,可为消费者介绍分期付款业务或汽车消费信贷业务帮助消费者解决资金问题,促进消费者购买行为的发生。

初次购买只是消费者购买行为的第一阶段,考虑到在汽车的使用寿命期间,汽车的维修、保养等问题对消费者的影响,为了提高服务质量、提高消费者满意度,营销人员应牢固树立以消费者为中心的营销理念,将消费者的烦恼、顾虑解决掉,从而提高其忠诚度。

4. 汽车消费者购买行为 6W2H 分析法

消费者购买汽车的过程基本上可分为三个阶段：购买前、购买中、购买后。通过实践和经验,作为一名汽车营销人员,如果能够将以下几个问题（6W2H）彻底解决了,汽车销售便可轻松搞定。6W2H 可以直接反映出消费者的购买行为,通过 6W2H 分析可以了解消费者购买行为的规律及变化趋势,以便制定和实施相应的市场营销策略。

6W2H——Who、What、Which、Why、When、Where 和 How、How much。

（1）Who 区域市场由谁构成？谁是竞争者？谁做得最好？谁做得不好？谁需要汽车？谁会购买？谁可能参与购买？谁决定购买？谁使用所购汽车？谁是购买的发起者？谁影响购买者的思想？……。作为营销人员,既要了解市场,又要熟悉对手,还要知道潜在消费者在哪里,谁有购买决策权等。例如 2008 年北京国际车展期间,2500 万元的布加迪豪华轿车第二天就被神秘客户买走。谁是买主这个问题好像比 2500 万元的高价更引人关注。

（2）What 消费者追求什么？消费者的需求和欲望是什么？对消费者最有吸引力的产品是什么？满足消费者购买愿望的效用是什么？消费者追求的核心利益是什么？消费者欲购买什么品牌或型号的汽车？……。作为营销人员必须了解消费者的内心活动,消费者追求安全操控性,还是经济性？消费者看中产品的哪些特点？还有哪些问题致使消费者不能尽快下定购买决心？……莱肯（Lykan Hypersport）这款限量版的跑车,全球生产 7 台,什么人会购买是人们关注的谜。买主看中的是汽车的哪些方面？只是炫耀自己的经济实力？还是为了保持媒体曝光率、成功制造全民性话题、有意识地塑造具有传奇性质的个人品牌？

（3）Which 消费者准备购买哪种型号的汽车产品？在多家经销商中消费者会到哪家经销商购买汽车？在多个品牌中购买哪个品牌的产品？购买著名品牌还是非著名品牌的产品？在有多种替代品的产品中决定可能购买哪种？……。

(4) Why 消费者为什么要购买汽车（其购买汽车的真正目的是什么）？为什么喜欢这个品牌？为什么喜欢这个型号？为什么讨厌某品牌汽车？为什么不购买或不愿意购买？为什么买这个而不买那个？为什么选择到本公司购买汽车而不到竞争对手那里购买？为什么选择到竞争对手的店里购买汽车而不选择本公司？……。例如，宝马X5和沃尔沃XC90价位、性能差不多，消费者为什么买宝马X5而放弃沃尔沃XC90？消费者为什么不喜欢瑞典汽车？

(5) When 消费者何时产生需求？准备何时购买？什么季节购买？何时需要？何时使用？曾经何时购买过？何时重复购买？何时换代购买？消费者需求何时发生变化？消费者何时过生日？什么时刻可以促成交易？……。

(6) Where 消费者在哪里上班？家住哪个小区？上班习惯走哪条路？计划到哪里购买？配偶在哪里上班？孩子在哪里上学？喜欢到哪家4S店进行爱车保养？喜欢到哪里维修车辆？

(7) How 如何购买？如何决定购买行为？以什么方式付款？消费者对某汽车及其广告如何反应？消费者对这个品牌的汽车质量如何评价？如何服务才能满足消费者需要？如何与消费者进行交流沟通？如何提高消费者满意度？……。

(8) How much 消费者家庭收入多少？计划购买什么价位的汽车？消费者的每月娱乐花费多少？年支配金多少？每月驾车出游多少次？什么价位的车畅销？市场占有率多高？

4.2 新汽车的定价目标

汽车生产企业的新汽车定价目标是指企业通过对汽车产品进行定价所要实现的目标。新汽车定价目标是由企业的经营目标决定的，是企业的经营目标在汽车价格上的具体反映。企业选择定价目标，是进行价格决策的重要过程，是确定价格策略和定价方法的依据。

企业的新汽车定价目标是为了尽可能地获取最大利润，这是很正常的。但是，由于营销环境、汽车特质、市场供求、市场竞争等因素的不断变化，不同的车型或同一车型在不同的营销时期应确定不同的定价目标。

企业对新汽车的定价目标主要包括利润目标类、竞争目标类、销售目标类三种类型，具体来讲，包括利润导向型、销量导向型、竞争导向型、汽车质量导向型、汽车销售渠道导向型的汽车定价目标。新汽车的企业定价目标分类情况见表4-2。

表4-2 企业定价目标分类情况

类型	细分类别
利润目标类	最大利润目标
	适度利润目标
	预期投资收益目标

(续)

类型	细分类别
销售目标类	最大销量目标
	保持和扩大市场占有率目标
	保持和分销商渠道良好关系的目标
竞争目标类	维持企业生存的目标
	保持和稳定价格的目标
	应付和避免价格竞争的目标
	取得市场领先地位的目标

4.2.1 利润导向的汽车定价目标

利润导向的汽车定价目标就是汽车企业在进行新车定价时，直接以利润的大小作为企业的定价目标。它是企业定价根本目标的直接反映，利润导向的汽车定价目标主要有以下三种：

1. 短期利润最大化目标

一般来讲，企业的所有车型不可能在任何时期都能获得最大的利润，所以实行短期利润最大化目标是有一定条件的：

1）该车型的市场需求不会由于价格高而导致销量下降，否则利润得不到保障。

2）汽车企业在技术水平、产品质量和售后服务保障等方面有良好的口碑，在同业竞争中占有绝对优势。

3）产品供不应求，且替代车型很少。

4）在国家价格法规和价格管理政策的允许范围内。

只有满足以上条件，企业才可以采取短期利润最大化的定价目标，从而制定利润较高的汽车价格。当然，有些中小企业的车型在某一时期产销对路，也可采用这种定价目标。需要注意的是，追求利润最大化并不一定追求最高的汽车价格。

2. 预期收益目标

以预期收益作为汽车定价目标就是汽车生产企业希望在一定时期内收回投资并获得一定收益，在进行汽车定价时，在总成本和总费用的基础上加上一定比例的预期收益，也就是汽车销售利润（率）或汽车项目投资利润（率）。简单地说，汽车定价是在汽车成本基础上加上目标利润。由于汽车的成本和费用变化不大，因此汽车价格的高低主要取决于企业预期利润的高低。

以预期收益作为汽车定价目标的企业，应具备以下两个方面的条件：

1）企业生产规模大，经营管理水平高，市场竞争力强，且拥有较高的市场占有率，在本行业基本属于"龙头"企业。

2）企业在汽车质量、性能、造型、配置等方面与竞争对手相比具有明显的差异性。需要注意的是，企业在采取预期收益作为定级目标时，市场调研与预测工作必须充分；企业按照什么价位销售，销量达到多少才能实现目标利润；预期收益是采用资金收益（率）、成本收益（率）还是销售收益（率），同行利润水平、银行利率以及市场竞争情况如何等。

3. 适当利润目标

所谓适当利润，一般是指中等程度的平均利润，即与企业的投资额及风险程度相适应的平均利润。特别是在市场竞争激烈的环境下，有的企业对市场价格的控制能力有限，无法与强大的竞争对手进行正面对抗，而是采取跟随或补缺的市场策略，获取适当的利润，维持企业的生存与发展。此种定价目标一般适合于处于追随地位的中小型企业。

4.2.2 销量导向的汽车定价目标

销量导向的汽车定价目标是指企业以汽车销售额（量）作为定价的目标选择，不直接以利润的高低作为定价的中心，而是围绕提高汽车销售额（量）进行汽车定价，通过销售额（量）的增长来提高企业利润。常见的销量导向的汽车定价目标有以下几个：

1. 以促进销售额（量）增长为定价目标

在经营过程中，有些企业把汽车的销售额（量）作为企业的经营目标进行新车定价，希望通过确定的汽车价格促进销售额（量）的增加，带来规模效益，从而获取更大的利润，为企业的发展创造良好的条件。具体实施中，应考虑以下几个问题：

（1）**销售额（量）与利润的关系**　正常情况下，随着销售额（量）的增加，利润会相应提高。但是，如果企业的成本增加超过了销售额（量）的增加，则利润就会下降；另外，如果企业在竞争对手的逼迫下不得已采取亏损的价格进行市场销售，则会出现销售额（量）越大亏损越多的情况。例如，原来属于同一集团公司的某A、B两重型货车厂家重组后成为竞争对手，产品配置及性能同质化程度很高，B企业的规模较小，成本高于A企业，但是为了占有市场，B企业采取了和A企业基本相同的定价，导致卖得越多亏得越多。

（2）**销售额（量）与市场占有率的关系**　销售额的提高途径有两条：①降低单车定价，扩大销售量；②单车定价提高，但销售量没降低。无论哪种途径，都要注意研究其与市场占有率的关系。由于市场占有率是一相对概念，销售额（量）扩大，市场占有率不一定提高，还要看竞争对手的变化情况，如果竞争对手的销售额（量）增长更快，则市场占有率可能没提高，甚至降低。

2. 以提高市场占有率为定价目标

汽车市场占有率是汽车企业经营状况和汽车产品在市场上的竞争能力的直接反映，对于汽车企业的生存和发展具有重要意义。因为汽车市场占有率一般比最大利润容易测定，也更能体现汽车企业的努力方向，所以，有时汽车企业把保持或扩大汽车市场占有率看得非常重要。

许多资金雄厚的大汽车企业喜欢以低价渗透的方式来保持一定的市场占有率；一些中小企业为了在某一细分汽车市场获得一定优势，也十分注重扩大汽车市场占有率。

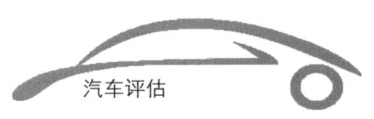

一般地，企业的利润水平与市场占有率向同一方向变化，市场占有率提高，利润相应提高，因此市场占有率高的企业在进行汽车定价时往往利用这种市场优势来影响同类车型的市场价格。企业以提高市场占有率为定价目标时，应注意以下两点：

1）企业要有充足的资源条件和较大规模的生产能力。扩大市场占有率，必然要增加销量，生产必须要跟上市场的需求，一旦出现供不应求，竞争对手就会乘虚而入。

2）要合理掌握低价的限度。价格太低，使得单位商品价格中的利润减少，即使市场占有率提高了，企业利润也可能没增加多少，导致"得到了客户，失去了利润"，因此低价应以平均利润率为界限，以总利润增加为前提。

一般来讲，只有当汽车企业处于以下几种情况下时才适合采用该种汽车定价目标：

1）该汽车的价格需求弹性较大，低价会促使汽车市场份额的扩大。

2）汽车成本随着销量增加呈现逐渐下降的趋势，而利润有逐渐上升的可能。

3）低价能阻止现有和可能出现的竞争对手。

4）汽车企业有雄厚的实力，能承受低价所造成的经济损失。

5）采用进攻型经营策略的汽车企业。

3. 以预定的销售额（量）为定价目标

销售额（量）的高低可以在一定程度上反映汽车生产企业的实力，因此汽车企业每年都要制定销售额（量）指标。《财富》杂志每年都评出世界500强企业，就是采用销售额作为主要的评价指标。采取以预定的销售额（量）为定价目标，既可采用高价，也可采用薄利多销的形式。

我国鼓励和保护公平竞争，保护汽车经营者和汽车消费者的合法权益，制止不正当竞争行为，国家制定了《反不正当竞争法》。另外，在汽车定价时，不得以低于变动成本的价格销售汽车来排挤竞争对手，有奖销售的最高奖的金额不得超过5万元。

4. 以保持与分销渠道的良好关系为定价目标

汽车企业在定价时，除了考虑成本和市场竞争外，还要考虑经销商的利益，制定对经销商具有吸引力的价格，调动经销商的积极性。常用方式有低价让利、价格返利、价格补贴等。

4.2.3 竞争导向的汽车定价目标

所谓竞争导向的汽车定价目标，就是汽车企业根据市场竞争的需要而制定新车价格。在激烈的市场竞争中，汽车企业对竞争对手的汽车价格非常敏感，竞争对手的每一次调价都会引起市场的波动，因此企业在进行汽车定价前要广泛收集市场信息，特别是竞争对手的信息，从而把本企业的汽车与竞争对手相应车型的性能、配置、成本等进行比较，然后制定本企业汽车产品的价格。常用的目标有以下四种：

1. 维持企业生存的定价目标

当市场处于经济萧条、生产能力过剩、竞争加剧的经营环境中时，企业为了维持经营并减少库存，对利润的追求只能让位于生存的需要——生存比利润更重要，不得不按等于甚至低于成本的价格定价。

对于这类汽车企业来讲，只要它们的汽车价格能够弥补变动成本和一部分固定成本，汽车单价大于汽车企业变动成本，它们就能够维持生存。当然，以生存为主的定价目标只能是短期目标。

2. 稳定价格目标

稳定价格目标的目的在于避免打"价格战"，以求在稳定的价格中取得稳定利润，采用这一目标的条件有以下两个：

1) 企业实力雄厚、规模较大，在同行业中处于领先地位。
2) 企业生产的车型是市场供求比较平衡的车型。

一般而言，商品价格越稳定，经营的风险越小。但稳定价格并非保持价格长期不变，而是保持价格小幅度不明显地增长，从而保证企业的利润逐步扩大。

3. 避免和应对竞争的定价目标

中小企业为了适应和避免与强大的竞争对手发生正面冲突，通常以同行业中大企业的价格作为参照，与之保持大体一致的水平，即使中小企业的成本发生变化，也不会轻易调整价格；但是，若大企业的定价发生调整，中小企业则跟进调整价格，避免发生价格战。

4. 战胜竞争对手的定价目标

战胜竞争对手目标是一种短期目标，通过迅速提高销售额（量）占领市场，战胜竞争对手。选择这一目标的企业应该是产品质量好、产量高、有实力与竞争对手抗衡的企业。应注意的是，此目标往往会引起价格战，有可能造成两败俱伤的后果，特别是供过于求的比较成熟的老车型。

汽车企业在遇到同行价格竞争时，常常会被迫采取相应对策：竞相降价，压倒对方；及时调价，价位对等；提高价格，树立威望。在现代市场竞争中，价格战容易使双方两败俱伤，风险较大。所以，很多企业往往会开展非价格竞争，如在汽车质量、促销、分销和服务等方面下苦功夫，以巩固和扩大自己的汽车市场份额。

4.2.4 质量导向的汽车定价目标

质量导向的汽车定价目标是指汽车企业要在市场上树立汽车质量领先地位的目标，而在汽车价格上做出反应。优质优价是一般的市场供求准则，研究和开发优质汽车必然要支付较高的成本，自然要求以高的汽车价格得到回报。

从完善的汽车市场体系来看，汽车的高价格自然代表或反映着汽车的高性能、高质量及其优质服务。采取这一目标的汽车企业必须具备以下两个条件：①提供高性能、高质量的汽车；②提供优质的服务。

企业选择这一定价目标就是通过价格表现自己产品的定位，同时以价格来维护自己的信誉、用户的利益、社会公德和商业道德，树立企业的信誉和品牌形象。有的企业恪守"一分钱，一分货"，产品质量不打折扣，某些汽车的价格就是其质量和品位的象征。

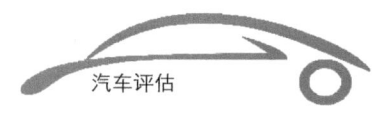

4.2.5 销售渠道导向的汽车定价目标

对于那些需要经过经代销商销售汽车的汽车企业来说，保持汽车销售渠道畅通无阻，是保证汽车企业获得良好经营效果的重要条件之一。

为了使得销售渠道畅通，汽车企业必须研究汽车价格对经代销商的影响，充分考虑经代销商的利益，保证经代销商有合理的利润，促使经代销商有较高的积极性去销售汽车。

在现代汽车市场经济中，经代销商是现代汽车企业营销活动的延伸，对宣传推介汽车、提高汽车企业知名度具有十分重要的作用。汽车企业在激烈的汽车市场竞争中，有时为了保住完整的汽车销售渠道，促进汽车销售，不得不让利于经代销商。

这几种定价目标不是孤立的，它们相互联系，相互渗透。企业的汽车定价目标往往是复合的，随着时间、市场竞争环境等因素的变化，企业采取的定价目标也会发生变化。

4.3 新汽车的定价方法

影响汽车定价的因素很多，有成本、市场需求、竞争对手的价格等。通常情况下，成本决定了汽车的最低定价，市场需求决定了汽车的价格弹性，竞争对手的定价提供了本企业汽车定价的参考值。在实际经营过程中，企业往往侧重于其中的某几个因素进行定价。

4.3.1 定价理论的发展

价格是影响消费者购买行为最直接的因素，也是市场营销中最具刺激性、敏感性的因素，对于企业的生存和发展具有重要的作用。有关定价的理论经历了一个发展的过程。

"定价是真理的时刻——定价决策是所有营销活动的焦点"，这是哈佛商学院的雷蒙德·科里在 20 世纪 60 年代说的一句话。当时，营销学刚刚开始成为一门指导商业发展的独立战略原则。遗憾的是，营销方面的实战者中真正理解或听进去这句话的很少。直到商家们在 20 世纪 60 年代遭遇挑战时，他们对定价的看法才发生巨大的转变。不论商家还是理论研究者都意识到他们最迫切的任务和目的是盈利。于是企业都开始把绝对的重心转移到如何增加股东利益上。人们逐渐把营销思想和财务理念融合了起来，出现了战略定价。战略定价的意义远远不止是制定价格。它包括选择能盈利的市场、交流合理化价格水平的信息、管理定价过程和系统、使价格与传递给消费者的价值相等。战略定价现在已日益成为一门独立的学科，它在营销、金融、销售与高层管理间起到桥梁的作用。

美国专业定价协会在对其成员的一份调查中指出：25%的企业中定价决策主要由定价经理负责，由各部门代表共同决策，15%的企业是由营销部门决定的，15%的企业是由营销经理决定的，11%的企业通过销售组织进行非集中化定价，没有一家是由财务部门来定价的。虽然这个样本存在偏差，但是也表明了在成熟的企业当中，价格并没有得到很好的管理。

4.3.2 定价理论的特征

定价在企业经营决策中最具体，也最错综复杂，直接影响到产品是否成功、盈利潜力是否最大化、品牌是否能够建立，但是迄今为止对定价的研究却很不足，部分原因在于定价决策的高度复杂性。定价决策具有地域性、动态性和竞争性等多种性质。

1）定价是动态的。在每一类，甚至每一款产品从上市到推出的生命周期里，企业都需要阶段性地调整产品的价格，几乎没有哪个产品能够始终保持价格不变。

2）定价是竞争性的。企业不能私自决定，而是要根据竞争对手的动态来调整自己的定价，有时是一些相对简单的、战术性的调整，有时甚至是战略性的大变化，调整是否正确，直接影响到产品销售的成败。

3）定价是地域性的，与市场特征有密切关系。成熟市场和新兴市场有完全不同的市场特征，欧美市场和中国市场也有完全不同的市场特征，这种市场特征的深刻差异决定了一种定价模式在欧美市场是成功的，并不一定也能在中国市场成功，反之亦然。

4）定价与企业的生存状态有关。大型企业与小型企业、一线企业与二线企业、拥有强势品牌的企业与弱势品牌的企业、领导型企业与后发企业，它们在定价决策时必然也必须采取不一样的战略。

5）定价与行业格局和发展状态有关。集中度高的行业与集中度低的行业、衰退的行业与高速成长的行业，企业定价也会有非常大的区别。

6）定价与企业的微观管理水平有关。企业能否在经营过程中及时、准确地记录市场数据，能否有效地分析成本结构，都对定价产生巨大的影响。

总之，定价与市场的总体特征、行业、企业等多方面的状况相关，具有高度的复杂性。

一些进取的公司已不仅仅是在为定价而焦虑。为了提高盈利性，它们正抛弃传统的被动反应式定价方法，代之以新的积极的定价战略。与以前不同，成功的公司正在构建其产品战略和营销战略以支持定价目标。在过去的10年中，传统的营销和销售方面的行业领导者，如宝洁和通用电气都做出了明确的公司决策，将关注的焦点从主要业务的销售增长上转移到盈利的增长上来。在很多行业中，当前的利润领先者都是那些制定了非常明确的定价战略的企业，它们的定价战略由其产品战略和促销战略所支撑，如航空业的美国西南航空、半导体业的英特尔、计算机业的戴尔、零售业的沃尔玛、家用电器业的索尼和新闻业的《时代周刊》等采取了相同的定价模式，即考虑为哪些消费者服务以及如何为他们服务。国内有部分软件供应商（像用友）就关于价格管理提供了一些应用。

根据价格与成本、价格与需求的关系以及竞争对手对企业价格决策影响的分析，企业定价时主要应考虑成本、需求与竞争三大因素。企业所定的价格既不能低得无法盈利，也不能高得无法产生需求，而是介于其间。成本、需求、竞争三个主要因素对于定价的影响主要表现为：产品成本是定价的下限；竞争对手的价格和替代车型的价格是定

价的定向点；消费者对产品独特性的评估是定价的上限。

4.3.3 汽车成本导向定价法

1. 成本加成定价法

这是一种最简单的定价方法，就是在单位产品成本的基础上加上一定比例的预期利润作为产品的售价（成本中已包含税金）。通常利润是按照一定的比例计算的，俗称"几成"，因此这种方法称为成本加成定价法。其计算公式为

$$单位产品价格 = 单位产品成本 \times (1+加成率)$$

例 4-1 某汽车生产企业生产某车型的单位成本为 10 万元，加成率为 15%，则

$$汽车价格 = 10 万元 \times (1+15\%) = 11.5 万元$$

成本加成定价法的优点是：

1) 简便易行，因为确定成本要比确定需求容易，价格盯住成本，企业可简化定价工作，不必经常依据需求情况而做调整。

2) 采用这种方法可保证整个行业取得正常的利润，从而保障生产经营的正常进行。

3) 有利于相关部门对汽车企业的价格进行监督。

4) 可以避免发生价格战，保持市场价格稳定。

但是，这种方法的不足之处也很明显：

1) 它是从卖方的利益出发进行定价的，基本原则是水涨船高，没有考虑市场需求和竞争因素的影响，属于卖方市场条件的产物。

2) 加成率是一个估计数，缺乏科学性，因此在应用这种方法时应当根据市场需求、竞争情况等因素的变化做必要的调整。

3) 各企业的成本属于个别成本，而不是社会成本，不同的企业成本可能包含不合理的开支。

成本加成定价法主要适用于生产经营处于合理状态下的汽车生产企业或者供求基本平衡、成本相对稳定的汽车企业。这种方法在西方国家广为应用，尤其在零售业，大都采用成本加成定价法。

2. 汽车加工成本定价法

汽车加工成本定价法是从汽车企业成本中提出外购成本后再分别进行处理，并根据汽车企业新增成本来加成定价的方法。对于外购成本，企业只垫付资金，只有企业内部生产过程中的新增成本才是企业自身的成本消耗。因此，按汽车企业内部新增成本的一定比例计算自身成本消耗和利润，按汽车企业新增价值部分缴纳增值税，使汽车价格中的盈利同汽车企业自身的成本消耗成正比，是汽车加工成本定价法的要求。其计算公式为

$$汽车价格 = 外购成本 + \frac{汽车加工新增成本 \times (1+汽车加工成本利润率)}{1-加工增值税税率}$$

$$汽车加工成本利润率 = \frac{要求达到的总利润}{汽车加工新增成本} \times 100\%$$

这种汽车加工成本定价法主要适用于加工型汽车企业和专业化协作的汽车企业。此方法既能补偿汽车企业的全部成本，又能使协作企业之间的利润分配和税收负担合理化，避免按汽车成本加成定价法形成的行业之间和协作企业之间利益不均。

3. 目标收益定价法

这种方法又称目标利润定价法或投资收益率定价法。它是在成本定价的基础上，按照目标收益率的高低计算价格的方法。其计算步骤如下：

（1）**确定目标收益率**　目标收益率可以表现为几种形式，例如投资利润率、成本利润率、销售利润率和资金利润率等。

（2）**确定目标利润**　根据目标收益率表现形式的不同，目标利润的计算也不同。计算公式分别为

$$目标利润 = 总投资额 \times 目标投资利润率$$

$$目标利润 = 总成本 \times 目标成本利润率$$

$$目标利润 = 销售收入 \times 目标销售利润率$$

$$目标利润 = 资金平均占用额 \times 目标资金利润率$$

（3）**计算汽车价格**

$$汽车价格 = \frac{总成本 + 目标利润}{预计销售量}$$

$$汽车价格 = 单位变动成本 + 单位贡献毛利$$

例 4-2　某汽车生产企业年生产能力为 100 万辆 A 汽车，估计未来市场可销售 80 万辆，其总成本为 1000 亿元，企业的成本利润率为 20%，其汽车价格应定为多少？

解： 目标利润 = 总成本 × 目标成本利润率
= 1000 亿元 × 20%
= 200 亿元

$$汽车价格 = \frac{总成本 + 目标利润}{预计销售量}$$

= (1000 亿元 + 200 亿元) / 80 万辆
= 15 万元/辆

目标收益定价法的优点是可以保证企业实现既定的目标利润；缺点是汽车定价时只从卖方的利益出发，没有考虑竞争因素和市场需求情况。这种方法先预测销售量，再确定和计算出汽车价格，理论上是说不通的，一般是汽车的价格影响市场销售，而不是销售决定汽车的价格。因此，按这种方法计算出来的价格，不一定能保证预计销售量的实现。

目标收益定价法一般适用于需求价格弹性较小、在市场上有一定影响力的企业，或是市场占有率较高、具有垄断性质的企业。

4. 目标成本定价法

汽车目标成本定价法是指汽车企业以经过一定努力预期能够达到的目标成本为定价依据，加上一定的目标利润和应纳税金来制定汽车价格的方法。目标成本与定价时的实

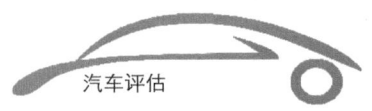

际成本不同，这是企业在充分考虑到未来市场环境变化的基础上，为实现企业的经营目标而制定的一种预期成本，一般都低于定价时的实际成本。其计算公式为

$$汽车价格 = \frac{汽车目标成本 \times (1+汽车目标成本利润率)}{1-税率}$$

$$汽车目标成本利润率 = \frac{要求达到的总利润}{目标成本 \times 目标产销量} \times 100\%$$

上述表明，汽车目标成本的确定要同时受到价格、税率和利润要求的多重制约，即汽车价格应确保市场能容纳目标产销量，扣税后销售总收入在补偿目标产销量计算的全部成本后能为汽车企业提供预期的利润。此外，汽车目标成本还要充分考虑原材料、工资等成本价格变化的因素。

汽车目标成本虽不是定价时的实际成本，但也不是主观臆造出来的，主要建立在对"量、本、利"关系进行科学测算的基础上。通常，企业成本可以划分为固定总成本和变动成本这两大类。小批量生产成本高的主要原因是固定总成本按产量分摊额减少，平均变动成本一般变化不大，并还可能由于工艺技术更熟悉而降低一些，于是就使单辆汽车的成本大大降低。预期的成本降低便可将汽车价格制定到能吸引消费者的水平，从而为汽车打开销路。但是，并非汽车目标成本定得越低越好，因为要降低目标成本就必须增大目标产销量，如果接近一个汽车企业的生产能力极限，单辆汽车成本水平反而又会升高，因此汽车目标成本一般是在保本点直到设备利用率达到 80% 左右的产量区间内确定的。

汽车目标成本定价法是为谋求长远和总体利益服务的，较适用于经济实力雄厚、生产和经营有较大发展前途的汽车企业，尤其适用于新产品的定价。采用汽车目标成本定价法有助于汽车企业开拓市场，降低成本，提高设备利用率，从而提高汽车企业的经济效益。

5. 损益平衡定价法

此法又称盈亏平衡定价法或收支平衡定价法。根据固定成本和变动成本的不同形态，采用盈亏分界点确定汽车的价格。这种方法有利于生产企业从保本入手，确定最佳车型结构及经营规模与价格组合；企业在进行汽车价格调整时，也可使用此法在价格与销量之间寻找决策平衡点。

损益平衡定价法是一种定量评价价格变动效果的增量分析方法。一般而言，价格变动对利润会产生价格效应和数量效应两种影响。降低价格，会减少单位利润，从而减少总利润；但是，降低价格又有利于增加销量，并由此增加总利润。其中，前者为价格效应，后者为数量效应。

综上所述，成本导向定价法的特点是，以产品的成本为基础，在成本的基础上加上一定的利润，所不同的只是对利润的确定方法略有差异。它们的共同缺点是没有考虑市场需求和市场竞争。

4.3.4 汽车需求导向定价法

需求导向定价法就是以市场需求为中心，以消费者对汽车价值的认识和对汽车的需求程度为依据的定价方法。

1. 认知汽车价值定价法

这种方法的基本指导思想是，认为决定汽车价格的关键因素是消费者对汽车产品价值的认知水平，而不是卖方的成本。因此，在进行汽车定价时，先要估计和预测在营销组合中的非价格变量在消费者心目中的认知程度，然后根据消费者对汽车的认知价值制定汽车的价格。

一般说来，各品牌汽车的每种车型的性能、质量、外观及其价格等内容在消费者心目中都有一定的认知水平。当卖方的价格水平与消费者对该车型价值的认知水平大体一致时，消费者才接受这种价格。认知汽车价值定价法与汽车产品市场定位很好地结合起来，就成为一种全新的定价思想和方法，被越来越多的汽车企业所接受。其主要步骤如下：

1）预测消费者对汽车价值的认知。确定消费者对某品牌汽车的性能、质量、外观、售后服务的认知程度及市场营销各组合因素在消费者心目中的认知价值。

2）根据预测的认知价值确定汽车的初始价格。

3）预测该车型的销售量。在估计的初始价格的条件下预测可能实现的销售量。

4）预测目标成本。计算公式为

目标成本总额＝销售收入总额－目标利润总额－税金总额

单车目标成本＝汽车价格－单车目标利润－单车税金

5）市场价格决策。市场价格决策就是把预测的目标成本与实际成本进行对比，以此来确定价格。

① 当实际成本≤目标成本时，说明在初始价格的条件下目标利润可以保证，初始价格就可定为汽车的实际价格。

② 当实际成本＞目标成本时，说明在初始价格的条件下目标利润得不到保证，需要进一步做出调整、选择，要么降低目标利润，要么降低实际成本，使初始价格仍可付诸实施。否则，只能放弃原有方案。

认知汽车价值定价法的关键是能否准确地确定消费者对本企业汽车产品价值的认知程度。对自己的汽车价值产生夸张自满看法的企业，会对自己的产品定价过高；对自己产品的消费者认知价值估价过低，定的价格就可能低于它们能够达到的价值。因此，企业在进行市场投放以前，一定要进行市场调研，把自己的汽车产品与竞争对手的相应车型进行比较，正确预估本企业的汽车产品在消费者心目中的形象，确定消费者对本企业汽车产品的理解价值。

2. 汽车需求弹性定价法

需求弹性是指某种商品的市场需求量与其价格的相对变动之比，有点弹性和弧弹性之分。

点弹性即表示需求曲线上某一点上的需求量变动对于价格变动的反应程度。

弧弹性即表示某商品需求曲线上两点之间需求量的变动对于价格变动的反应程度。

按需求弹性定价主要有以下两种方法：

1）按需求弹性确定供求平衡价格。

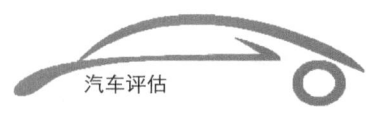

2）按需求弹性确定销售收入最大化价格。

一般来说，对于市场需求富有弹性的商品，采用降价策略可增加销售总收入，而对于需求缺乏弹性的商品，提价才能增加销售总收入。

3. 差别定价法

差别定价法又称为区分需求定价法，是指在进行汽车定价时，可根据不同市场的需求强度、不同购买力、不同购买地点和不同购买时间等因素分别制定不同的价格。

（1）以消费者为基础的差别定价 这是指对不同的消费者可以采用不同的价格。例如，不同的消费者对同一车型的需求弹性不同，有的消费者对价格比较敏感，可以采取适当优惠的价格，而有些消费者对价格不敏感，则可照价全收。又如，对老客户和新客户采用不同价格，对老客户给予一定的优惠。再如，同一产品卖给批发商、零售商或消费者，分别采用不同的价格等。

（2）以汽车的型号为基础的差别定价 由于汽车产品的系列化，即使同一品牌、同一规格的汽车也有各种不同的颜色、内饰、配置，而消费者的消费偏好又不尽相同，企业可以根据消费者的喜好分别确定不同的价格，吸引不同喜好的消费者。

（3）以销售时间为基础的差别定价 不同季节、不同日期，甚至在不同时点，市场的需求是不一样的，企业可以根据销售时间的变化制定不同的汽车价格。例如，汽车市场上的"金九银十"之说就是对汽车销售市场的波动很生动的描述。

采用差别定价法，要具备一定的前提条件。首先要分析需求差别，做好市场细分；其次要防止引起消费者的反感。

4.3.5 汽车竞争导向定价法

汽车竞争导向定价法是企业以市场同行业竞争对手的价格为主要依据，根据应对竞争或避免竞争的需要来制定本企业相同档次的汽车价格的方法。特点是：汽车企业并不完全坚持本企业的汽车价格与成本及需求之间的固定联系，即使本企业汽车成本及需求有所改变，只要竞争对手仍坚持其原有价格，那本企业的汽车价格也不变；相反，当竞争对手进行价格调整时，尽管本企业的汽车成本及需求并没有改变，也要为适应竞争对手的价格调整而相应地调整本企业的汽车价格。

1. 流行水准定价法

流行水准定价法又称随行就市定价法。这是根据同行业同档次车型的现行平均价格水平来定价的，是汽车生产企业经常采用的定价方法。一般是在基于本企业的汽车成本测算比较困难，竞争对手不确定，对消费者和竞争对手的市场反应难以做出准确的估计，以及企业希望得到一种相对公平的报酬和不愿打乱市场现有正常秩序的情况下采用的一种行之有效的方法。

采用这种方法既可以追随市场领先者定价，也可以采用市场的一般价格水平进行定价。这要视企业汽车产品的特征及其汽车产品的市场差异性而定。例如，在竞争十分激烈的汽车市场上，买方处于主动地位，企业只能按既定价格出售商品，而毫无控价能力。此时，企业多采用流行水准定价法，将自己的价格始终与市场价格水平保持一致，并通过努力降低成本，实现规模化生产，追逐市场价格的变化，通过降低流通费用来获得更多的利润。

中小型企业多采取流行水准定价法。它们调整本企业的汽车价格，与其说是根据自己的需求变化或成本变化，不如说是依据市场领导者的价格变动。有些企业可以支付一些微小的赠品或微小的折扣，但是它们保持的是适度的差异。

2. 保本定价法

保本定价法是企业在市场不景气和特殊竞争阶段，或者在新车型试销阶段所采用的一种保本定价的方法。它是在保本产（销）量的基础上制定的价格，即保本价格。其计算公式为

$$保本成本 = \frac{企业固定成本}{保本产（销）量} + 单位变动成本$$

一般来讲，在企业的成本不变的情况下，价格定在保本价格以上，企业就可以盈利，而定在保本价格以下，必然出现亏损。

这种方法只说明了在某一产（销）量时企业采取什么价格是保证不亏本的最低限度，但是并没有考虑在这种价格水平上其产品能否销售得出去。

3. 相关车型比价法

相关车型比价法即以同类车型中消费者认可的某品牌汽车的价格作为参考依据，结合本企业汽车产品与消费者认可汽车的成本差率或质量差率来制定汽车价格。

1) 与认可汽车相比，成本变化与质量变化方向程度大致差不多时，可以实行"按质论价"：

$$汽车价格 = 认可汽车价格 \times (1 + 成本差率)$$

2) 与认可汽车相比，若成本增加不多，质量却有较大提高时，可以实行"按质论价、优质优价"的原则，结合市场供求变化，采取定价区间为

$$认可汽车价格 \times (1 + 成本差率) < 汽车价格 < 认可汽车价格 \times (1 + 质量差率)$$

3) 与认可汽车相比，若成本降低不多，质量却有较大幅度下滑时，应严格执行"按质论价"的原则，采取低质低价：

$$汽车价格 = 认可汽车价格 \times (1 - 成本差率)$$

采用相关车型比价法，使本企业的汽车产品与市场认可的汽车产品之间保持由于质量、成本等因素造成一定的差距，可以避免恶性竞争。

4. 密封投标定价法

这也是一种依据市场竞争情况来定价的方法，是招标人通过引导卖方竞争的方法寻找最佳合作者的一种有效途径。其基本原理是，招标者（买方）首先发出招标信息，说明招标内容和具体要求。参加投标的企业（卖方）在规定期间内密封报价来参与竞争。其中，密封价格就是投标者愿意承担的价格。这个价格主要考虑竞争对手的报价研究决定，而不能只看本企业的成本。在投标中，报价的目的是中标，因此报价要力求低于竞争对手。

在汽车易主交易中，采用招标、投标的方式，由一个卖主（或买主）对两个以上

并相互竞争的潜在买主（或卖主）出价（或要价）、择优成交的定价方法，称为竞争投标定价法。其显著特点是招标方只有一个，处于相对垄断的地位；而投标方有多个，处于相互竞争的地位。能否成交的关键在于投标方的出价能否战胜所有竞争对手而中标，中标者与卖方（买方）签约成交。

此定价法主要在政府采购办公用车、处理走私没收汽车和企业处理库存汽车时采用。

5. 拍卖定价法

拍卖定价法是指卖方委托拍卖行，以公开叫卖的方式引导买方报价，利用买方竞争求购心理，从中选择高价格成交的一种定价方法。这种方法历史悠久，常见于出售古董、珍品、高级艺术品或大宗商品的交易中。对车牌的竞拍就属于这种形式。

6. 倾销定价法

倾销定价法是指一国汽车企业为了进入或占领某国汽车市场而排斥其他竞争对手，以低于国内市场价格，甚至低于生产成本的价格向国外市场抛售汽车产品而制定的价格。

采用这种定价法制定的汽车价格，一般使用的时间比较短。一旦达到预期目的，占领了国外市场后，企业就会提高价格，收回在倾销中的损失，并获得应有的利润或垄断利润。但是采用这种方法制定的价格易受反倾销法的限制和制裁，因而风险比较大。

7. "戴尔式"定价法

"戴尔式"定价法的特点是把产品本身的价格与相关联的产品或服务的促销紧密结合在一起，形成一个"整体报价"，因为其他企业也有类似做法，但是没有戴尔做得这么彻底，因此称其为"戴尔式"定价法。

"戴尔式"定价法的主要特征是：不是单独给基本产品定价，而是把关联产品、关联服务与基本产品糅合在一起，以畅销产品带动滞销产品。这样还能促进更关注服务的那部分消费者有机会多花钱。整体报价使各个细分市场的消费者能够自由选择多种组合的产品和服务，这比僵硬的单一基本产品报价更加灵活，而且采用这种"戴尔式"定价不用付出任何额外代价或成本。

在计算机、汽车等行业，很多企业采取或部分采取了"戴尔式"定价方法。例如，很多汽车企业采取柔性制造、按订单生产，完全根据客户选择的配置制造汽车。即使在国内，同一个型号的汽车也往往有多种配置。

4.4 新汽车的定价策略

新车的定价策略是指汽车生产企业通过市场调研，对消费者的需求和企业的生产成本以及市场竞争状况进行分析，从而选择一种能吸引消费者、实现营销组合的价格的策略。

在市场营销活动中，汽车产品的价格不仅是汽车商品价值的货币表现形式，而且是随着市场需求、市场竞争状况的变化而变动的，在我国汽车市场竞争日益激烈的今天，价格是影响消费者心理和购买决策的重要因素之一,并且是营销组合中直接与收入相关联的、最富有弹性的因素。应对市场环境的变化,企业可以运用价格手段进行市场推广,是刺激购买最快、最直接的因素。消费者通过对企业所提供产品的市场价格内心感知和对其价值进行评估,来做出购买决策。定价策略对消费者的购买时机、选购对象及购买数量等方面都具有非常重要的影响。定价策略已成为国内汽车企业重要的营销手段。

在激烈的汽车市场竞争中,企业为了实现自己的营销战略和目标,必须根据产品的特点、市场需求及竞争情况采取灵活多变的汽车定价策略,使汽车定价策略与其他策略更好地结合,促进汽车销售,提高企业的整体效益。因此,采用正确的汽车定价策略是企业取得竞争优势的重要手段。

定价策略关系到建立多功能目标和协同目标,使企业组织能产生盈利,获得价值。为了优化长期利益,在定价过程和构成中,价格的制定必须是先发制人的。反过来先发制人的定价也必须是价值导向的市场策略的一部分。长期的竞争性定位应以利益为驱动,必须指导价值导向的市场策略。图4-3说明了定价策略的多个层面,某一层面的成功运作有赖于整个环境的成功运作。

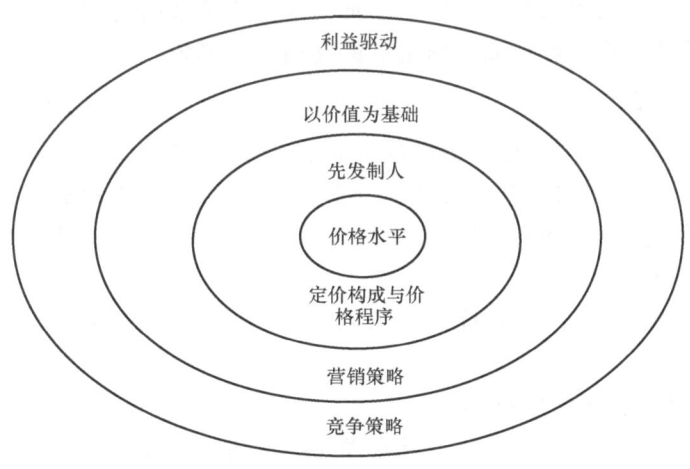

图4-3 定价策略范围

4.4.1 汽车新产品定价策略

1. 撇脂定价策略

撇脂定价策略又称撇油定价策略,是针对新上市车型的高价保利策略,是指企业在汽车产品生命周期的导入期或成长期,利用消费者的求新、求奇心理,抓住激烈竞争尚未出现的有利时机,有目的地将汽车价格定得很高,以便在短期内获取尽可能多的利润尽快收回投资的一种定价策略。其名称来自从鲜奶中撇取乳脂,含有提取精华之意。

(1)采用撇脂策略的条件

1)新车型有足够多的购买者而且愿意接受较高的价格。

2)新车型仿制困难,使得竞争对手难以迅速进入同一竞争市场。

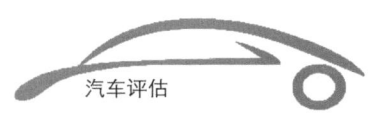

3）新车型与同类车型、替代产品相比具有较大的优势和不可替代的功能。

4）新车型采取高价策略获得的利润足以补偿因高价造成需求减少所带来的销量损失。

（2）撇脂定价策略的特点

1）撇脂定价策略的优点。新车刚投放市场，需求弹性小，暂时没有竞争对手。因此，只要汽车产品有新意、质量过硬，就可以制定高价，满足一些消费者求新、求异的消费心理。由于价格较高，可以使企业在较短时期内取得较大利润；定价较高，又给以后的降价活动留有一定的空间，当竞争对手大量进入市场时可以主动降价，提高竞争力，同时也符合价格由高到低的消费心理。

2）撇脂定价策略的缺点。新车刚上市，尚未树立市场声誉时，过高的价格往往不利于开拓市场，一旦销售遇阻，新产品就有夭折的风险；如果高价投放市场时销路旺盛，又很容易引来竞争对手，导致竞争加剧。

（3）撇脂定价策略的适用状况

1）企业研制开发的新车型技术含量高、难度大、开发周期长。

2）新车型市场需求较大，即使把价格定得很高，市场需求也不会大量减少。

3）即使高价导致需求减少，也不至于抵消高价所带来的利益。

4）企业为了树立产品性能高、质量优的高档品牌形象。

2．渗透定价策略

这是一种汽车低价促销策略，也称渐取策略或低额定价策略，与撇脂定价策略截然相反。在新车型投放市场时，尽量把价格定得低一些，使消费者易于接受，采取保微利，通过薄利多销打开和占领市场。企业的目标不是争取短期更大利润，而是尽快争取最大可能的市场占有率。

此策略的产品上市后以较低价格在市场上慢取利、广渗透，因此叫作渗透定价策略。

（1）采用渗透定价策略的条件

1）该车型的市场需求规模较大，具有强大的市场竞争潜力。

2）该车型的需求价格弹性较大，稍微降低价格，需求量会大大增加。

3）通过大批量生产能够降低生产成本。

（2）渗透定价策略的特点

1）渗透定价策略的优点。一是可以利用较低价位迅速打开新车型的市场销路，占领市场，实现薄利多销，通过提高销售量来保证企业利润，也容易得到销售渠道成员的支持；二是采取低价低利，对阻止竞争对手的介入有很大的屏障作用，有利于控制市场。

2）渗透定价策略的缺点。由于定价过低，一旦市场占有率提高缓慢，投资的回收期会较长；一旦渗透失利，企业就会一败涂地。有时低价还容易使消费者怀疑商品的质量。

（3）渗透定价策略的适用状况

1）新车型所采用的技术已经公开或者易于仿制，竞争对手容易进入该产品市场。

利用低价可以排斥竞争对手，占领市场。

2）本公司上市的汽车新产品在市场上已有同类产品，但是本公司比生产同类汽车产品的企业拥有较大的生产能力，并且该产品的规模效益显著，通过规模生产可降低成本和经营费用，提高效益。

3）该类汽车产品市场供求基本平衡，市场需求对价格比较敏感，低价可以吸引消费者，刺激市场需求迅速增长，扩大市场占有率。

撇脂定价策略和渗透定价策略各有利弊，在具体运用过程中，对于企业到底选择哪一种策略进行汽车定价更为合适，应根据市场需求、竞争情况、市场潜力、企业的生产能力和汽车成本等因素综合考虑。

3. 满意定价策略

这是一种介于撇脂定价策略和渗透定价策略之间的汽车定价策略，所定的价格比撇脂价格低，比渗透价格要高，是一种中间价格。在新车上市后，企业本着适中原则，为产品制定一个不高不低的价格，兼顾厂商、中间商及消费者的利益，使消费者、同行及经销商都感到满意。满意定价策略比前两种定价策略的风险小，成功的可能性大，但也要根据市场需求、竞争情况等因素进行具体分析。

以上三种汽车新产品定价策略的汽车价格和汽车销量的关系如图4-4所示。

4. 按汽车产品生命周期定价策略

按汽车产品生命周期定价策略就是借助汽车产品生命周期来帮助企业制定定价策略的定价方法。无论汽车的品牌、造型等如何变化，市场总是逐渐演变的。一个车型从产生开始，逐渐被消费者接受，最后被更能满足消费者需求的新车型代替而步入死亡。在汽车产品市场生命周期的不同阶段，相关成本、购买者的价格敏感性

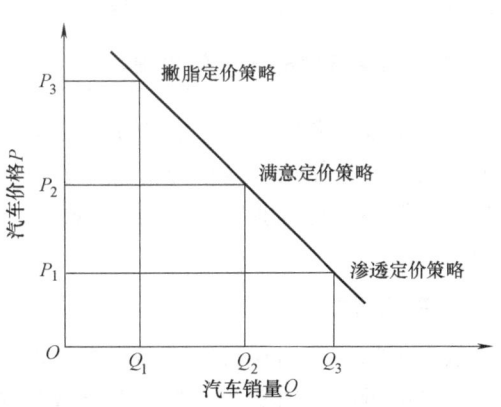

图 4-4 汽车价格和汽车销量的关系

和竞争者的行为是不断变化的。因此，汽车定价策略要适合时宜、有效，随市场变化而调整。

（1）**导入期** 新车型在市场导入期，没有其他品牌的汽车可进行比较，大多数消费者习惯把汽车价格作为衡量其质量的标志，且对新车型的价格敏感性相对较低，但当不同的汽车产品进入市场时，消费者的反应差异是很大的。

（2）**成长期** 进入成长期后，产品的销售量开始迅速上升，利润达到最高点。促销的平均费用低于导入期的促销费用。竞争日趋激烈，消费者的注意力不再单纯地停留在汽车产品的效用上，开始比较不同汽车品牌的性价比，企业可以采取汽车产品差异化和成本领先的策略。一般来说，由于消费者对产品更加熟悉，价格敏感性提高，故成长期的汽车价格要比导入期的价格低。但对于那些对价格并不敏感的市场，不宜使用渗透定价。

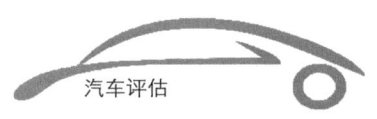

尽管这一阶段竞争加剧，但整个汽车行业市场的扩张可以有效防止价格战的出现。然而，有时汽车企业为了赶走竞争对手，也可能会展开价格战。例如美、日、韩三国的汽车企业就是在美国汽车市场走向成长期时才爆发价格战的。

（3）**成熟期** 在产品成熟期，汽车销量达到最高点，而利润增长速度开始下降，因此成熟期的汽车定价目标不是为了提高市场占有率，而是尽可能地创造竞争优势，提高规模效益。此阶段不宜再使用捆绑式销售，否则会导致产品组合中一个或几个性能较好的汽车产品难以打开市场，但可以通过销售更有利可图的辅助产品或优质服务来稳固竞争地位。此时由于市场竞争进一步加剧，可以适当下调价格。实力雄厚的企业将处于价格主导地位，弱小企业则处于比较被动的地位，是价格的追随者。

（4）**衰退期** 进入衰退期后，产品销量迅速下降，价格已降到最低水平，企业利润微薄，因此很多汽车企业选择降价销售。但是，此时降价往往不能刺激起足够的需求，结果反而降低了企业的盈利能力。衰退期的汽车定价目标不是赢得什么，而是在损失最小的情况下退出市场，或者是维护企业的竞争地位。有三种策略可供衰退期选择：紧缩策略（将资金紧缩到竞争力最强、生产能力最大的汽车生产线上）、收缩策略（通过汽车定价获得最大现金收入，退出整个市场）和巩固策略（巩固竞争优势，通过降价打败弱小的竞争对手，占领其市场）。

4.4.2 折扣和折让定价策略

在汽车市场营销中，企业为了竞争和实现经营战略，经常对汽车价格采取折扣和折让定价策略，直接或间接地降低汽车价格，以争取消费者，扩大汽车销量。灵活运用折扣和折让策略，可以提高企业经济效益。具体来说，常见的折扣和折让策略有以下几种：

1. 数量折扣

数量折扣一般用在与集团客户交易的过程中，是根据消费者购买的汽车数量，分别给予不同的折扣。消费者购买的汽车数量越多，折扣越大。其目的是鼓励消费者大量购买，或集中向本企业购买。数量折扣分为累计数量折扣和非累计数量折扣。

累计数量折扣是指在一定时期内，消费者购买汽车达到一定的数量或金额时，企业按总量（总额）给予一定折扣的优惠，目的在于使一些集团客户与汽车企业保持长期的合作，成为可信赖的长期客户，从而维持企业的市场占有率。

非累计数量折扣是指按每次购买汽车的数量多少给予消费者一定的折扣优惠，其目的是鼓励消费者大批量购买，促进产品多销、快销，减少库存和资金占压。

数量折扣的促销作用非常明显，企业因单位产品利润减少而产生的损失完全可以从销量的增加中得到补偿。此外，销售速度的加快使企业资金周转次数增加，流通费用下降，产品成本降低，从而导致企业总盈利水平上升。

运用数量折扣策略的难点是如何确定合适的折扣标准和折扣比例。如果享受折扣的数量标准定得太高，比例太低，则只有很少的消费者才能获得优待，绝大多数消费者将感到失望；若购买数量标准过低，比例不合理，又起不到鼓励消费者购买和促进企业销售的作用。因此，企业应结合具体的汽车产品特点、销售目标、成本水平、企业资金利润率、需求规模、用户购买频率、竞争对手的手段以及传统的行业惯例等因素来制定科学的折扣标准和比例。

2. 现金折扣

现金折扣是对在规定的时间内按约定提前付款或一次付清款项的消费者给予一定的优惠，目的是鼓励消费者尽早付款，以促进汽车企业的资金周转，降低销售费用，减少财务风险。

采用现金折扣一般要考虑三个因素：折扣比例、给予折扣的时间限制、付清全部货款的期限。在西方国家，典型的付款期限折扣表示为"3/20, Net 60"。其含义是在成交后20天内付款，买者可以得到3%的折扣，超过20天，在60天内付款不予折扣，超过60天付款要加付利息。

由于现金折扣的前提是汽车的销售方式为分期付款，因此有些企业采用附加风险费用、管理费用的方式，以避免可能发生的经营风险。同时，为了扩大销售，分期付款条件下消费者支付的货款总额不宜高于现款交易价太多，否则就起不到"折扣"促销的效果。

提供现金折扣等于降低价格，因此企业在运用这种手段时要考虑该车型是否有足够的需求弹性，要确保能通过需求量的增加来使企业获得足够的利润。

3. 季节折扣

季节折扣可以分为淡季折扣和旺季折扣。前者是指在汽车销售淡季时，厂家给购买者一定的价格优惠，目的在于鼓励经销商提前预订和消费者购买汽车，减少库存，节约管理费，加快资金周转。后者是指生产能力较大的企业在汽车销售旺季进行价格促销，旨在提高市场占有率，巩固并增强竞争地位。

季节折扣比例的确定，应考虑成本、库存费用、基价和资金利息等因素。季节折扣有利于减少库存，加速商品流通，迅速收回资金，促进企业均衡生产，充分发挥生产和销售潜力，避免因季节需求变化所带来的市场风险。

季节折扣可以使企业合理安排生产，做到"淡季不淡，旺季更旺"，充分发挥生产能力。季节折扣实质上是季节差价的一种具体应用。

4. 运费让价

运费让价是指为了调动经销商的积极性，汽车生产企业对经销商的运输费用给予一定的补贴，支付一部分甚至全部运费。因为同样是降价，经销商在支出了很大的一笔费用以后能够收到补贴的感受比仅仅得到一种降价的产品要好一些。

5. 推广让价策略

推广让价是汽车生产企业对经销商积极开展促销活动所给予的一种补助或降价优惠，又称推广津贴。经销商分布广，影响面大，熟悉当地市场状况，因此企业可以借助当地的经销商开展各种促销活动，如在当地媒体刊登广告、在当地市场进行小型新车展销会等。对经销商的促销费用，生产企业一般以发放津贴或降价供货作为补偿。

6. 交易折扣策略

交易折扣策略是汽车企业根据各个经销商在市场营销中担负的不同功能所给予的不

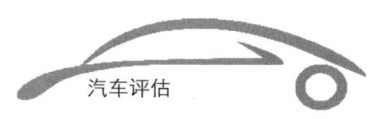

同折扣，又称商业折扣或功能折扣。企业采取此策略的目的是扩大生产，争取更多的利润，或占领更广泛的市场，利用经销商努力推销产品。交易折扣的多少，随车型的不同而不同；相同的车型，又要看经销商所承担的商业责任的多少而定。如果经销商提供商品车的运输、促销、资金融通等功能，对其折扣就较多；否则，折扣将随功能的减少而减少。

4.4.3 针对汽车消费者心理的定价策略

这是指针对消费者的不同消费心理制定相应的商品价格，以满足不同类型消费者的需求的策略。每一品牌的汽车都能满足汽车消费者某一方面的需求，汽车价值与消费者的心理感受有着很大的关系。这为针对汽车消费者心理的定价策略的运用提供了空间，企业在定价时可以利用汽车消费者的心理因素，有意识地将汽车价格定得高或低，以满足消费者心理的、物质的和精神的多方面需求，通过消费者对汽车产品的偏爱或忠诚，引导消费者的消费理念，扩大市场销售量（销售额），从而获得最大效益。下面介绍常见的心理定价策略。

1. 尾数定价策略

尾数定价又称零头定价，是指企业利用汽车消费者求廉的心理，在新车定价时，不采用整数报价，而是有意采用带尾数的定价策略。这是一种具有强烈刺激作用的心理定价策略。带尾数的汽车价格给汽车消费者直观上一种便宜的感觉，消费者还会认为企业是经过了认真的成本核算才制定的价格，可以提高消费者对该定价的信任度，从而激起消费者的购买欲望。尾数定价策略一般适用于汽车档次较低的经济型汽车。

尾数定价策略在欧美及我国常以奇数为尾数，如 0.99、9.95 等，这主要是因为消费者对奇数有好感，容易产生一种价格低廉、价格向下的概念。但由于"8"与"发"谐音，在定价中 8 的采用率也较高。

例如，低端轿车市场竞争激烈，某车企推出三款新车型：经济型，此款车型把配置简化到最低，售价为 2.9999 万元（给消费者的感觉是 2 万多元而不是 3 万元）；舒适型，售价为 3.1999 万元；技术领先型，售价为 3.9999 万元。

2. 整数定价策略

整数定价与尾数定价相反，针对的是消费者的求名、求方便心理，将商品价格有意定为整数，由于同档次车型产品，配置各有千秋，在交易中，消费者往往将价格作为判别产品质量、性能的指示器。

整数定价策略适用于汽车档次较高、需求价格弹性比较小、价格高低不会对需求产生较大影响的汽车。由于目前选购高档汽车的消费者都属于高收入阶层，自然会接受较高的整数价格。

3. 声望定价策略

这是整数定价策略的进一步发展。消费者一般都有追求名望的心理，而声望定价策略是企业根据汽车产品在消费者心目中的声望、信任度和社会地位制定比市场同类车型更高价格的一种定价策略。它能有效地消除购买心理障碍，使消费者对该汽车产品形成信任感和安全感，从中得到荣誉感。声望定价策略可以满足某些汽车消费者心里的特殊欲望，如地位、身份、财富、名望和自我形象等，还可以通过高价格彰显汽车的名贵优质。有报道称，在美国汽车市场上，质高价低的中国汽车通常竞争不过相对质次价高的韩国汽车，其原因就在于美国人眼中低价就意味着低档次。声望定价策略一般适用于知名度高、市场影响大的著名品牌的汽车。例如奔驰、布加迪等。当然，采用这种定价法必须慎重，若普通汽车滥用此法，搞不好便会失去市场。

4. 招徕定价策略

招徕定价策略是指企业将某种型号的汽车产品价格定得非常高或非常低，以此引起消费者的好奇心理和观望行为，吸引消费者，从而带动其他车型的销售的汽车定价策略。例如，企业在某一时期推出某款车型降价出售，过段时间又换另一种车型降价，吸引消费者时常关注该企业的产品，促进降价产品的销售，同时带动其他正常价格的汽车产品的销售。招徕定价策略常为汽车超市、汽车专卖店所采用。

采用招徕定价策略时，必须注意以下几点：

1）降价的车型应是消费者比较关注的，否则没有吸引力。
2）实行招徕定价的车型，品种规格要多，以便使消费者有较多的选购机会。
3）降价车型的降价幅度要大，一般应接近成本甚至低于成本。只有这样，才能引起消费者的注意和兴趣，才能激起消费者的购买欲望。
4）降价车型的数量要适当，若太多，企业亏损太大，太少则容易引起消费者的反感。
5）企业不可采取有价无车的欺骗行为，否则会引起消费者的抵触、反感情绪。

5. 分级定价策略

分级定价策略是在定价时，把同品牌的车型分为几个等级，不同等级的车型采用不同价格的一种定价策略。这种定价策略能使消费者产生货真价实、按质论价的感觉，容易被消费者接受；另外，在同样的价格内消费者有选择的余地，成交机会较大。而且，这些不同等级的汽车若同时提价，对消费者的质量价值观冲击不会太大。企业在采用分级定价策略时应注意，产品等级的划分要适当，级差不能太大或太小，否则收不到应有的效果。例如，款式差价定价方法就是一种分级定价策略。

4.4.4 针对汽车产品组合的定价策略

汽车产品组合是指一个企业所生产经营的全部汽车产品线和产品项目的组合。对于生产经营多种车型的企业来说，定价须着眼于整个产品组合的利润实现最大化，而不是追求单个车型的价格。

一个汽车企业往往会有多个系列的多种车型同时生产和销售，这些车型之间的需求和成本是相互联系的，相互之间又存在一定程度的替代、竞争关系，定价时应结合关联的产品组合制定产品的价格系列，使产品组合的利润最大化。这种定价策略主要有以下两种情况：

1. 同系列汽车产品组合定价策略

该策略也就是把一个企业生产的同一系列的车型作为一个产品组合来定价。为了吸引消费者，可以选定某一车型将其价格定得较低；同时又选定某一车型将其价格定得较高，在该系列汽车产品中充当品牌价格，以提高该系列汽车的品牌效应。

同系列汽车产品组合定价策略与分级定价策略有部分相似，但前者更注重系列产品作为产品组合的整体化，强调产品组合中各汽车产品的内在关联性。

2. 附带选装配置的汽车产品组合定价策略

这种定价策略是指汽车产品的配置可以由用户进行某些选择时，把汽车产品与可供选装的配置看作产品组合来定价。这种情况在汽车经销企业中应用较多。例如，汽车消费者可以选装 ABS、助力转向、中央门锁、电动车窗、电动后视镜等。汽车企业首先确定产品组合中应包含的选装配置产品，其次再对汽车及选装配置产品进行统一合理的定价。例如，汽车价格相对较低，而选装配置的价格相对稍高一些，这样既可吸引消费者，又可通过选装配置来提高企业的利润。

4.4.5 基于消费者感知的汽车定价策略

影响定价的主要因素包括成本、竞争者和消费者（需求），或者说价格是本企业与竞争对手及消费者之间博弈的结果，这就是定价的 3C 基本原理，如图 4-5 所示。

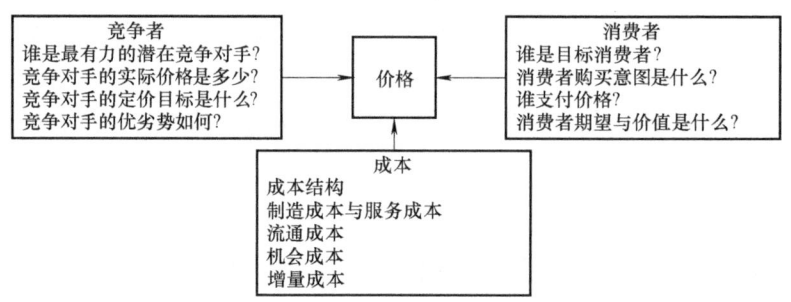

图 4-5 定价的 3C 基本原理

在实际的汽车新产品定价过程中，往往需要参考多方面的因素，既要考虑到产品的成本导向（依据厂家的成本及其预期投资回报率来制定价格），又要考虑到竞争导向（依据竞争环境，特别是竞争产品的价格来制定价格），更要考虑到汽车价格的消费者感知（依据消费者对价格的反应和接受能力来制定价格）。本书在定价的 3C 基本原理的基础上，集合了成本、消费者和竞争者，兼顾了定价目标、市场状况、消费者需求、成本导向、竞争导向等，提出了一种基于消费者感知的汽车定价策略，如图 4-6 所示。

1. 搜集资料和整理市场状况

要保证汽车产品定价的科学性、合理性，企业在定价前必须广泛地搜集相关资料并进行整理，如市场对汽车产品的需求状况资料、汽车产品的生产和经营方面的资料、汽车比价和差价因素资料、竞争对手的相关资料、当前国家经济政策和相关法规资料、商品因素资料、消费者需求资料、消费者心理因素资料等。

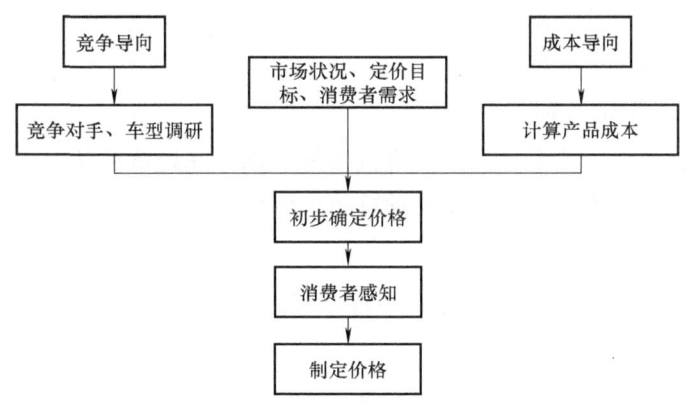

图 4-6 基于消费者感知的汽车定价策略

2. 确定定价目标

汽车生产企业在制定汽车产品价格时，首先就要确定企业的定价目标。定价目标是汽车生产企业进行价格决策的依据，任何企业都不能孤立地制定价格，而必须按照企业的市场营销目标及市场战略目标的要求来进行。

一个企业对它的定价目标越明确，制定价格就越容易。对于利润、销售收入、市场占有率等这类目标，每一种可能的价格都会收到不同的效果。

3. 确定需求对象和目标市场

汽车产品价格的高低，对需求和营销目标都会产生不同的影响。汽车产品价格与需求对象之间存在着密切关系，不同的价格水平会产生不同的需求对象。一般来说，当测定的汽车产品需求对象弹性较大时，采取低价策略可以吸引更多消费者，取得较大利润；当需求对象弹性较小时，汽车生产企业可适当提高价格来增加利润。但是，不管采取低价策略还是高价策略，都应顾及同行协作企业的反应。

4. 估算成本

成本是企业定价的基础，在很大程度上需求决定着企业为汽车产品制定的价格的上限，成本则是价格的下限。企业要制定的价格，应尽可能覆盖汽车产品的生产成本和销售成本，还应包括人员的努力和承担风险的合理的报酬补偿。总之，估算成本既要掌握产品成本的构成，又要研究成本如何随生产经营规模的变化而变化，以利于在实际工作中不断降低成本。

5. 分析竞争对手的价格和提供的产品

企业在定价时还应该考虑竞争对手的价格。竞争对手的价格以及它们对本企业价格所做出的反应也是企业定价的一个重要因素。企业必须要对每一个竞争对手提供的价格及其产品质量情况有所了解，还可以询问购买者，询问他们对于企业竞争对手所提供的产品价格和质量有什么看法。

6. 初步确定价格

不同企业、不同时期、不同产品在定价时考虑的因素有所不同，因而采用的定价方

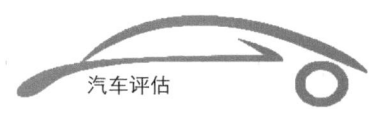

法也各不相同。一般来说，企业定价要考虑成本、需求、竞争等主要因素，选择一个既能创造利润又能实现需求的价格。

7. 依据消费者感知，选择定价策略

如何选择定价策略，关系到企业定价目标的实现。在经营活动中，企业为了适应市场，必须关注消费者的感知，才能在市场竞争中取得最佳经济效益。

8. 确定最终价格

定价策略选定以后，企业在确定最终价格时，还要考虑一些其他影响产品定价的因素。

4.4.6 产品价值和价格的四种组合策略

产品价值与价格密不可分。在市场经济的环境中，一个产品总是面向某一个目标市场的。产品价值与价格的组合是营销战略中最具决定因素的内容。产品价值和价格的组合一旦确定，就在客观上决定了目标市场的范围，同时也把某些细分市场排除出目标市场。下面所说的"值"是"价值"。"价值"不是单指产品的制造质量或某种功能，而是一个相对综合性的概念，包含制造质量、品牌、相关服务等产品的多种内涵。下面把产品价格组合分为四种：高价值高价格（高值高价）、高价值低价格（高值低价）、低价值高价格（低值高价）、低价值低价格（低值低价）。

1. 高值高价

高价格的产品一定要以高价值作为基础，否则会严重损害产品的价值。只有领导型品牌才能实行高值高价策略。领导型品牌既可以在高端市场也可以在低端市场实行此策略。但由于高端市场与低端市场特性不同，在低端市场得到的市场占有率会比较小。

2. 高值低价

一个企业可以在实力较弱的时候，采取高值低价策略来实现积累，做好准备，最终实现高值高价策略，或者能够在两种策略间进行自由选择，而不是被迫接受"高值低价"。

以通用汽车为例，通用汽车在刚进入中国市场时，也是二线品牌，因此它推出的汽车也同样采取了"高值低价"策略，必须在性价比上优于那些领先的竞争对手，否则无法建立市场地位。

但是，一旦通用汽车在中国完成了销售网络、售后服务体系、零配件供应体系的建设，它就不再采取高值低价策略，而是转而采取高值高价策略，正如它在美国市场那样。在中国市场的高值低价策略仅仅是一个过渡阶段的权宜之计，因为它需要这个阶段来建设好整个生产和销售平台。

3. 低值高价

低值高价产品的存在，归根结底是市场不成熟的表现，优胜劣汰之前会有个鱼目混珠的阶段。主要有两种原因：①由于供需关系导致价值与价格偏离，如在垄断行业即是如此；②由于信息不对称导致企业短期行为。

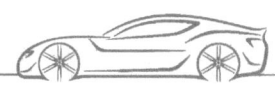

4. 低值低价

低值低价分为两种：①产品实际价值低，价格也低；②把产品中"无用"的价值剥离，价格虽然低，但是与产品价值相符。

低值绝不等同于劣质。低值低价的原因就是基于市场的需要，主要针对那些对价格敏感、更喜欢实惠的消费者。

4.4.7　制定汽车价格策略应注意的问题

企业都以盈利为目的，而利润最大化是其重要目标。国内汽车业存在一定的盈利空间，并逐渐与国际水平接轨，这是不可避免的趋势。目前几乎所有的国际大型汽车厂商都已进入我国，竞争态势越来越激烈。而我国又是全球潜力最大的新兴市场，几乎所有的厂商都想借这几年跑马圈地，必要时自然会采取降价措施。而且随着市场变动加快，价格的变动也越来越频繁，以前一两年调一次价，现在根据市场需要，可能一两个月就要调一次。但是降价并不能孤立地使用。

那么商家如何有效地运用价格这一利器制定汽车价格策略？在具体的操作中应该注意那些问题呢？

1. 要建立、健全组织机构和制度

要保障一个价格策略的顺利实施，就要建立一个健全而强有力的组织机构或协调小组。该机构的主要任务就是完成先期的市场调研，找出合适的主题，制定具体的活动方案，理顺相关渠道，加强对有关人员的培训，同时要保障促销产品及相关活动资源在促销期间能得以充分供应。在价格策略实施期间，该机构还要对活动进行监控、考核与评估，解决突发问题并进行有关信息的汇总反馈等。同时，企业即使有好产品、政策，缺乏科学的监督管理体制支持政策、制度的有效执行，也是不可取的。一般企业不缺少制度，缺少的是保证制度、政策有效执行的监督管理制度。

2. 要设计销售价格结构，建立经销商、批发商、零售商的激励体系

良好的价格结构能有效推动产品在渠道中的流动。一般建立价格体系，应详细规定出厂价、批发价、零售价；同时也要建立有效的奖罚制度。另外，维护经销商的合法利益是渠道稳定的前提。经销商得到满足的同时，也会帮助企业维护市场秩序。在制定利益分配制度时，除制定合理的价差空间外，还要给与一定的奖励，有效激励它们的工作。建立激励体系时，关键要考虑"度"的问题，即什么形式、什么条件下给与激励，同时给与多大的奖励，必须考虑清楚，以免经销商将奖励打入流通价格，影响价格体系稳定。

3. 要明确价格促销的目的，有计划地降价

有研究表明，高质量品牌促销对低质量品牌销量的影响要远大于低质量品牌促销对高质量品牌销售的影响，也就是说高质量品牌在开展促销活动时，从低质量品牌那里吸引来的品牌转换者数量要远远大于低质量品牌开展促销时从高质量品牌那里吸引来的消费者数量。因此，对于高品牌资产的汽车来说，促销是更有力的竞争手段，但如果经常采用这种手段的话，其效果将会大打折扣。

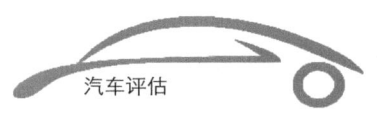

价格促销的目的有多种：有的是应对竞争对手的活动；有的是提高知名度，增加销售；有的是处理库存商品；有的是吸引新的消费者，回报忠诚顾客；有的是与厂家联合让利消费者。总之，对于汽车制造商和经销商来言，应尽量避免将价格促销作为一种竞争手段，否则将会陷入价格战的恶性循环。汽车降价一定要有计划，不能脱离市场，一味降价，无论降或不降，以及降多降少都要在以利润最大化的前提下来采取行动，同时积极地开发其他优势来参与竞争。

4. 要提出吸引消费者关注的主题

使用定价策略，一定要经过深思熟虑。在什么时候降价，一年使用多少次，都不能随心所欲。如果价格调整频度过高，就会使消费者产生只等价格促销时购买、平时就在守望的心态。同时价格促销不一定能赢得时下理智且成熟消费者的心，即使能促进一时的销售，产生一些泡沫效应，但这泡沫终有一天会破灭。汽车产品往往通过改变规格或者增加配置实现车型更新，来增加卖点。但是也应该注意一些问题。例如要避免出现类似桑塔纳3000的失败，其从外形上没有多少变化，即使有技术的改进，对消费者形不成直接的价值感知，消费者期待落空，就会转而购买其他汽车，没有达到吸引消费者的目的。

5. 要不断创新和发展新的营销模式

汽车营销是近几年各行业中发展速度最快的专业化营销。国内的汽车营销已取得了较大的进步，这是有目共睹的，但与国外的同行业水平相比，相对滞后。因而，在目前国内汽车市场处于买方市场的状况下，建立科学有效的汽车营销模式显得尤为迫切。例如，德国宝马公司除了利用大量的印刷品和电视媒体做广告之外，还充分利用体验式营销的原理，为自己的产品做宣传。它邀请部分地区的公众参与宝马汽车的驾驶研究活动，在整个活动中把每个成员的谈话和感受用摄像机记录下来，在日后的宣传活动中播放公众的真实体验和赞不绝口的表情，客户更能接受这些实实在在的信息，这为宝马做了最好的宣传。又如，日本的丰田公司长期赞助各项赛车运动，给人的印象颇为深刻。我们应该利用现代营销的方法，改变陈旧的干扰式营销的模式，主动贴近消费者，增加人性化的宣传，把消费者的被动接受信息转变成为主动获取信息，使营销不再成为简单的广而告知。

4.5 新汽车评估实例

4.5.1 新汽车评估方法与步骤

因为新汽车的评估方法通常都采用市场价格法，所以新汽车的评估步骤也遵循市场价格法的评估步骤，具体如下：

1）采集与被评估汽车同类型汽车的技术参数、性能指标、配置情况及价格。
2）选择参照车型。
3）对被评估汽车与参照汽车进行试驾。

4）比较被评估汽车与参照汽车的品牌、性能和结构特点、配置的差异。
5）收集被评估汽车与参照汽车的价格走势。
6）了解并分析被评估汽车的定价目标、方法和策略。
7）差异量化与评估。

4.5.2 实例：评估宝马3系（2013版）320L：豪华型

1. 采集与被评估汽车同类型汽车的技术参数、性能指标、配置情况以及价格

通过市场调研，得出市场上与其同类型（基本配置、高端品牌）的汽车的相关性，见表4-3。

表4-3 几款同类型车比较

品牌车型	宝马3系(2013版) 320Li 豪华型	奥迪A4L(2012版) 2.0TFSI 豪华型	大众CC(2012版) 2.0TSI 至尊型	别克君越(2012版) 2.0T 旗舰版
尺寸/mm（长×宽×高）	4734×1811×1455	4763×1826×1426	4799×1855×1417	5000×1858×1497
轴距/mm	2920	2869	2712	2837
装备质量/kg	1540	1615	1545	1765
行李舱容积/L	480	480	532	—
发动机型号	N20B20	EA888	EA888	LDK
最大功率/kW	135	132	147	162
最大转矩/N·m	270	320	280	350
百公里油耗/L	6.9	7.8	8	9.8
燃油标号	95	95	5	92
油箱容积/L	60	65	70	70
最高车速/(km/h)	235	225	230	230
变速器	8档手自一体	CVT无级变速	6档双离合	6档手自一体
驱动方式	FR	FF	FF	FF
ABS	有	有	有	有
转向助力	有	有	有	有
轮胎规格	225/50 R17	245/45 R17	235/45 R17	245/45 R18
气囊	有	有	有	有
后座安全带	有	有	有	有
高位制动灯	有	有	有	有
防盗系统	有	有	有	有
中控门锁	有	有	有	有
倒车雷达	有	有	有	有
真皮座椅	是	是	是	是

2. 选择参照车型

从表4-3可以看出，其余三款车型在各项性能指标上与被评估车型均为相近水平，

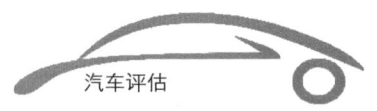

三款车型属于同代同档次车型,皆可用作于本次评估参照物。

3. 对被评估汽车与参照汽车进行试驾

试驾结果见表 4-4。

表 4-4 试驾结果

品牌车型	宝马 3 系(2013 版) 320Li 豪华型	奥迪 A4L(2012 版) 2.0TFSI 豪华型	大众 CC(2012 版) 2.0TSI 至尊型	别克君越(2012 版) 2.0T 旗舰版
加速性(百公里加速时间/s)	7.9 第二	8.4 第三	8.6 第四	7.8 第一
油耗(综合)/L	6.9 最低	7.8 第二低	8 第三低	9.8 最高
高速噪声	最低	第三大	最大	第二大
操纵稳定性	良好	良好	良好	较好

4. 比较被评估汽车与参照汽车的品牌、性能和结构特点、配置的差异

被评估汽车在品牌上与参照物均为当年较受欢迎的豪华型 B 级车,为中高配置,而在性能、结构特点和配置上与参照汽车有些许差异,见表 4-5。

表 4-5 被评估汽车与参照汽车的品牌、性能和结构特点、配置的差异比较

品牌车型	宝马 3 系(2013 版) 320Li 豪华型	奥迪 A4L(2012 版) 2.0TFSI 豪华型	大众 CC(2012 版) 2.0TSI 至尊型	别克君越(2012 版) 2.0T 旗舰款
驻车制动类型	手动式制动	电子驻车	电子驻车	电子驻车
驱动方式	FR	FF	FF	FF
零胎压继续行驶	有	无	无	无
定速巡航	无	有	有	有
随动转向前照灯	无	有	有	有

被评估汽车与参照汽车的差别具体表现在以下方面:

1)被评估车辆在所有车型中油箱容积相对较小,有的购买者会有所考虑,对生产厂定价会有一定的影响。

2)被评估车辆驻车制动类型是手动式制动,技术含量比较低,成本就降低了,同时驻车效果安全可靠,购买者会考虑这一点。

3)所有车型中只有被评估车辆是发动机前置后轮驱动,这使得动力性相对较好,对喜欢动力的购买者起促进作用,但其生产成本有所提高。

4)被评估车辆安装"防爆轮胎"可以零胎压继续行驶,防止意外爆胎后轮胎失去支撑力,这种轮胎不同等级的价格不同,车辆生产成本会提高。

5)定速巡航和随动转向前照灯也是影响生产成本的基本因素。

5. 收集被评估汽车与参照汽车的价格走势

被评估汽车与参照汽车的价格比较见表 4-6。

表 4-6 被评估汽车与参照汽车的价格比较

品牌车型	宝马 3 系(2013 版) 320Li 豪华型	奥迪 A4L(2012 版) 2.0TFSI 豪华型	大众 CC(2012 版) 2.0TSI 至尊型	别克君越(2012 版) 2.0T 旗舰款
最初上市时间	2012 年 7 月	2011 年 8 月	2012 年 3 月	2012 年 2 月
最初上市价格(万元)	39.9	39.9	30.28	31.29
已上市时间/月	3	14	7	8
评估基准时价格(万元)	39.9	39.9	30.28	31.29
平均每月降价(元)	0	0	0	0
现价占最初上市价百分比(%)	100	100	100	100

由于几款车型属于高级轿车类型,且上市时间不长,除了一些优惠活动外,在车辆市场价格方面没有太大变化。

6. 了解并分析被评估车辆的定价目标、方法和策略

(1) **评估汽车的定价目标** 被评估车辆品牌属于高端品牌,在汽车领域处于领导地位,质量、口碑都是靠前的,市场占有率较大,竞争力强,该车型又是新车型,因此应以利润为导向,可以采用目标利润作为定价目标。

(2) **评估汽车的定价方法** 高级车辆,普通家庭不会选择购买,其市场需求会降低,而生产成本偏高,因此定价方法应该考虑成本导向较为适宜。

(3) **评估汽车的定价策略** 由于评估车辆的品牌效应,在定价上不用过分考虑声望、需求量和竞争者,在策略上可以适当采用价格尾数定价策略和同系列车组合定价策略。

7. 差异量化与评估

由于被评估车辆属高级轿车,与参照车辆在配置、材料、参数和技术方面各有优劣,难以具体为数字,因此差异量不好确定。

参照汽车平均值为 33.82 万元,而被评估车辆市场价格为 39.9 万元。

综上,评估结论如下:

1) 8 档手自一体变速器可以承受更多的转矩,因此加速更快,受性格活泼人群的喜爱。

2) 采用 F30 底盘,底盘调教得较为硬朗,增加了驾驶乐趣,虽然发动机功率在同级别的车型中表现得不算优秀,但是在过弯的过程中会感受出不一样的乐趣,喜欢驾驶的年轻人会爱上它。

3) 改款的 F30 底盘拥有更长的轴距,相较于其他车型轴距较长,后排的乘用空间也相较于其他车型大,乘坐起来舒适,更加迎合中国消费者的消费心理。

4) 被评估车辆百公里综合油耗相比于参照车型小,燃油经济性较好。

5) 被测评车辆搭载轮胎具有零胎压续行的功能,后期的养护费用较高,且由于轮胎过硬,易导致冬天车轮打滑,增大胎噪,降低对路面细小不平整的过滤,降低乘坐舒适性。

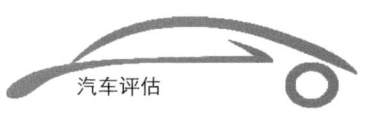

6）被评估汽车无后排侧气囊，无膝部气囊。

7）被评估车辆属于豪华型 B 级车，基础配置不是很完善，需要选装，不适用于普通家庭。

8）此车的竞争对手主要为同为豪华型 B 级车的奥迪 A4L 及其他的 B 级豪华型轿车。

从定价目标、方法和策略看，被评估车有很小的降价空间，大致在 1 万元。

思 考 题

1. 分析新汽车的价格构成及影响因素。
2. 新汽车的定价目标有哪些？
3. 新汽车成本导向定价法有哪几种？
4. 分析几种新汽车定价策略的区别。

第5章　旧汽车鉴定评估

5.1　资产评估

5.1.1　资产评估的概念

资产评估是市场经济的产物，其业务涉及企业间的产权转让、资产重组、破产清算、资产抵押以及财产保险、财产纳税等经济行为。经过100多年的发展，资产评估已经成为现代市场经济中发挥基础性作用的专业服务行业之一。

1. 资产评估要素

资产评估经历了上百年的发展，评估范围在不断扩展，现在资产评估不仅已成为一个独立的行业，而且已成为一个约定俗成的概念和专业术语。目前学术界和业界对资产评估达成共识的表述为：资产评估是专业机构和人员，按照国家法律、法规和资产评估准则，根据特定目的，遵循评估原则，依照相关程序，选择适当的价值类型，运用科学方法，对资产价值进行分析、估算并发表专业意见的行为和过程。

资产评估作为一种评价过程，要经历若干评估步骤和程序，同时也会涉及以下基本的评估要素：

（1）**评估主体**　评估主体即从事资产评估的机构和人员，他们是资产评估工作的主导者。我国对汽车评估机构和人员有严格的要求和限制。

（2）**评估客体**　评估客体即被评估的资产，它是资产评估的具体对象，也叫评估对象。汽车评估客体不仅仅是车辆本身，有时还包括与车辆相关的无形资产，如评估长途客运车辆时，往往还包括线路营运权等。

（3）**评估目的**　评估目的即资产业务引发的经济行为对资产评估结果的要求或资产评估结果的具体用途。它直接或间接地决定和制约资产评估的条件，以及价值类型的选择。

（4）**评估依据**　评估依据即资产评估工作所遵循的法律、法规、经济行为、文件、重大合同协议以及收费标准和其他参考依据。

（5）**评估原则** 评估原则即资产评估的行为规范，是调节评估当事人各方关系、处理评估业务的行为准则。

（6）**评估程序** 评估程序即资产评估工作从开始准备到最后结束的工作程序。

（7）**评估价值类型** 评估价值类型即对评估价值的规定，它对资产评估参数的选择具有约束性。

（8）**评估方法** 评估方法即资产评估所运用的特定技术，是分析和判断资产评估价值的手段和途径。

（9）**资产评估假设** 资产评估假设即资产评估得以进行的前提条件假设等。

（10）**资产评估基准日** 资产评估基准日即资产评估价值对应的时点。

2. 资产

资产是指经济主体拥有或者控制的、能够以货币计量并给经济主体带来经济效益的经济财物，包括房屋、土地、机器设备等有形物，以及商标权、专利权、特许经营权等无形物。"资产"与"财产"的含义是基本相同的，不过前者多用于经济，而后者多用于法律。严格来讲，资产和财产在含义上是有区别的。财产是金钱、财物及民事权利、义务的总和。其本质是一种权利，即对一物占有、享用和处置的独占权利，或者说是判断一经济物品的排他性权利，它是从法律角度去认识财物和权益的。而资产是从经济学角度去认识有价值的财产和权益的，其本质在于它可用于取得未来的利益或是未来事业的源泉。没有法律效力的财物和权益虽然有价值，但未必是财产；而有法律效力的财产一般来讲都是资产。因此，资产往往以财产的面貌出现。在论及某单位、某个人的资产时，它与财产没有严格的区别。在企业生产中，只有作为生产要素投入生产经营活动的财产才具有增值的要求，而其他财产则不具有这种要求。

资产在资产评估中是最基本、最重要，也是使用频率较高的一个概念，理论界对此尚无统一定义。经济学中的资产泛指特定经济主体拥有或控制的，能够给特定经济主体带来经济利益的经济资源。会计学中的资产是指过去的交易或事项形成并由企业拥有或控制的资源，该资源预期会给企业带来经济利益。在国际评估准则中，强调资产的权益——"评估工作的对象与其说是有形资产或无形资产，不如说是有形资产或无形资产的所有权或所有者的权益"。而《美国评估行业统一执业标准》（the Uniform Standards of Professional Appraisal Practice，USPAP）虽然没有对资产定义的描述，但却将资产划分为不动产、动产、无形资产和珠宝首饰等，它们强调"资产的权利事实"。评估学中所说的资产既具有经济资源的属性，强调收益性，又强调权利构成。

根据我国资产评估师资格全国统一考试辅导教材对资产的解释，资产具有以下三个基本特征：

1）资产必须是经济主体拥有或控制的，依法取得财产权利是经济主体拥有并支配资产的前提条件。

2）资产是能够给经济主体带来经济利益的资源，即可能给经济主体带来现金流入的资源。也就是说，资产具有能够带来未来利益的潜在能力。

3）资产必须能以货币计量，也就是说资产价值能够运用货币进行计量，否则不能作为资产确认。

资产作为资产评估的客体，存在多种多样的形式，为了科学地进行资产评估，可以对资产进行以下适当的分类：

1）按资产存在形态分类，可以分为有形资产和无形资产。有形资产是指那些具有实物形态的资产，包括机器设备、房屋建筑物和流动资产等。由于这类资产具有不同的功能和特性，在评估时应分别进行。无形资产是指那些没有实物形态，但在很大程度上制约着企业物质产品生产能力和生产质量，直接影响企业经济效益的资产，主要包括专利权、商标权、非专利技术、土地使用权、商誉等。

2）按资产的构成和是否具有综合获利能力分类，可以分为单项资产和整体资产。单项资产是指单台、单件的资产，整体资产是指一组单项资产组成的具有整体获利能力的资产综合体。

3）按资产能否独立存在分类，可以分为可确指的资产和不可确指的资产。可确指的资产是指能独立存在的资产，前面所列示的有形资产和无形资产，除商誉以外都是可确指的资产；不可确指的资产是指不能脱离企业有形资产而单独存在的资产，如商誉。商誉是指企业基于地理位置优越、信誉卓著、生产经营出色、劳动效率高、历史悠久、经验丰富、技术先进等原因，所获得的投资收益高于一般正常投资收益率所形成的超额收益资本化的结果。

4）按资产与生产经营过程的关系分类，可以分为经营性资产和非经营性资产。经营性资产是指处于生产经营过程中的资产，如企业中的机器设备、生产用厂房、交通工具等。经营性资产又可按是否对盈利产生贡献分为有效资产和无效资产。非经营性资产是指处于生产经营过程以外的资产。

5）按现行企业会计制度及其资产的流动性分类，可以分为流动资产和非流动资产等。

3. 价格与价值

资产评估理论中的价格是指在特定的交易行为中特定买方和卖方对商品或服务实际支付或收到的货币数额。价格是一个历史数据或事实。

资产评估理论中的价值属于交换价值范畴，它反映了可供交易的商品、服务与其买方、卖方之间的货币数量关系。资产评估中的价值不是一个历史数据或事实，它只是专业人士根据特定的价值定义在特定时间内对商品、服务价值的估计。

资产评估的目标是判断评估对象的价值而不是评估对象的实际成交价格。

5.1.2 资产评估的目的

资产评估的目的有一般目的和特定目的之分，一般目的包含特定目的，而特定目的是一般目的的具体化。

1. 资产评估的一般目的

资产评估的一般目的或资产评估的基本目标是由资产评估的性质及其基本功能决定的。资产评估的目的是指资产评估行为所服务的经济活动，也即估价结果的期望用途。进行资产价值的评估，一般是为了给资产的买卖、租赁、抵押、保险理赔、课税、征用

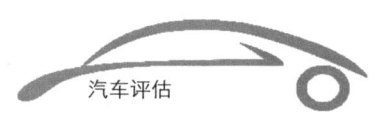

补偿、拍卖底价、分割或合并、损害赔偿等行为提供可参考的价值基础。至于个人之间是否必须进行资产评估,应根据资产业务当事人的意愿和具体情况而定。对国有资产业务的资产评估,国家做了明确的规定。资产评估作为一种专业人士对特定时点及特定条件约束下资产价值进行估计和判断的社会中介活动,它一经产生就具有为委托人以及资产交易当事人提供合理的资产价值咨询意见的功能。不论是资产评估的委托人还是与资产交易有关的当事人,他们所需要的无非是评估师对资产在一定时间及一定条件约束下公允价值的判断。如果暂且不考虑资产交易或引起资产评估的特殊需求,资产评估所要实现的一般目的只能是资产在评估时点的公允价值。

公允价值是一个有着广泛意义的概念,是会计、资产评估等专业和行业广泛使用的专业术语。资产评估中的公允价值是一个相对抽象的价值概念。它是对评估对象在各种条件下与评估条件相匹配的合理的评估价值的抽象。评估对象在各种条件下与评估条件相匹配的合理的评估价值,是泛指相对于当事人各方的地位、资产的状况及资产面临的市场条件的合理的评估价值。它是评估人员根据被评估资产自身的条件及其面临的市场条件,对被评估资产客观价值的合理估计值。资产评估中公允价值的一个显著特点是,它与相关当事人的地位、资产的状况及资产所面临的市场条件相吻合。

2. 资产评估的特定目的

资产评估作为一种资产价值的判断活动,总是为满足特定资产业务的需要而进行的。我国资产评估实践表明,资产业务主要有资产转让,企业兼并,企业出售,企业联营,股份经营,中外合资、合作,企业清算,担保,企业租赁,债务重组等。

(1) **资产转让** 资产转让是指资产拥有单位有偿转让其拥有的资产,通常是指转让非整体性资产的经济行为。

(2) **企业兼并** 企业兼并是指一个企业以承担债务、购买、股份化和控股等形式有偿接收其他企业的产权,使被兼并方丧失法人资格或改变法人实体的经济行为。

(3) **企业出售** 企业出售是指独立核算的企业或企业内部的分厂、车间及其他整体资产产权出售的行为。

(4) **企业联营** 企业联营是指国内企业、单位之间以固定资产、流动资产、无形资产及其他资产投入组成各种形式的联合经营实体的行为。

(5) **股份经营** 股份经营是指资产占有单位实行股份制经营方式的行为,包括法人持股、内部职工持股、向社会发行不上市股票和上市股票。

(6) **中外合资、合作** 中外合资、合作是指我国的企业和其他经济组织与外国企业和其他经济组织或个人在我国境内举办合资或合作经营企业的行为。

(7) **企业清算** 企业清算包括破产清算、终止清算和结业清算。

(8) **担保** 担保是指资产占有单位以本企业的资产为其他单位的经济行为担保,并承担连带责任的行为。担保通常包括抵押、质押、保证等。

(9) **企业租赁** 企业租赁是指资产占有单位在一定期限内,以收取租金的形式,将企业全部或部分资产的经营使用权转让给其他经营使用者的行为。

(10) **债务重组** 债务重组是指债权人按照其与债务人达成的协议或法院的裁决同意债务人修改债务条件的事项。

5.1.3 资产评估的种类和特点

1. 资产评估的种类

由于资产种类的多样化、资产业务的多样化,以及资产评估委托方及其相关当事人对资产评估内容及其报告需求的多样化,资产评估也相应出现了多种类型。

1)按资产评估对象的构成和获利能力划分,资产评估可具体划分为单项资产评估和整体资产评估。对以单项可确指的资产为对象的评估称为单项资产评估,如机器设备评估、土地使用权评估、建筑物评估、无形资产评估等;对若干单项资产组成的资产综合体所具有的整体生产能力或获利能力的评估称为整体资产评估,最为典型的整体资产评估就是企业价值评估。单项资产评估和整体资产评估在评估的复杂程度和需要考虑的相关因素等方面有较大差别,整体资产评估更为复杂,需要考虑的因素更为全面。

2)按引起资产评估的经济行为划分,资产评估可划分为资产转让评估、企业兼并评估、企业出售评估、企业改制评估、股权重组评估、中外合资/合作资产评估、企业清算评估、税基评估、抵押评估、资产担保评估、债务重组评估等。

3)按资产评估服务的对象、评估的内容和评估者承担的责任等方面划分,资产评估还可分为一般评估、评估复核和评估咨询。

4)按资产评估面临的条件、资产评估执业过程中遵循资产评估准则的程度及其对评估报告披露要求的角度划分,资产评估可分为完全资产评估和限制性资产评估。

2. 资产评估的特点

理解资产评估的特点对提高资产评估的质量具有重要意义,一般来说,资产评估具有以下几方面的特点:

(1)**市场性** 资产评估是适应市场经济要求的专业中介服务活动,其基本目标就是根据资产业务的不同性质,通过模拟市场条件对资产价值做出经得起市场检验的评定估算和报告。

(2)**公正性** 公正性是指资产评估行为服务于资产业务的需要,而不是服务于资产业务当事人任何一方的需要。公正性的表现有两点:①资产评估按公允、法定的准则和规程进行,公允的行为规范和业务规范是公正性的技术基础;②评估人员是与资产业务没有利害关系的第三者,这是公正性的组织基础。

(3)**专业性** 资产评估是专业人员的活动,从事资产评估业务的机构应由一定数量和不同类型的专家及专业人士组成。一方面,这些资产评估机构形成专业化分工,使得评估活动专业化;另一方面,评估机构及其评估人员对资产价值的估计判断也都是建立在专业技术知识和经验的基础之上的。

(4)**咨询性** 咨询性是指资产评估结论是为资产业务提供专业化的评估意见,该意见本身并无强制执行的效力,评估师只对结论本身是否合乎职业规范要求负责,而不对资产业务定价决策负责。事实上,资产评估为资产交易提供的估价往往由当事人作为要价和出价的参考,最终的成交价取决于当事人的决策动机、谈判地位和谈判技巧等综合因素。

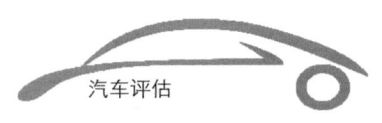

（5）**时点性** 所谓时点性，是指资产评估是对评估对象（即待评估资产）在某一时点的价值的估算。这一时点是所评估价值的适用日期，也是提供价值评估基础的市场供求条件及资产状况的日期，将这一时间点称为评估基准日。评估基准日相对于评估（工作）日期而言，既可以是过去的某一天，也可以是现在的某一天，还可以是将来的某一天。例如，现在（2020年9月10日至2020年10月2日）要评估一宗房地产的价值，根据委托人（客户）的要求，评估基准日可能是2019年12月18日，也可能是2020年10月10日，还可能是2021年4月25日。具体的评估基准日需要根据客户的资产业务要求，与客户协商确定，或者由客户指定。资产评估结果即评估价值，是反映资产在评估基准日这一时点的市场供求状况和资产状况下的资产价值，因而估价结果具有较强的时效性，很容易过时，这就需要不断地进行更新，以反映最新的市场信息。

（6）**预测性** 一般来说，一项资产之所以有价值，是因为预期其未来能够产生收益。一项资产的市场价值是对其未来产生的净收益的现实反映。因而通常是首先对资产预期能够产生的净收益进行预测，然后将各个时期的净收益预测值折现为现值后加和，来估算资产价值。既然是根据预测性假设进行评估，最后的评估结果也就带有不确定性。

资产评估不同于会计计价，这主要表现为：资产评估是由与资产业务无利害关系的评估主体，即独立的具有资产评估资格的社会中介机构，为资产的交易和投资提供公平的价值尺度，它反映的是资产在评估基准日的客观价值；会计计价一般是由企业的财会人员或个人理财人员为投资者、债权人和经营管理者提供资产价值信息的一种经常性工作，它以持续经营为前提，遵循的计价原则是历史成本原则。会计计价有时需要以评估价值为依据对资产的账面价值进行调整。

5.1.4 资产评估的作用

1. 建立和完善社会主义市场经济体制的客观需要

社会主义市场经济体制建立，客观上要求无论是产权的市场流转（出售、租赁），还是产权关系的调整（企业破产、兼并或实行股份制），都需要对企业资产进行价值评估，以保证在产权的流转变动中保护产权人的合法权益，从而为建立与完善社会主义市场经济体制创造基本条件。

2. 有利于优化产业结构、协调再生产的各个环节

在社会主义市场经济体制下，社会再生产的各个部门和各个环节之间的比例关系，除了以实物和使用价值的形态表现外，还必须从价值形态上平衡与协调。为此，必须对各部门、各环节上的资产进行价值评估。

3. 为设备更新改造提供依据

资产在生产过程中会发生有形损耗和无形损耗，其价值和使用价值也在发生着相应的变化。为了促进企业的科技进步，必须对企业的生产技术设备进行经常性的资产评估，分析其价值变化，以便为企业技术设备的更新改造提供科学的依据。

4. 促进资源优化配置与合理利用

优化配置与合理利用各类资产,加强资产管理,是提高企业和整个国民经济效益的重要基础。如果企业的资产账实不符,价值不清,就无法正确地提取折旧、计算成本与利润,必然掩盖或扭曲企业的真实经营状况。因此,要实现资源的优化配置与合理利用,必须把资产评估作为一项经常性的基础工作,有计划、定期地进行。

5.1.5 资产评估与清产核资的区别与联系

一般意义的清产核资,是指企业等经济主体(以下以企业为例)的所有权人对企业的各类资产(包括有形资产和无形资产)、所有者权益、负债进行确认的过程。对企业进行清产核资是企业所有权人在不对企业进行直接管理的前提下掌握企业经营状况的有效手段。

现实经济生活中,许多人对资产评估和清产核资两个术语不做区分,认为两者是一回事,其实两者是有区别的。

1. 资产评估与清产核资的区别

(1) **两者的任务不同**　清产核资主要是对企业资产的实物和各项债权、债务、资产报废销账和调入调出的手续进行清查,以做到账账相符、账实相符;资产评估则是将资产作为商品,评定其现时的价值。

(2) **两者的依据不同**　清产核资是以资产的历史成本为依据,而资产评估是以当前的市场价格确定资产的价值。

(3) **两者的要求不同**　清产核资是强化企业管理、实行经济核算的手段;而资产评估是产权发生转移、让渡、重组、合并,即资产发生流动时才需要进行的。

(4) **两者的行为主体不同**　清产核资是由资产占用单位自己进行的,而资产评估由第三者来承担。

(5) **两者的深度和广度不同**　清产核资只考虑资产本身的静态价值;而资产评估是一种动态的社会经济活动,不仅要考虑资产本身的价值,还必须考虑资产的预期收益和所获收益的时间价值,从动态和市场的角度评估资产的价值。

(6) **两者的工作范围不同**　清产核资只限于有形资产,而资产评估则对有形资产和无形资产进行评估。

2. 资产评估与清产核资的联系

资产评估与清产核资的联系主要表现在:两者一般都需要进行资产清查并重新确定资产账面价值,使账实相符,都会对资产管理产生积极作用。而且,在分类、分项对企业资产评估时,清产核资还是资产评估必不可少的基础工作。因此:①两者都要对资产进行全面的盘点,登记造册,做到账账相符、账实相符;②两者都要对资产盘亏盘盈,并分别进行处理等。

5.1.6 资产评估时应考虑的主要因素

影响被评估资产价值的因素举不胜举,除物理因素外,还有心理因素、社会因素、环境因素等,在此只讨论几个特别要注意的经济因素。

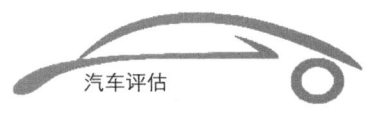

1. 效用

资产评估中的资产有典型的效用特征。效用是指资产满足人的欲望或需要的能力。一项资产是否有效用或效用的大小，以它能否满足和在多大程度上满足人的欲望或需要为条件。效用是被评估资产价值评定的前提。效用又因人、因时、因地而异。评估人员在评估时最首要的是了解资产对交易双方的真正效用，借此才能确定价值基点和估价调整方向。

2. 供求关系

经济学研究的主要内容之一是资源配置中的供求关系及不同条件下的供求平衡点。根据供给和需求曲线的关系，如果供给量是既定的：需求增加，商品价格就会上升；需求减少，商品价格就会降低。需求有两个条件：①购买者的意愿；②购买者的支付能力。这两个条件对价格的评估十分重要。仅有第一个条件，严格地说并不是需求，而是需要或欲望，但这种需要或欲望对市场影响较大，因而会影响着交易市场的资产价格走势。有实际支付能力的需求是同时满足两个条件的真正的需求，对资产价格评估结论的影响更大。这种影响只能通过被评估资产与其潜在购买者之间的关系才能体现出来。

资产评估中应注意供给与需求的关系：资产价格与需求成正比，但未必按固定比例变化；与供给成反比，也未必按固定比例变化。

3. 有效购买力

有效购买力就是指人们参与市场交易，满足自己需求的能力。资产只有在具有有效购买力的条件下才具有评估的价值。超过有效购买力的评估价值，几乎是没有意义的，最多作为名义价值予以标识，因而实质上并不是资产评估业务中习惯上的资产价值称谓。

4. 竞争

这是由供求关系派生出来的资产价值评估的影响因素。竞争分为买方之间的竞争和卖方之间的竞争。买方之间的竞争是指两个或两个以上可能的买方为争取购买同一项资产而引起的竞买，这种竞争可以导致资产价格的上升。卖方之间的竞争是指两个或两个以上可能的卖方为争取出售或变卖同一种资产而引起的竞卖，这种竞争可以导致资产价格下降。在资产评估中必须注意被评估资产所处的竞争环境，才能更准确地估定资产价格。

5.2 汽车资金的时间价值

5.2.1 资金的时间价值

资金的时间价值是指资金在生产和流通过程中随着时间的推移产生的数额增加值，是一定量资金在不同时点上的价值量的差额。也有专家认为：资金的时间价值是指当前所持有的定量货币比未来获得的等量货币具有的更高的价值。

对于资金的时间价值，可以从两个方面来理解。一方面，资金属于商品经济的范畴。在商品经济中，资金参与社会的再生产过程而不断运动，资金的运动伴随再生产流通的过程。由于劳动者在再生产过程中创造了剩余价值，从而使资金增值给投资者带来利润。因此，从投资者的角度来看，资金时间价值表现为资金在运动过程中的增值特性。另一方面，资金一旦用于投资，就不能用于消费，牺牲现期消费是为将来得到更多的消费。因此，从消费者的角度来看，资金时间价值表现为牺牲现期消费的损失所应得到的必要补偿。

对于一辆车来说，发生在车辆营运年限内的费用和收入等项目，是不能直接进行相关加减运算的。这样为了进行精确的运营情况的分析，要利用资金时间价值的理论来进行计算。

有了资金时间价值理论，我们就知道把不同时间点发生的现金流通过合适的方法换算成同一时间点的现金流，这样进行加减运算就变得更为科学和合理。对于车辆这种较长时间段的投资来说，进行科学的分析，不利用资金时间价值来进行评价，最终的结论就会欠妥当。

资金时间价值的含义对很多初学者来说是很难理解的，下面通过几个例子来说明。

> **例 5-1**　设年初购买一辆旧机动车，投资为 10 万元，年末估价为 15 万元；年初购买了另外一辆旧机动车，投资也是 10 万元，年末估价为 12 万元。显而易见，前者比后者赚取利润要大，更有吸引力。

> **例 5-2**　两项购买旧机动车的投资均为 10 万元，一项在第 1 年年末得 11 万元，另一项在第 2 年年末也得 11 万元。显然，第一项投资比第二项投资更有吸引力。也就是说，资金收回越早则效益越高。

> **例 5-3**　现有两项购买旧机动车的投资计划：一项投资为 10 万元，年末收入 12 万元；另一项投资 20 万元，两年后收入为 25 万元。仅从净收入来看，后一项比前一项更有利。然而，若考虑资金的时间价值，最好的方案取决于利率，而不是绝对收入。

5.2.2　相关概念

在进行资金时间价值在车辆营运过程中产生的费用和收入等相关项目的评价时，必须要学习收益、现值、终值、年金、折现率和时间等概念。

1. 收益

收益是指净收益流量，即现金流入量减去现金流出量。它尚未扣除投资的资本成本。表现收益大小的方式有以下两种：

（1）**收益的数额或金额**　例如一辆从事营运的汽车，一年内净收入 10 万元，10 万元就是这辆汽车的收益数额。

（2）**收益率**　收益率是指收益数额与投资数额的比率。它表明单位投资所得的收益。收益多少和投资大小有关。为了比较各项投资收益的大小，用收益率作标准。

$$收益率 = \frac{收益}{资本}$$

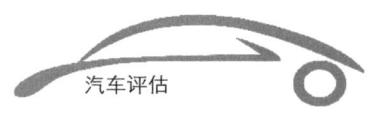

2. 现值

现值通常以字母 P 表示。它是指发生在（或折算为）某一特定时间序列起点的现金流量。

3. 终值

终值也称未来值或将来值，通常以字母 F 表示。它是指发生在（或折算为）某一特定时间序列终点的现金流量。

4. 年金

年金又称为等额序列值，通常以字母 A 表示。它是指发生在（或折算为）某一特定时间序列各时间期末（不包括零期）并且金额大小相等的现金流量序列。

5. 折现率

折现率通常用字母 i 表示。在经济分析中如果不做其他说明，一般指年利率或收益率。

6. 时间

这里的时间是指在等值计算中计算时间价值的期数，通常以年来计。

5.2.3 资金时间价值的计算公式

1. 现值与终值的变换公式

（1）已知现值、折现率和时间，求终值 已知现值 P、折现率 i 和时间 n，求终值 F。则 n 期末的终值 F 与现值 P 的关系为

$$F = P(1+i)^n$$

简记为

$$F = P(F/P, i, n)$$

式中 $(1+i)^n$——终值系数，记为 $(F/P, i, n)$，其值可通过查普通复利系数表求得，括号中斜线左侧的符号表示所求的未知数，斜线右侧的符号表示已知数，系数符号 $(F/P, i, n)$ 表示已知 P、i、n，求 F。

（2）已知终值、折现率和时间，求现值 已知终值 F、折现率 i 和时间 n，求现值 P。则现值 P 与 n 期末的终值 F 的关系为

$$P = F \frac{1}{(1+i)^n}$$

简记为

$$P = F(P/F, i, n)$$

式中 $\dfrac{1}{(1+i)^n}$ ——一次支付现值系数，简称贴现系数，记为 $(P/F, i, n)$。

2. 年金与终值的变换公式

（1）已知年金、折现率，求终值 已知每年现金流量为 A（年金），折现率为 i，求在 n 年内积累的资金总量 F，则年金 A 与终值 F 的关系为

$$F = A\frac{(1+i)^n - 1}{i}$$

简记为

$$F = A(F/A, i, n)$$

式中 $\frac{(1+i)^n - 1}{i}$ ——等额序列终值系数,记为 $(F/A, i, n)$。

(2) 已知终值、收益率,求年金 为了在 n 年内累积资金 F,收益率为 i,求每年的积累资金 A,即已知终值 F、折现率 i、时间 n,求年金 A,则有

$$A = F\frac{i}{(1+i)^n - 1}$$

简记为

$$A = F(A/F, i, n)$$

式中 $\frac{i}{(1+i)^n - 1}$ ——等额序列偿债基金系数,记为 $(A/F, i, n)$。

3. 年金与现值的变换公式

(1) 已知现值、折现率和时间,求年金 现在投资金额为 P、折现率为 i,要求在 n 年内全部收回投资,求每年收回的资金 A。即已知现值 P、折现率 i 和时间 n,求年金 A,则有

$$A = P\frac{i(1+i)^n}{(1+i)^n - 1}$$

简记为

$$A = P(A/P, i, n)$$

式中 $\frac{i(1+i)^n}{(1+i)^n - 1}$ ——资金回收系数,记为 $(A/P, i, n)$。

(2) 已知年金、折现率和时间,求现值 已知折现率为 i,n 年内每年回收金额为 A,求现在的投资 P。即已知年金 A、折现率 i、时间 n,求现值 P,则有

$$P = A\frac{(1+i)^n - 1}{i(1+i)^n}$$

简记为

$$P = A(P/A, i, n)$$

式中 $\frac{(1+i)^n - 1}{i(1+i)^n}$ ——等额序列现值系数,记为 $(P/A, i, n)$。

现将各公式及系数列于表 5-1。

表 5-1 公式及系数

系数名称	公式	用途	符号
终值系数	$(1+i)^n$	由现值求终值	$(F/P, i, n)$
一次支付现值系数(贴现系数)	$1/(1+i)^n$	由终值求现值	$(P/F, i, n)$

（续）

系数名称	公式	用途	符号
等额序列终值系数	$[(1+i)^n-1]/i$	由年金求终值	$(F/A,i,n)$
等额序列偿债基金系数	$i/[(1+i)^n-1]$	由终值求年金	$(A/F,i,n)$
等额序列现值系数	$[(1+i)^n-1]/[i(1+i)^n]$	由年金求现值	$(P/A,i,n)$
资金回收系数	$i(1+i)^n/[(1+i)^n-1]$	由现值求年金	$(A/P,i,n)$

5.2.4 计算举例

例 5-4 某单位欲购置一辆汽车从事营运业务。该车辆的剩余使用寿命为 6 年，购置全价为 80000 元。据预测，该车辆在使用过程中，每年的总费用支出为 20000 元，每年总收入为 60000 元。假定折现率为 10%，试在将车辆的购置全价折算为剩余使用期限内的年金的前提下，估算该车每年的净年金收入。

根据分析可知，这是一个已知现值求年金的问题。

据已知条件可知：折现率 $i=10\%$；时间 $n=6$ 年；现值 $P=80000$ 元。

由现值折算成年金为

$$A = 80000 \text{元} \times (A/P, 10\%, 6)$$
$$= 80000 \text{元} \times 0.22961$$
$$= 18368.8 \text{元}$$

上式中 $(A/P, 10\%, 6)$ 的值可通过查表取得，为 0.22961。

由于车辆的年收入为 60000 元，年费用支出为 20000 元，故该车的净年金收入为

$$60000 \text{元} - 20000 \text{元} - 18368.8 \text{元} = 21631.2 \text{元}$$

例 5-5 某单位欲购置一辆汽车从事营运业务。该车辆的剩余使用年限为 6 年，购置全价为 80000 元。据预测，该车辆在使用过程中年耗油费用为 10000 元，年维护费用为 5000 元，其他管理费为 10000 元，假定折现率为 10%，试估算该车辆的现值成本。

根据分析可知，这是一个已知年金求现值的问题。

据已知条件可知：折现率 $i=10\%$；时间 $n=6$ 年。

车辆每年所需费用合计为

$$10000 \text{元} + 5000 \text{元} + 10000 \text{元} = 25000 \text{元}$$

即年金 $A = 25000$ 元。

由年金折算成现值为

$$P = 25000 \text{元} \times (P/A, 10\%, 6)$$
$$= 25000 \text{元} \times 4.35526$$
$$= 108881.5 \text{元}$$

由于购置车辆时，一次性投资为 80000 元，故车辆的现值成本为

$$80000 \text{元} + 108881.5 \text{元} = 188881.5 \text{元}$$

5.2.5 车辆投资方案的选择

对旧车的投资目标方案进行分析比较，最后选定最佳方案的分析方法有很多，本节主要介绍两种简单易行的分析方法：净现值比较法和年金比较法。

1. 净现值比较法

净现值是指在生命周期内收入现值总额与支出现值总额的差额。它表示方案的纯经济效益，其实质可视为净收益的现值总额，若收入现值总额与支出现值总额的差额>0，则说明该方案能获得一定的投资收益，方案可行；若收入现值总额与支出现值总额的差额<0，则表示达不到预期的目的，方案不可行。在多方案选优时，若各方案的剩余使用年限相同，且投资者所追求的目标是获得最大的纯经济效益，则净现值最大的方案为最优。

在净现值比较法中，在生命周期内有收入现值总额和支出现值总额两项，假设生命周期内收入现值总额相同（或未知），这时，我们只要计算出支出现值总额，通过比较方案中支出现值总额的大小便可决定方案的取舍，这种方法称现值成本分析法。现值成本分析法是把方案在生命周期内的所耗成本（包括投资成本和使用成本）都换算为与其等值的现值成本，然后据此决定方案取舍的方法。

运用现值成本分析法的前提条件是各方案收益基本相同（或未知而假设相同）。

例 5-6 某人选购同档次不同牌号的车辆做出租营运用车，在市场上有三种不同的车辆可供选择，其投资和费用见表 5-2。假定标准收益率 i 为 10%，剩余使用年限均为 5 年，试问应选购哪一种牌号的车辆比较经济合理？

表 5-2 三种方案的车辆有关资料　　　　　　　　　（单位：元）

项目	A 车	B 车	C 车
车辆投资	80000	55000	48000
年耗油费用	10000	18000	21000
年维护费用	5000	9000	12000
年管理费等其他费用	10000	12000	16000

解 同档次的三种牌号车辆，所得收入相同（或未知而假设相同）时，我们只计算各车辆的现值成本，即车辆的投资与费用现值。通过比较三种牌号车辆的现值成本，具有最低现值成本的方案为最优方案。运用等额序列现值公式，三种牌号的车辆现值成本分别计算如下：

求 A 车的总现值成本：

A 车每年总花费 = 10000 元 + 5000 元 + 10000 元 = 25000 元

运用等额序列现值公式，将年总消费转化成现值成本：

25000 元 × $(P/A, 10\%, 5)$ = 25000 元 × 3.79079 = 94770 元

A 车总现值成本 = 80000 元 + 94770 元 = 174770 元

再求 B 车总现值成本：

B 车每年总花费 = 18000 元 + 9000 元 + 12000 元 = 39000 元

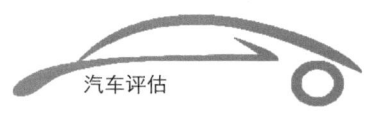

运用等额序列现值公式，将年总消费转化成现值成本：
$$39000 \text{元} \times (P/A, 10\%, 5) = 39000 \text{元} \times 3.79079 = 147841 \text{元}$$
$$B \text{车总现值成本} = 55000 \text{元} + 147841 \text{元} = 202841 \text{元}$$

最后求 C 车的总现值成本：
$$C \text{车每年总花费} = 21000 \text{元} + 12000 \text{元} + 16000 \text{元} = 49000 \text{元}$$

运用等额序列现值公式，将年总消费转化成现值成本：
$$49000 \text{元} \times (P/A, 10\%, 5) = 49000 \text{元} \times 3.79079 = 185749 \text{元}$$
$$C \text{车总现值成本} = 48000 \text{元} + 185749 \text{元} = 233749 \text{元}$$

通过计算比较可知，A 车总现值成本最小，因此选购 A 车。

从上例可以看出，买价低的车，不一定最省钱，只有通过收益和投入成本的全面认真分析才能做出正确的购买选择。

在使用该公式时，若方案中车辆剩余使用年限不相等，就不满足时间的可比性。这种情况下，一般不用净现值比较法，为了进行技术经济分析可用下述方法。

2. 年金比较法

年金比较法就是把所有现金流量化为与其等值的年金或年成本（不考虑收入时），它是用来评价方案经济效益的技术经济分析方法，在实际应用时，如果已知现金收入和支出，可用净年金法；如果只知支出，则可用年成本法比较。因而年金法又分为净年金法和年成本法。

（1）净年金法 当用净年金法进行方案比较时，若项目的收入和支出都已知，则可把它们均换算为与其等值的年金并求和。若净年金大于零，说明经济上可取，其中年金最大的方案即为最好的方案。

例 5-7 有两种可供选择的汽车，其有关资料见表 5-3，设 $i = 10\%$。

表 5-3 不同方案的汽车有关资料

	投资（元）	剩余使用年限/年	残值（元）	年总收入（元）	年总支出（元）	收益率
A 车	50000	5	0	60000	30000	10%
B 车	60000	7	2000	75000	40000	10%

解 根据净年金的概念有如下计算方法：

净年金 = 年总收入 − 年总支出 − 现值投资成本折算成年金 + 终值收益折算成年金

$$A \text{车净年金} = 60000 \text{元} - 30000 \text{元} - 50000 \text{元} \times (A/P, 10\%, 5)$$
$$= 30000 \text{元} - 50000 \text{元} \times 0.26380 = 16810 \text{元}$$

$$B \text{车净年金} = 75000 \text{元} - 40000 \text{元} - 60000 \text{元} \times (A/P, 10\%, 7) + 2000 \text{元} \times (A/F, 10\%, 7)$$
$$= 35000 \text{元} - 60000 \text{元} \times 0.20541 + 2000 \text{元} \times 0.10541 = 22886 \text{元}$$

计算表明：A、B 两方案均是可行方案，但 B 方案更优。B 方案的净年金值为 22886 元，表示除满足收益率 10% 外，每年还有 22886 元的净收益。

（2）年成本法 年成本法是用等值的平均年成本评价方案经济效益的技术经济分析方法。年成本最低的方案是经济上较优的方案。

例 5-8 可供选择的汽车方案 A 和 B，均能满足工作要求，车辆投资费用情况见表 5-4。假设收益率均为 10%。

表 5-4 车辆投资费用情况

	投资（元）	剩余使用年限/年	年维修费（元）
汽车 A	50000	4	5000
汽车 B	60000	6	8000

解 A 车年总成本 = 50000 元 × (A/P, 10%, 4) + 5000 元
　　　　　　　　　= 50000 元 × 0.31547 + 5000 元
　　　　　　　　　= 20774 元
　　　B 车年总成本 = 60000 元 × (A/P, 10%, 6) + 8000 元
　　　　　　　　　= 60000 元 × 0.22961 + 8000 元
　　　　　　　　　= 21777 元

通过计算比较，A 车年总成本更低，因而它是较好的方案。

5.3 旧汽车评估概述

5.3.1 旧汽车及其评估的定义和要素

现阶段在我国旧汽车也称为二手汽车，就是已经使用过的汽车。商务部、公安部、工商总局、税务总局令 2005 年第 2 号《二手车流通管理办法》中首次提出了二手车的概念，并给出了二手车的定义。二手车是指从办理完注册登记手续到达到国家强制报废标准之前进行交易并转移所有权的机动车（包括三轮汽车、低速载货汽车，即原农用运输车）、挂车和摩托车。办法中明确了"二手车"的内涵与"旧机动车"相同，在以往的国家正式文件上，一直没有出现过"二手车"，有的只是"旧机动车"。

本书中所谓的旧汽车就是指上了牌照的汽车，不是指那些破旧的汽车，是归属于"二手车"的各类汽车。

在国外，二手车也不等于旧车，有些国家对新车销售年限有严格的规定。例如，第一年生产 600 万辆新车，卖掉 500 万辆，剩下的 100 万辆，过了规定的一两年新车销售时间，就不能再进入新车的渠道销售，这些车就进入拍卖场，也就归入二手车一族了。

1. 旧汽车评估的定义

旧汽车评估也称作二手车评估，是指依法设立具有执业资质的二手车评估机构和评估人员，接受国家机关和各类市场主体的委托，按照特定的目的，遵循法定或公允的标准和程序，运用科学的方法，对经济和社会活动中涉及的旧汽车所进行的技术鉴定，并根据鉴定结果对旧汽车在鉴定评估基准日的价值进行评定估算的过程。

做好汽车鉴定评估工作，不仅有利于引导企业正确做出价格决策，有利于保障司法

诉讼和行政执法等活动的顺利进行，有利于维护法人和公民的合法权益，而且对维护正常的社会经济秩序、促进经济发展具有重要意义。因此，深入认真研究、探讨汽车鉴定评估问题，建立一套完整、科学、适用的汽车鉴定评估方法，以保证其鉴定结论客观、公正、合理，就显得尤为重要。

2. 旧汽车评估的要素

在对旧汽车的鉴定评估过程中，一般要涉及以下基本评估要素：

（1）**鉴定评估的主体** 鉴定评估的主体就是从事汽车鉴定评估的机构和人员，是汽车鉴定评估工作中的主导者。在汽车鉴定评估业务中，对汽车鉴定评估的主体资格有严格的限制条件，如鉴定评估人员必须获得人力资源和社会保障部颁发的"二手车鉴定评估师"证书，才能取得相应的职业资格。

（2）**鉴定评估的客体** 鉴定评估的客体就是待评估的车辆，是鉴定评估的具体对象。被评估车辆可以按照不同的标准进行分类。

1）如按照公安机关管理分类，可分为大型汽车和小型汽车。

2）国家标准 GB/T 3730.1—2001《汽车和挂车类型的术语和定义》抛弃了传统的汽车分类标准，将汽车类别从货车、越野汽车、自卸汽车、牵引汽车、专用汽车、客车和轿车等大类分为乘用车和商用车两大类。根据此标准，乘用车可定义为：在其设计和技术特性上主要用于载运乘客及其随身行李和/或临时物品的汽车，包括驾驶人座位在内最多不超过9个座位，它也可以牵引一辆挂车。商用车可定义为：在设计和技术特性上用于运送人员和货物的汽车，并且可以牵引挂车，乘用车不包括在内。

3）按照车辆的使用用途，可以将机动车分为营运车辆、非营运车辆和特种车辆。其中营运车辆又可细分为公路客运、出租客运、旅游客运、货运、租赁等几种类型。特种车辆又可分为警用、消防、救护和工程抢险等若干种车型。

合理科学地对机动车进行分类，有利于在评估过程中进行信息资料的收集和应用。例如一种车型，由于其用途不同，车辆在用状态所需要的税费就会有较大的差别，其重置成本的构成也往往差异较大。

根据《二手车流通管理办法》的规定，下列车辆禁止经销、买卖、拍卖和经纪：

1）已报废或者达到国家强制报废标准的车辆。

2）在抵押期间或者未经海关批准交易的海关监管车辆。

3）在人民法院、人民检察院、行政执法部门依法查封、扣押期间的车辆。

4）通过盗窃、抢劫、诈骗等违法犯罪手段获得的车辆。

5）发动机号码、车辆识别代号或者车架号码与登记号码不相符，或者有凿改迹象的车辆。

6）走私、非法拼（组）装的车辆。

7）不具有车辆法定证明、凭证的车辆。

8）在本行政辖区以外的公安机关交通管理部门注册登记的车辆。

9）国家法律、行政法规禁止经营的车辆。

（3）**鉴定评估程序** 鉴定评估程序即汽车鉴定评估工作从开始准备到最后结束的工作程序，如图5-1所示。

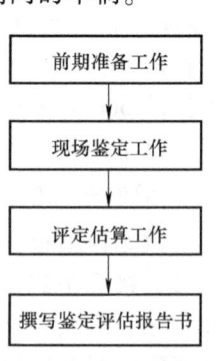

图5-1 旧汽车鉴定评估工作程序

（4）**鉴定评估的价值类型** 鉴定评估的价值类型即对车辆评估价值的质的规定，它对评估方法的选择具有约束性。如要评估车辆的现行市价，则选择现行市价法进行评估；如要评估车辆的重置成本，则要使用重置成本法。

（5）**鉴定评估方法** 鉴定评估方法即汽车鉴定评估所运用的特定技术，它是实现汽车评估价值的手段和途径。目前最常使用重置成本法对车辆的价值进行评定和估算。

以上要素构成了汽车鉴定评估活动的有机整体，它们之间相互依托，是保证汽车鉴定评估工作正常进行和评估价值科学性的重要因素。

5.3.2 旧汽车评估的特点

旧汽车作为一类资产，既是生产资料，也是消费资料。作为生产资料，旧汽车是用于生产或经营的车辆，其特征是有明显的价值转移，对产权所有者产生收益，如营运载货车、客车，工厂用于生产的叉车，工程上用于生产的挖掘机等。作为家庭的消费资料，旧汽车是一般家庭中仅次于房产的第二大资产，用于生活和生产服务，以交通代步为主，其特征是没有明显的价值转移，对所有者不直接产生经济效益，车辆价值随使用年限及使用里程数的增加而降低。

旧汽车具有以下特点：

1）单位价值大，使用时间长。
2）和房产一样，所有权须登记，其使用管理严格，税费附加值较高。
3）使用强度、使用条件、维护保养水平的差异较大，并有较高的技术含量。

基于旧汽车的特点，总结旧汽车评估的特点如下：

（1）**旧汽车评估以技术鉴定为基础** 由于旧汽车本身具有较强的工程技术特点，其技术含量较高。旧汽车在长期的使用中，由于机件的摩擦和自然力的作用，它处于不断磨损的过程中。随着使用里程和使用年限数的增加，车辆实体的有形损耗和无形损耗加剧；其损耗程度的大小，因使用强度、使用条件、维护保养水平等的差异很大。因此，评定车辆实物和价值状况，往往需要通过技术检测等技术手段来鉴定其损耗程度。

（2）**涉及知识面广** 旧汽车鉴定估价理论和方法以资产评估学为基础，涉及经济管理、市场营销、金融、财会及机械原理、汽车构造等多方面知识。

（3）**要求从业人员实践和技能水平高** 要求从业人员不仅会驾驶汽车，而且还能使用检测仪器和设备，并能通过目测、耳听、手摸等手段判断旧汽车外观、总成的基本状况，能够通过路试判断发动机、传动系统、转向系统、制动系统、电路、油路等的工作情况，甚至对汽车主要部件的功能和更换也要有一定的了解。评估过程是以人的智力活动为中心开展的，评估质量的高低取决于评估人员掌握的信息、知识结构和经验，体现了评估人员的主体性。

（4）**政策性强** 旧汽车评估受政策法规影响较大，因此鉴定评估人员既要熟知《拍卖法》《国有资产评估管理办法》《机动车强制报废标准规定》《二手车流通管理办法》等，还要掌握车辆管理有关规定及各地相关的配套措施。

（5）**动态特征明显** 目前汽车产品更新换代快，结构升级、技术创新层出不穷，加之市场经济条件下市场行情的多变难测，使旧汽车鉴定估价工作具有极强的动态性、时效性。要求从业人员在具体工作中不仅要掌握有关的账面原值、净值、手续历史依

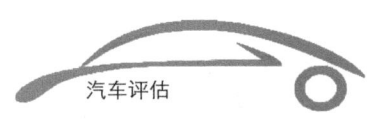

据，更要结合评估基准日这一时点的现实价格和行情，才能准确做出评估结果。另外，由于评估对象的类似性、重复性，要求评估机构在评估过程中加强自律性，克服随意性，而且由于汽车产品在不同的环节的价值属性比较复杂，决定了旧汽车鉴定评估的多样性。

（6）**旧汽车评估都以单台车为评估对象**　由于旧汽车单位价值相差比较大、规格型号多、车辆结构差异很大，为了保证评估质量，对于单位价值大的车辆，一般都是分整车或分部件逐台、逐件地进行鉴定评估；为了简化鉴定评估工作程序，节省时间，对于以产权转让为目的、单位价值小的车辆，也不排除采取"提篮作价"的评估方式。

（7）**旧汽车评估要考虑其手续构成的价值**　由于国家对车辆实行"户籍"管理，税费附加值高，因此，对旧汽车进行鉴定评估时，除了估算其实体价值以外，还要考虑由"户籍"管理手续和各种使用税费构成的价值。

5.3.3　旧汽车评估的依据、目的及意义

1. 旧汽车评估的依据

旧汽车评估的依据一般包括理论依据、行为依据、法律依据、产权依据和取价依据等。

（1）**理论依据**　旧汽车评估的理论依据就是资产评估学。汽车是属于机器设备一类的资产，评估时实际操作方法和程序按国家有关规定进行。

旧汽车评估一般属于单项资产评估的范畴，它不如一个工厂、一个企业整体资产评估那么复杂。但由于汽车是一种严管商品，就单项资产来说，其价值较高，结构比较复杂，涉及的面也比较广。虽然资产评估的一些基本理论和方法可用于旧汽车评估，但也有许多区别。

汽车是一种消费品，也是一种消耗品。买汽车一般不可能保值，更谈不上会增值。买汽车就只有贬值，使用时间越长，贬值就越多，最后报废，不能上路行驶，没有使用价值，就剩下报废价值了。因此在旧汽车评估中，不断地总结经验，探索一些新的符合汽车特点的以及简单、实用、便捷的评估方法和理论，是广大评估师义不容辞的责任。

（2）**行为依据**　行为依据是指实施旧汽车评估行业的依据。它一般包括经济行为成立有关的决议文件以及评估当事方的评估业务委托书，主要是指旧汽车鉴定评估委托书。

（3）**法律依据**　法律依据是指旧汽车评估所遵循的法律法规及法律属性的标准，主要包括：

1)《国有资产评估管理办法》。
2)《国有资产评估管理施行细则》。
3)《机动车强制报废标准规定》。
4)《机动车登记规定》。
5)《报废汽车回收管理办法》。
6)《汽车产业发展政策》。
7)《二手车流通管理办法》。

8）GB 7258—2017《机动车运行安全技术条件》。

9）其他方面的政策法规。

（4）**产权依据** 产权依据是指表明机动车权属证明的文件，主要是指机动车登记证书。

（5）**取价依据** 取价依据是指实施旧汽车评估的机构或人员，在评估工作中直接或间接地取得或使用的对旧汽车评估有借鉴或佐证作用的资料。取价依据主要包括价格资料和技术资料。

1）价格资料。价格资料包括旧汽车整车销售价格、易损零部件价格、车辆精品装备价格、维修工时定额和维修价格资料、国家税费征收标准、车辆价格指数变化、各品牌车型残值率等资料。

2）技术资料。技术资料包括汽车的技术参数，新产品、新技术、新结构的变化，汽车故障的表面现象与差别；汽车维修工艺及国家有关技术标准等资料。

2. 旧汽车评估的目的

旧汽车评估的目的是指被评估车辆即将发生的经济行为。同样的车辆，因为评估目的不同，其评估结果也往往不同。因此，明确委托鉴定评估的目的，对于科学地组织汽车鉴定评估工作、提高车辆评估质量具有重要的意义。一般而言，汽车鉴定评估服务的目的有以下几个方面：

（1）**车辆的交易** 车辆在交易市场上进行买卖时，买卖双方对于车辆交易价格的期望是不同的，甚至相差很远。因此需要二手车鉴定评估师站在公正、独立的立场上对被交易的车辆进行鉴定评估，评估的价格作为买卖双方的成交参考价格。

（2）**车辆的转籍、过户** 旧汽车的转籍、过户可能因为交易行为，也可能因为其他经济行为而发生。如单位或个人以其所有的机动车辆来偿还债务，若债权债务双方对车辆的价值有异议，也需要委托二手车鉴定评估师对有关车辆的价值进行评定估算，否则车辆无法转籍和过户。

（3）**车辆置换** 车辆置换业务有两种情况：一种是以旧换新业务，另一种是以旧换旧业务。这两种情况都会涉及对置换车辆的鉴定评估。对车辆评估结果的公平与否，直接关系到置换双方的利益。车辆的置换业务尤其是以旧换新业务在我国的汽车市场上是一个崭新的业务，有着广阔的前景。

（4）**车辆拍卖** 对公务车辆、执法机关罚没车辆、抵押车辆、企业清算车辆、海关获得的抵税和放弃车辆等都需要进行鉴定评估，为拍卖车辆提供拍卖底价。

（5）**车辆保险** 在对车辆进行投保时，所缴纳的保险费高低直接与车辆本身的价值大小有关，同样当被保险车辆发生保险事故时，保险公司需要对事故车辆进行理赔。为了保障保险双方的利益，也需要对核保理赔的车辆进行公平的鉴定评估。

（6）**法律诉讼服务** 当事人遇到机动车辆诉讼时，委托鉴定评估师对车辆进行评估有助于把握事实真相，同时鉴定评估师的结论也可为法院司法裁定提供现时价值依据。

（7）**抵押贷款** 银行为了确保放贷安全，要求贷款人以车辆作为贷款抵押物，银行为了确保贷款的安全性，要对车辆进行鉴定评估。而这种贷款安全性的高低在一定程度上取决于抵押车辆评估的准确性。

（8）**担保** 担保是指车辆所有单位或所有人，以其拥有的车辆为其他单位或个人的经济行为提供担保并承担连带责任的行为。

（9）**典当** 当典当双方对车辆的价值认知有较大的差距时，为了保障典当业务的正常进行，可以委托二手车鉴定评估师对车辆的价值进行评估，典当行可以以此作为放款的依据。当车辆发生绝当时，对绝当车辆的处理同样也需要二手车鉴定评估师提供鉴定估价服务。

（10）**其他** 在企业发生联营、兼并、出售、股份经营或破产清算时，也需要对企业所拥有的车辆进行鉴定评估，以充分保证企业的资产权益。

在接受车辆评估委托时，明确车辆的评估目的十分重要。对车辆的鉴定评估是一种市场价值的评估，所以针对客户不同的评估目的，应采用不同的评估方法。对旧汽车的鉴定估价过程不仅仅是原有价值重置和现实价值形成的过程，其背后还隐含着很多深层次的重要意义。

3．旧汽车评估的意义

1）旧汽车进入市场再流通，属固定资产转移和处置范畴，按国家有关规定应缴纳一定的税费。目前各地对这一税费的征管，基本是以交易额为计征依据，实行比例税（费）率，采用从价计征的办法，而这里的计征依据实质上就是评估价格。因此，旧汽车鉴定估价的准确与否直接关系到国家税收和财政收入的多少及其公证合理性。

2）我国很多车辆为国家和集体所有，此时对旧汽车的鉴定估价很大程度上就是对国有资产的评估，评估结果直接关系到国有资产是否流失的问题。

3）旧汽车属特殊商品。旧汽车流通涉及车辆管理、交通管理、环保管理、资产管理等各方面。目前我国对进入二级市场再流通的旧汽车有严格的规定，鉴定估价环节恰是防止非法交易发生的重要手段。

4）旧汽车鉴定估价还关系到金融系统有关业务的健康有序开展，司法裁决公平、公正进行以及企业依法破立、重组等诸多经济和社会问题。特别是在目前旧汽车市场已逐步成为我国汽车市场不可分割的重要组成部分的情况下，更应该科学、准确地对旧汽车进行鉴定估价。

4．旧汽车评估需要解决的关键问题

1）结合目前旧汽车市场情况和现有的各种估价方法，提出适合国情的估价方法。

2）结合旧汽车鉴定估价的特殊要求，综合应用经济学和法学等学科知识，提出旧汽车价格鉴定估价的流程和原则。

5.4 旧汽车评估的方法

旧汽车评估是由专门的鉴定估价人员，按照特定的目的，遵循法定或公允的标准和程序，运用科学的方法，对旧汽车进行手续检查、技术鉴定和估算价格的过程。

旧汽车评估是伴随汽车工业的发展而在一定阶段产生的市场经济产物，是适应生产

资料市场流转的需要，由二手车鉴定评估师通过所掌握的市场资料，并在对市场进行预测的基础上对汽车的现时价格做出预测估算。在汽车发达的国家旧汽车的交易往往比新车的交易更加活跃。汽车的交易应通过鉴定估价。

汽车鉴定估价业务类型按鉴定估价服务对象不同，一般分为交易类和咨询服务类。交易类业务是服务于汽车交易市场内部的交易业务，它是按照国家有关规定，以汽车成交额收取交易管理费的一部分作为有偿服务；咨询服务类业务是服务于汽车交易市场外部的非交易业务，它是按各地方政府物价管理部门对汽车鉴定估价制定的有关规定实行有偿咨询服务，如融资业务的抵押贷款估价、为法院提供的咨询服务等。

5.4.1 现行市价法

现行市价法又称市场法、市场价格比较法，是指通过比较被评估车辆与最近售出类似车辆的异同，并将类似车辆的市场价格进行调整，从而确定被评估车辆价值的一种评估方法。一项资产是否具有价值或具有多少价值需要通过市场来校验。因此，市场上与被评估资产相同或类似资产的交易价格，可以作为估算被评估资产价值的参照物。如果存在对价值影响的因素，则需要对选择的参照物的交易价格进行调整，并据以确定被评估资产的价值。

现行市价法是最直接、最简单的一种评估方法。这种方法的基本思路是：通过市场调查，选择一个或几个与评估车辆相同或类似的车辆作为参照物，分析参照物的构造、功能、性能、新旧程度、地区差别、交易条件及成交价格等，并与评估车辆一一对照比较，找出两者的差别及差别所反映的在价格上的差额，经过调整，计算出旧汽车的价格。

1. 现行市价法的概念

现行市价法中运用了一些专门的概念。理解这些概念的含义，对运用现行市价法十分重要。

（1）**参照物** 参照物是指公开市场上与被评估资产相同或类似的资产。相同或类似是指在使用功能、成交地域、成交时间等方面相同或相似（在成新度上可以不要求一致）。选择的参照物应有若干个，选择的参照物越多，据以估算的评估价值就越合理。

参照物的交易是在公开市场条件下进行的。公开市场意味着交易双方在平等的条件下进行交易，交易价格具有合理性，能够作为估算被评估资产价值的依据。如果参照物的交易不在公开市场条件下进行，则其交易价格就不能作为估算被评估资产价值的依据。

选择的参照物与被评估资产相比，如果存在时间差异、地域差异和功能差异等因素，则不能将参照物的价格直接作为被评估资产的价值，而需要采用一定的方法，对这些可能影响被评估资产价值的因素进行鉴定，并且加以量化，将参照物的市场价格进行调整以用来估算被评估资产的价值。

（2）**交易价格** 交易价格是指在公开市场上参照物的成交价或标价。成交价是市场上与评估基准日在时间上最为接近的参照物已实现的价格。这个价格是参照物的最合

理价格。标价是指参照物在公开市场上标出的售价，或者说是商品的出售方或劳务的提供方单方面所划定的交易价格，这个价格并未得到商品或劳务的受让方的认同，由于这个售价不是成交价，因此，不能说明是市场的实际交易价格。

在搜集交易价格时，最好搜集成交价，如果没有成交价，可以搜集标价，但要慎重地进行综合分析。

（3）**差异调整** 差异调整是指由于参照物与被评估资产在功能、成交地域、成交时间等方面存在差异而需要进行的调整。调整方法是：找出差异因素，加以量化，确定出一个综合调整系数，以此调整系数对参照物的价格进行调整。

（4）**功能差异** 功能差异是指参照物与被评估资产在性能、用途、外观等方面存在的差异。

（5）**时间差异** 时间差异是指参照物的成交时间与评估基准日之间的时间间隔差异。评估价值是评估资产在评估基准日的时点价值，因此，参照物的成交时间应尽量与评估基准日相接近。如果时间相差过长，在这段时间差异内，物价、汇率、利率等因素都可能发生变化，从而对物价带来影响，因此就需要对由于时间差异所带来的影响进行调整。

（6）**地域差异** 地域差异是指参照物的成交价与被评估资产所处地域之间的差异。就动产而言，如果参照物的成交地域在异地，则会与被评估资产存在运输费、途中保险费及其他费用等之间的差异；就不动产而言，不同地域或地段的资产的价格是大不相同的，因此，就更需要对参照物的价格进行地域差异的调整。

运用现行市价法，重要的是要能够找到与被评估车辆相同或相类似的参照物，并且参照物是近期的、可比的。所谓近期，即指参照物交易时间与车辆评估基准日相差时间相近，一般在一个季度之内；所谓可比，即指车辆在规格、型号、功能、性能、内部结构、新旧程度及交易条件等方面不相上下。

2. 采用现行市价法评估的步骤

运用现行市价法进行评估一般包括寻找参照物、调整差异和确定评估值三个步骤。

（1）**寻找参照物** 寻找参照物是现行市价法的基础。不同的资产业务对参照物的具体要求有所不同，但也存在共同的基本要求。

1）参照物的基本数量要求。现行市价法是通过同类资产的市场行情来确定被评估资产的评估值。一两个交易案例不能完全反映市场行情，我国目前一般要求至少有三个交易案例，国外在正常情况下要求至少有四个交易案例，才能有效运用现行市价法。

2）参照物的成交价必须真实，即必须是实际成交价。报价、拍卖底价等均不能视为成交价，它们不是实际交易的结果。

3）参照物的成交价应是正常交易的结果。关联交易、特别交易不能反映市场的行情，不能被选作参照物。如果能将非正常交易修正为正常交易，例如能够获得关联交易的成交价高于或低于市价多少的信息，则可选用。此外，还要求参照物的成交时间应尽可能接近评估基准日，以提高参照物成交价的可参照程度。

4）参照物与被评估资产之间大体可替代，即要求参照物与被评估资产要尽可能类似。例如，在房地产评估中要求参照物与被评估房地产应在同一供需圈内、处于同一区域或相邻地区等；在机器设备评估中要求参照物与被评估机器设备功能相似，最好是规格型号相同、出厂日期相近等。在企业整体资产评估中，要求参照物与被评估企业在行业生产规模、收益水平、市场定位、增长速度、企业组织形式、资信程度等方面相类似。这也说明在产权交易不十分活跃的市场中，由于难以寻找到合适的参照物，往往无法运用现行市价法对企业整体资产进行评估。

（2）调整差异　参照物与被评估资产之间具体存在哪些差异，需视具体资产业务而定。一般来说需要调整的差异主要有以下几个方面：

1）时间因素。时间因素是指参照物的成交日期与被评估资产的评估基准日不在同一时期而在这段间隔期内参照物价格变动对被评估资产评估值的影响。时间因素调整的方法可以采取定基物价指数法，也可以采取环比物价指数法。一般地，当资产价格处于上升期间，时间因素调整系数大于1，反之则小于1。

2）区域因素。区域因素是指参照物所在区域与被评估资产所在区域条件的差异对被评估资产评估值的影响。如果参照物所在区域条件比被评估资产所在区域好，则需将参照物的成交价向下调，即区域因素调整系数小于1；反之，则向上调，区域因素调整系数大于1。具体方法主要采取打分法。区域因素对不动产价格的影响尤为突出。

3）功能因素。功能因素是指参照物与被评估资产在功能上的差异对被评估资产评估值的影响。评估人员可以通过功能系数法计算功能差异对评估值的影响。具体可以采用绝对数计算，例如设备产出能力相差一个单位，价格相差多少；也可以采用相对数计算，例如设备产出能力每相差一个百分点对价格的影响程度。

4）成新率因素。成新率因素是指参照物与被评估资产在有形损耗方面的差异对被评估资产评估值的影响。除了土地资产外，一般有形资产都会存在有形损耗问题，有形损耗率越高（即成新率越低），资产的价值就越低。因此，如果参照物的成新率比被评估资产低，就需要将参照物的成交价向上调，即调整系数大于1；反之，则需将参照物的成交价向下调，即调整系数小于1。例如参照物的成交价为10万元，成新率为50%，被评估资产的成新率为75%，则调整系数为75%÷50% = 1.5，调整额为10万元×1.5 - 10万元 = 5万元。

5）交易情况调整。交易情况调整是指：①由于参照物的成交价高于或低于市场价格所需进行的调整；②因融资条件差异所需进行的调整，即一次性付款和分期付款成交价的影响；③因销售情况不同所需进行的调整，即单件购买与批量购买对交易价格的影响。

（3）确定评估值　在分别完成对各参照物成交价各差异因素的修正后，即可获得若干个调整值，将这些调整值进行算术平均或加权平均就可最终确定评估值。

3. 现行市价法的具体计算方法

运用现行市价法确定单台车辆价值通常采用直接法和类比调整法。

（1）直接法　直接法是指在市场上能找到与被评估车辆完全相同的车辆的现行市价，并将其价格直接作为被评估车辆评估价格的一种方法。

所谓完全相同是指车辆型号相同，但是在不同的时期，寻找同型号的车辆有时是比较困难的。一般认为，与被评估车辆类别相同、主参数相同、结构性能相同，只是生产

序号不同并只做了局部改动的车辆，则还是认为与评估车辆完全相同。

直接法可以运用于以下两种情况：

1）被评估的旧资产与市场上的旧资产（参照物）完全相同。被评估的旧资产是指评估对象，之所以被称为旧资产，是因为无论被评估资产是否被投入使用，都会发生一定损耗（有形的或无形的）。

> **例 5-9** 被评估资产为一辆 A 型汽车，成新率为 70%。现选择一辆 A 型汽车作为参照物，成新率也为 70%，则参照物的成交价格可以直接作为被评估的 A 型汽车的评估值（交易税费等视评估目的另行考虑）。
> 在这种情况下的评估计算公式为
> 被评估资产的评估值＝参照物的交易价格

2）被评估的旧资产与市场上的全新资产（参照物）完全相同。这种情况与上一种情况的区别仅在于参照物为全新资产。在这种情况下，只需要利用成新率进行调整。评估计算公式为

被评估资产的评估值＝参照物的交易价格×被评估资产的成新率

由于被评估资产通常不是全新资产，故其新旧程度、可被再利用程度也就成了影响该资产价值的重要因素。成新率一般用尚可使用年限与法定使用年限之比来表示。

（2）类比调整法 类比调整法是指在参照物与被评估资产在功能、外观、用途、使用条件、时间条件等方面类似的情况下所采用的一种评估方法。这种评估方法适用于所有资产（包括动产与不动产）的评估，因为不论是动产还是不动产，都可以在市场上找到类似的参照物。

评估车辆时，在公开市场上找不到与之完全相同的车辆但在公开市场上能找到与之相类似的车辆，以此为参照物，并依其价格再做相应的差异调整，从而确定被评估车辆的价格。所选参照物与评估基准日在时间上越接近越好，实在无近期的参照物也可以选择远期的，再做日期修正。

类比调整法可以运用于以下两种情况：

1）被评估的旧资产与市场上的旧资产（参照物）类似。所谓类似，是指被评估资产与参照物不仅在功能、外观、用途、使用条件、时间条件等方面类似，而且成新度也类似。在这种情况下，进行以下几个步骤：

① 取得参照物的交易价格。

② 将被评估资产与参照物在功能、外观、用途、使用条件、时间条件等方面进行对比，取得综合调整系数。

③ 根据被评估资产与参照物各自的成新度，计算出成新度调整系数。

④ 根据参照物的交易价格、综合调整系数以及成新度调整系数，估算被评估资产的价值。

在这种情况下的评估计算公式为

被评估资产的评估值＝参照物的交易价格×(1±综合调整系数)×(1±成新度调整系数)

2）被评估资产与市场上的全新资产（参照物）类似。这种情况与上一种情况的区

别仅在于参照物为全新资产。在这种情况下的评估计算公式为

被评估资产的评估值＝参照物的交易价格×(1±综合调整系数)×被评估资产的成新率

> **例 5-10** 被评估资产为一辆 A 型汽车，成新率为 70%。现选择类似的全新 B 型汽车作为参照物，交易价格为 30 万元。经分析，B 型汽车在功能、外观、用途和使用条件等方面优于 A 型汽车，经测算，综合调整系数为 10%，则
>
> A 型汽车的评估值＝B 型汽车的交易价格×(1-综合调整系数)×成新率
> = 30 万元×(1-10%)×70%
> = 18.9 万元
>
> 注意：交易税费等因素视评估目的另行考虑。

4. 采用现行市价法的优缺点

现行市价法是相对客观的评估方法，其评估值比较容易为交易双方理解和接受。因此在发达市场经济国家该法是运用最广泛的评估方法。但是现行市价法的运用需要有一定的前提条件：①对产权交易市场成熟度的要求；②对被评估资产本身的要求，即被评估资产应是具有一定通用性的资产，例如核武器生产设备就无法用现行市价法评估。

现行市价法最适合用于在市场上交易活跃资产的评估，如通用设备、房地产等。企业整体资产评估也可采用该法，或者通过该法对收益现值法评估结果进行验证。

（1）现行市价法的优点

1）能够客观反映旧汽车目前的市场情况，其评估的参数、指标直接从市场获得，评估值能反映市场现实价格。

2）评估结果易于被各方面理解和接受。

（2）现行市价法的缺点

1）需要公开及活跃的市场作为基础。然而我国旧汽车市场发育不完全，寻找参照物有一定的困难。

2）可比因素多而复杂，即使是同一个生产厂家生产的同一型号的产品，同一天登记，但由于不同的车主使用，其使用强度、使用条件、维护水平等多种因素不同的作用，其实体损耗、新旧程度都各不相同。

5.4.2 收益现值法

1. 收益现值法及其原理

收益现值法是将被评估的车辆在剩余生命周期内的预期收益用适当的折现率折现为评估基准日的现值，并以此确定评估价格的一种方法。旧汽车的价格评估一般很少采用收益现值法，但对一些特定目的、有特许经营权的旧汽车，人们购买的目的往往不是在于车辆本身，而是车辆获利的能力。因此，对于营运车辆的评估采用收益现值法比较合适。

收益现值法是基于这样的假设，即人们之所以购买某车辆，主要是考虑这辆车能为自己带来一定的收益。采用收益现值法对二手车进行评估所确定的价值，是指为获得该二手车以取得预期收益的权利所支付的货币总额，它以车辆投入使用后的连续获利为基

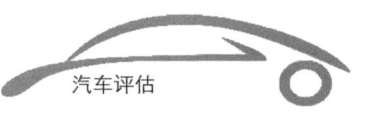

础。如果某车辆的预期收益小，车辆的价格就不可能高，反之车辆的价格肯定就高。

收益现值法评估值的计算，实际上就是对被评估车辆未来预期收益进行折现的过程。所谓折现，就是将未来的收益按照一定的折现率折算到评估基准日的现值。这里就引出了收益现值法中的一个重要概念，那就是资金的时间价值。收益必须与时间结合起来才能真正反映出资产的价值。

并非所有资产的评估都可采用收益现值法，运用该法评估资产的价值需要满足一定的前提条件。

(1) 资产的收益可以用货币计量 收益现值法是从产生收益的能力角度来评估一项资产，因此它只适用于能直接产生收益或者说有现金流量的资产。对于那些虽然有持续效用但无法产生现金流量的资产，如公益性资产以及不能单独计算收益的单台（件）设备等资产，就不能由收益现值法得到正确评估。

(2) 资产所有者承担的风险也能用货币计量 即被评估资产的风险报酬率也能够计算。因为资产的价值不仅取决于预期收益，还取决于其风险报酬率的高低。如果一项资产的预期收益很高，但它的风险也很大，投资者就会要求较高的风险补偿，那么该资产的现值就不一定高。反之，如果一项资产的预期收益并不高，但其收益稳定，风险极小，投资者对风险补偿的要求就不会高，那么该资产的现值也就不一定低。

2. 收益现值法评估值的计算

收益现值法的基本计算公式可以根据资产未来收益是有限期还是无限期进行分类，也可以根据每期收益是等额还是不等额进行分类。

收益现值法的评估值的计算，实际上就是对被评估车辆未来预期收益进行折现的过程。被评估车辆的评估值等于剩余寿命内各期的收益现值之和，其基本计算公式为

$$P = \sum_{t=1}^{n} \frac{A_t}{(1+i)^t} = \frac{A_1}{(1+i)^1} + \frac{A_2}{(1+i)^2} + \cdots + \frac{A_n}{(1+i)^n}$$

当 $A_1 = A_2 = \cdots = A_n = A$ 时，即 t 从 1 到 n 未来收益相同为 A 时，则有

$$P = A\left[\frac{1}{1+i} + \frac{1}{(1+i)^2} + \cdots + \frac{1}{(1+i)^n}\right] = A\frac{(1+i)^n - 1}{i(1+i)^n}$$

式中 P——评估值；

A_t——未来第 t 个收益期的预期收益额，收益期有限时（机动车的收益期是有限的），A_t 中还包括期末车辆的残值，一般估算时残值忽略不计；

n——收益期限（剩余经济寿命的年限）；

i——折现率；

t——收益期，一般以年计。

其中，$\dfrac{1}{(1+i)^t}$ 称现值系数，$\dfrac{(1+i)^n - 1}{i(1+i)^n}$ 称年金现值系数。

例 5-11 某企业拟将一辆 10 座旅行客车转让，买主准备将该车用作载客营运。按国家规定，该车辆剩余年限为 3 年，经预测得出 3 年内各年的预期收益见表 5-5，设折现率为 8%，计算出各年的收益折现值，相加即得评估值。

表 5-5 3 年内各年的预期收益

年份	收益额(元)	折现率(%)	折现系数	收益折现值(元)
第 1 年	10000	8	0.9259	9259
第 2 年	8000	8	0.8573	6858
第 3 年	7030	8	0.7938	5580

由此可以确定评估值为

评估值 = 9259 元 + 6858 元 + 5580 元 = 21697 元

3. 收益现值法中各评估参数的确定

（1）**收益期限的确定**　收益期限是指资产能够产生资产净收益的年限。它由评估人员根据资产未来的获利能力、资产损耗情况、法律规定等因素确定。

如无特殊情况，资产使用比较正常且没有对资产的使用年限进行限定，或者这种限定是可以解除的，并可以通过延续方式永续使用，则可假定收益期限为无限期。如果资产的收益期限受到法律、合同等规定的限制，则应以法律或合同规定的年限作为收益期限。当资产没有规定收益期限的，也可按其正常的经济寿命确定收益期限，即资产能够给其拥有者带来最大收益的年限，当继续持有资产对拥有者不再有利时，从经济上讲该资产的寿命也就结束了。

对于旧汽车的收益期限主要指的是剩余经济寿命，即从评估基准日到车辆到达报废的年限。如果剩余经济寿命估计过长，就会高估车辆的价格；反之则会低估价格。因此，必须根据车辆的实际状况对剩余寿命做出正确的评定，可按《机动车强制报废标准规定》来确定。

（2）**预期收益额的确定**　一般来说，资产预期收益有三种可选择的类型：净利润、净现金流量和利润总额。

净利润与净现金流量都属于税后净收益，都是资产持有者的收益，在收益现值法中被普遍采用。两者的差异在于确定的原则不同，净利润是按权责发生制确定的，净现金流量是按收付实现制确定的。如果不考虑应收应付款，两者之间的关系可以简单表述为

净现金流量 = 净利润 + 折旧 - 追加投资

从资产评估的角度看，净现金流量更适宜作为预期收益指标，它与净利润相比有两点优势。

1) 净现金流量能够更准确地反映资产的预期收益。将折旧视为预期收益的一部分有其合理性。折旧是为取得收益而发生的贬值，是资产价值的时间表现形式。由于资产特别是固定资产在一个限定时间内并不能完全消耗，它对企业生产经营的贡献将长期存在，这种贡献从价值角度上讲就是折旧，因此折旧的存在事实上是资产价值的一种表现形式。从另一个角度看，折旧在资产的整个使用期内并未真正发生支出，也没有一个企业因折旧的存在而准备大量资金用于支付，但是折旧所形成的价值却被企业以收入形式获得。这一点在会计上已被人们认可。

2) 净现金流量体现了资金的时间价值。净现金流量是动态指标，它不仅是对数量的描述，而且与发生的时间形成密不可分的整体。而净利润没有考虑现金流入流出的时

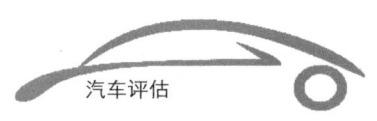

间差异，它并不一定表明在未来某个时点资产持有者可支配的现金流量。由于收益现值法是通过将资产未来某个时点的收益折算为现值来估算资产的价值，因此用净现金流量来表示收益更准确，更能体现资金的时间价值。

利润总额由于包含了不属于资产持有者的税收，因而一般不适宜作为预期收益指标。但是当税收优惠政策过多，资产的净收益难以公平、准确地反映资产的收益水平时，为了使投资收益之间具有可比性，也可采用利润总额作为预期收益指标。

现实经济生活中，无论是投资者还是理论分析人员都无法准确预知资产的未来收益，除非是无风险资产。从统计学角度看，预期收益是一个随机变量。随机变量可以用期望值和标准差描述。

所谓期望值，亦称平均数，设随机变量 ξ 可取值 $\{x_i, i=1, 2, \cdots, n\}$，取值 x_i 的概率为 P_i，则称 $\sum x_i P_i$（无穷多项时要求级数绝对收敛）为随机变量的数学期望，记作 $E\xi$，即

$$E\xi = \sum x_i P_i$$

而标准差用来衡量各数值相对于期望值的离散程度，同时也反映了期望值具有多大的代表性，记作 δ，即

$$\delta = \sqrt{\sum (x_i - E\xi)^2 P_i}$$

只有根据资产未来收益的期望值和标准差，投资者才能做出决策。同样，评估人员只有根据期望值和标准差才能选择评估所用的预期收益额。换言之，评估人员应首先估计资产预期收益额的期望值和标准差，然后再根据这两个参数进行最合理的选择。因此，从这一点讲，期望值可被看作对潜在收益的测定，标准差则是对风险的测定。

根据上述分析，预期收益额的测算事实上是基于对过去历史数据的分析，同时考虑资产在未来可能发生的有利和不利因素，来确定资产的预期收益额。但是当一项资产有多种用途时，例如一宗房地产，就应按其最佳用途来确定未来预期收益额。

预测资产未来收益的方法很多，主要有时间序列法和因素分析法。

时间序列法是建立资产以往收益的时间序列方程，然后假定该时间序列将会持续。时间序列方程是根据历史数据，用回归分析的统计方法获得的。如果在评估基准日之前，资产的收益随着时间的推移，呈现出平稳增长趋势，同时预计在评估基准日之后这一增长趋势仍将保持，则适合采用时间序列法来预测资产的未来收益。

(3) 折现率的确定 收益现值法中折现率 i 的确定也是一个比较棘手的问题。折现率 i 必须谨慎确定，折现率的微小变化会给评估值带来较大影响。确定折现率不仅要有定性分析，更重要的是还需有定量确定的方法。

1) 折现率的定义。折现率是将未来的预期收益折算成现值的比率，在内涵上折现率可被视为投资中对收益流要求的回报率，需考虑投资的机会成本和收益的不确定性，因此折现率一般由无风险报酬率与风险报酬率组成，可用公式表示为

$$折现率 = 无风险报酬率 + 风险报酬率$$

2) 折现率的确定原则。确定折现率时，应遵循如下四个方面的原则：

① 折现率应高于无风险报酬率。无风险报酬率也称安全利率，是指投资者在不冒风险的情况下，就可以长期而稳定地获得投资收益的利率。显然，投资者在选择投资方

式时，只有在资产的期望收益率高于无风险报酬率时，才有可能实施其投资行为。要不然将资金存入银行或购买国债会更安全和有效地获利。

② 折现率应体现投资回报率。折现率就是经验丰富的投资者对待评估资产进行投资，所需获得的回报率。评估中的折现率反映的是资产期望的收益率，收益率是与投资风险成正比的，风险大，收益率也就高；反之，收益率就越低。例如，将资金投入银行存款或购买国债，风险很小，但利率低，收益就小；若将资金投向股市、房地产市场，风险较大，收益率也高。因此，折现率反映的是对应某一风险状态下该资产的期望投资回报率，或称期望报酬率。

③ 折现率要能体现资产收益风险。某项资产未来收益的不确定性就是资产的收益风险，这种不确定性往往会给投资者带来难以估计的后果。两项资产未来能创造等量的收益，但它们可能承担的风险却会不一样，这与资产的使用者和使用资产时的使用条件、使用环境、用途、使用技巧、管理水平等密切相关，对这两项资产的评估当然应采用不同的折现率，才能得到比较切合实际的评估结果。由此可以看出，折现率是管理的报酬，有别于资金存入银行存款的利率报酬。这也体现了市场高风险高回报的市场法则。因此，折现率的选取应体现资产收益风险。

④ 折现率应与收益口径相匹配。在使用资金这一指标时，要充分考虑年收益率的计算口径与资金收益额的计算口径的一致性。若不一致，会影响评估结果的合理性。

3) 折现率的确定方法。在实务中，由于两方面的原因，不会出现未来收益增长率超过折现率的现象：一是任何企业都不可能永远保持高速增长；二是高增长意味着高风险，即需要较高的风险报酬率。

在收益现值法运用中，关键是折现率的确定。确定折现率的方法有加和法、资本成本加权法和市场法等。

① 加和法。加和法认为折现率包含无风险报酬率与风险报酬率两部分，每一部分可分别求取，然后相加即得到折现率。无风险报酬率的确定比较容易，政府债券收益率常被用作测量无风险报酬率的替代值，通常认为政府短期债（如3个月期限的国库券）是最没有风险的投资对象，但是对资产评估而言，最好用较长期的政府债券利率（1年或1年以上）作为无风险报酬率。尽管长期债券在评价变现方面有一定的风险，但由于评估通常涉及基于长期收益趋势的资产，因此，选择长期债券利率作为无风险报酬率更具可比性和相关替代性。

折现率的风险报酬部分必须反映两种风险：①市场风险；②与特定的被评估资产或企业相联系的风险。表5-6以企业为例列出了影响风险报酬率的因素。

表 5-6 影响风险报酬率的因素

与市场相关的风险	与被评估资产相联系的风险	与市场相关的风险	与被评估资产相联系的风险
行业的总体状况	产品或服务的类型	市场竞争状况	管理水平
宏观经济状况	企业规模	法律或法规约束	收益数量及质量
地区经济状况	财务状况	国家产业政策	区位

考虑上述因素后就会发现，风险报酬率的确定实际上是一个相当困难的过程，而且

对于每一个潜在的投资者而言都会有所不同。在评估实践中风险报酬率的确定方法有多种，需根据被评估资产的具体状况选择。以下简单介绍累加法和β系数法。

用累加法估算企业风险报酬率的思路是，将企业在生产经营中可能面临的行业风险、经营风险和财务风险累加。其计算公式为

被评估项目的风险报酬率＝行业风险报酬率＋经营风险报酬率＋财务风险报酬率

β系数法可用于估算企业所在行业的风险报酬率，也可用于估算企业自身的风险报酬率。其计算公式为

$$R_i=(R_m-R_f)\beta$$

式中　R_i——被评估企业所在行业（或被估企业自身）的风险报酬率；

R_m——市场平均收益率；

R_f——无风险报酬率；

β——被评估行业（或企业）证券的风险报酬率与证券市场上平均风险报酬率的比值。

上述公式中，市场平均收益率（R_m）和无风险报酬率（R_f）比较容易获得。β系数的计算过程则较为复杂。在国外有专门的机构根据上市公司的经营状况和市场表现编制行业和企业的β系数，例如美国 BARRA（前罗森伯格事务所）为在美国证券市场上市的约7000家公司提供β系数，每季度更新。由此可见β系数法适用于股权被频繁交易的上市公司的评估。对于非上市公司来说，可以参照上市公司中与自己情况相似的公司的β系数来确定自己的β系数；或者先确定公司所在行业的β系数，计算行业风险报酬率。

通过β系数法来量化折现率中的风险报酬率部分的技术又被称为资本资产定价模型，其计算公式为

$$r=R_f+(R_m-R_f)\beta$$

上述公式中，R_m-R_f 表示市场平均风险报酬率，又称为系统性市场风险。β反映了与其他企业相比被评估企业特定的风险程度。r为投资者要求的收益率，它与β正相关，即由β系数所测算的被投资项目的风险越大，投资者所要求的收益率越高。

② 资本成本加权法。企业资产可以理解为长期负债与所有者权益之和。从长期负债和所有者权益两方面来认识资产，长期负债和所有者权益所表现出的利息率和投资收益率必然影响折现率的计算。这一问题可采用加权平均法进行处理，其计算公式为

折现率＝长期负债占资产总额的比重×长期负债利息率×(1－所得税税率)＋
所有者权益占资产总额的比重×投资报酬率

式中　投资报酬率＝无风险报酬率＋风险报酬率。

③ 市场法。市场法是通过寻找与被评估资产相类似的资产的市场价格以及该资产的收益来倒求折现率，而不像累加法那样由折现率的各组成部分相加得出。用公式表示为

$$被评估资产的折现率=\frac{\sum_{i=1}^{n}样本资产 i 的收益／样本资产 i 的价格}{n}$$

所谓样本资产，是指与被评估资产在行业、销售类型、收益水平、风险程度、流动

性等方面相类似的资产。同时市场法要求尽可能多的样本,否则不能准确反映市场对某项投资回报的普遍要求。市场法的具体运用需视具体评估对象而定。例如对房地产评估可采用租价比,对企业价值评估可采用市盈率。

4. 收益现值法评估的程序

1)调查、了解营运车辆的经营行情及营运车辆的消费结构。
2)充分调查了解被评估车辆的技术状况。
3)确定评估参数,即预测预期收益,确定折现率。
4)将预期收益折现处理,确定旧车评估值。

5. 收益现值法评估应用举例

例 5-12 某人拟购置一辆中型客车,作为线路客运经营使用,该车各项数据和情况如下:

1)评估基准日:2019 年 1 月 15 日。
2)初次登记日期:2014 年 1 月。
3)技术状况:正常。
4)每年营运天数:300 天。
5)每天毛收入:800 元。
6)每天油费:200 元。
7)每年的折旧费:6000 元。
8)每年日常维修、保养费:8000 元。
9)每年保险及规费:12000 元。
10)营运证使用费:18000 元。
11)两名驾驶人劳务、保险费:120000 元。

根据目前银行储蓄和贷款利率、债券、行业收益等情况,确定资金预期收益率为 7%,风险报酬率为 5%,一般纳税人税率为 6%,试估算此客运车的价格。

解 首先求出预计年总收入:300 天×800 元/天 = 240000 元
预计年支出为
油费:300 天×200 元/天 = 60000 元
维修、保养费:8000 元
折旧费:6000 元
保险及规费:12000 元
营运证使用费:18000 元
驾驶人劳务、保险费:120000 元
预计年毛收入为:240000 元 - 60000 元 - 8000 元 - 6000 元 - 12000 元 - 18000 元 - 120000 元 = 16000 元
年预期收益额为:16000 元×(1-6%)+6000 元 = 21040 元
折现率为:i = 7% + 5% = 12%

该车剩余使用年限 $n=10$ 年，假定每年的年收入相同，则由收益现值法公式求得收益现值，即评估值为

$$P = A\frac{(1+i)^n - 1}{i(1+i)^n} = 21040 \text{ 元} \times \frac{(1+12\%)^{10} - 1}{12\% \times (1+12\%)} = 118886 \text{ 元}$$

6. 采用收益现值法的特点

收益现值法是从资产的获利能力角度来确定资产的价值，它最适宜于那些形成资产的成本费用与其获利能力不对称，以及成本费用无法或难以准确计算的资产。例如企业整体资产、无形资产、资源性资产的价值评估。

但是收益现值法也具有一定的局限性。首先，收益现值法的运用需具备一定的前提条件，对于没有收益或收益无法用货币计量以及风险报酬率无法计算的资产，该方法无法使用。其次，收益现值法的操作含有较大成分的主观性，例如对未来收益的预测、对风险报酬率的确定等，从而使评估结果较难把握。

虽然从理论上讲收益现值法的计算公式十分完美，但是如果所使用的假设条件和基于假设条件选取的数据存在问题，那么由此进行的预测也不可能准确，评估结果也就毫无意义。因此在收益现值法运用中坚持资产评估的客观、公正原则是十分重要的，它既需要评估人员具有科学的态度，又需要评估人员掌握预测收益和确定风险报酬率的正确方法。此外，收益现值法的运用也需具备一定的市场条件，否则一些数据的选取就会存在困难。例如在证券市场不完善的情况下 β 系数的准确性、适用性就会存在一定问题。同样，在市场机制不健全的市场中，对未来收益的预测由于不确定性因素太多，也较困难。

对于汽车评估采用收益现值法的特点如下：

1）采用收益现值法的优点是与投资决策相结合，容易被交易双方接受，能真实和较准确地反映车辆本金化的价格。

2）采用收益现值法的缺点是预期收益额预测难度大，受较强的主观判断和未来不可预见因素的影响。

5.4.3 清算价格法

1. 基本概念

清算价格法是以清算价格为标准，对旧汽车进行的价格评估。所谓清算价格，是指企业由于破产或其他原因，要求在一定的期限内将车辆变现，在企业清算之日预期出卖车辆可收回的快速变现价格。

清算价格法在原理上基本与现行市价法相同，所不同的是迫于停业或破产，清算价格往往大大低于现行市场价格。这是由于企业被迫停业或破产，急于将车辆拍卖、出售。

2. 清算价格法的适用范围和前提条件

清算价格法适用于企业破产、抵押、停业清理时要售出的车辆。

（1）**企业破产** 当企业或个人因经营不善造成严重亏损，不能清偿到期债务时，

企业应依法宣告破产，法院以其全部财产依法清偿其所欠的债务，不足部分不再清偿。

（2）**抵押**　抵押是以所有者资产作抵押物进行融资的一种经济行为，是合同当事人一方用自己特定的财产向对方保证履行合同义务的担保形式。提供财产的一方为抵押人，接押财产的一方为抵押权人。抵押人不履行合同时，抵押权人有权利将抵押财产在法律允许的范围内变卖，从变卖抵押物价款中优先受偿。

（3）**停业清理**　停业清理是指企业由于经营不善导致严重亏损，已临近破产的边缘或因其他原因将无法继续经营下去，为弄清企业财务现状，对全部财产进行清点、整理和查核，为经营决策（破产清算或继续经营）提供依据，以及因资产损毁、报废而进行清理、拆除等的经济行为。

在上述三种经济行为中若有机动车辆进行评估，可用清算价格为标准。

以清算价格法评估车辆价格的前提条件有以下三点：①以具有法律效力的破产处理文件或抵押合同及其他有效文件为依据；②车辆在市场上可以快速出售变现；③所卖收入足以补偿因出售车辆的附加支出总额。

3．决定清算价格的主要因素

在汽车评估中决定清算价格的有以下几项主要因素：

（1）**破产形式**　如果企业丧失车辆处置权，出售的一方无讨价还价的可能，那么以买方出价决定车辆售价；如果企业未丧失处置权，出售车辆一方尚有讨价还价余地，那么以双方议价决定售价。

（2）**债权人处置车辆的方式**　按抵押时的合同契约规定执行，如公开拍卖或收归己有。

（3）**清理费用**　在破产等评估车辆价格时应对清理费用及其他费用给予充分的考虑。

（4）**拍卖时限**　一般来说，时限长售价会高些，时限短售价会低些，这是快速变现原则的作用所决定的。

（5）**公平市价**　公平市价指车辆交易成交双方都满意的价格。在清算价格中卖方满意的价格一般不易求得。

（6）**参照物价格**　参照物价格是在市场上出售相同或类似车辆的价格。一般地说，市场参照物价格高，车辆出售的价格就会高，反之则低。

4．评估清算价格的方法

汽车评估清算价格的方法主要有以下三种：

（1）**现行市价折扣法**　现行市价折扣法是指对清理车辆，首先在旧汽车市场上寻找一个相适应的参照物，然后根据快速变现原则估定一个折扣率并据以确定其清算价格。

> **例 5-13**　一辆旧轿车，经调查在旧汽车市场上成交价为 4 万元，根据销售情况调查，折价 20% 可以当即出售，则该车辆清算价格为 4 万元×(1-20%)＝3.2 万元。

（2）**拍卖法（也称意向询价法）**　这种方法是向被评估车辆的潜在购买者询价以取得市场信息，最后经评估人员分析确定其清算价格的一种方法。用这种方法确定的清算价格受供需关系影响很大，要充分考虑其影响的程度。

例5-14 有大型拖拉机一台，拟评估其拍卖清算价格，评估人员经过对3位农场主、2位农机公司经理和2位农机销售员征询，其估价分别为6万元、7.3万元、4.8万元、5万元、6.5万元、5万元和7万元，平均价为5.9万元。考虑春节将至和其他因素，评估人员确定清算价格为5.8万元。

（3）竞价法　竞价法是由法院按照法定程序（破产清算）或由卖方根据评估结果提出一个拍卖的底价，在公开市场上由买方竞争出价，谁出的价格高就卖给谁。

5.4.4 重置成本法

1. 重置成本法及其理论依据

重置成本法是指在现时条件下重新购置一辆全新状态的被评估车辆所需的全部成本（即完全重置成本，简称重置全价），减去该被评估车辆的各种陈旧贬值后的差额作为被评估车辆现时价格的一种评估方法。重置成本法的计算模型如下：

模型一：$$P = B - (D_S + D_G + D_Y + D_J)$$
模型二：$$P = BC$$
模型三：$$P = BCK$$
模型四：$$P = BCK\Phi$$

式中　P——被评估车辆的评估值；
　　　B——完全重置成本；
　　　D_S——实体性贬值；
　　　D_G——功能性贬值；
　　　D_Y——营运性贬值；
　　　D_J——经济性贬值；
　　　C——成新率；
　　　K——综合调整系数；
　　　Φ——变现系数。

通过对重置成本法计算公式的分析不难发现，要合理运用重置成本法评估旧汽车的交易价格，必须正确确定车辆的完全重置成本、实体性贬值、功能性贬值、营运性贬值、经济性贬值和成新率。

重置成本法的理论依据是：任何一个精明的投资者在购买某项资产时，他所愿意支付的价钱，绝对不会超过具有同等效用的全新资产的最低成本。如果该项资产的价格比重新建造或购置一全新状态的同等效用的资产的最低成本高，投资者肯定不会购买这项资产，而会去新建或购置全新的资产，这也就是说，待评估资产的重置成本是其价格的最大可能值。

完全重置成本是购买一辆全新的与被评估车辆相同的车辆所支付的最低金额。按重新购置车辆所用的材料、技术的不同，可把完全重置成本区分为复原重置成本（简称复原成本）和更新重置成本（简称更新成本），复原成本是指用与被评估车辆相同的材料、制造标准、设计结构和技术条件等，以现时价格复原购置相同的全新车辆所需的全部成本。更新成本是指利用新型材料、新技术标准、新设计等，以现时价格购置相同或相似功能的全新车辆所支付的全部成本。一般情况下，在进行完全重置成本计算时，如果同时可以取得复原成本和更新成本，应选用更新成本，如果不存在更新成本，则再考虑用复原成本。

和其他机器设备一样，汽车价值也是一个变量，它随其本身的运动和其他因素变化而相应变化。影响车辆价值量变化的因素，除了市场价格以外，还有其他因素，包括汽车的实体性贬值、汽车的功能性贬值、汽车的营运性贬值和汽车的经济性贬值。

重置成本法的计算公式为正确运用重置成本法评估汽车提供了思路，评估操作中，重要的是依此思路，确定各项评估技术、经济指标。

（1）**成新率** 对于成新率 C 的确定，在实际评估时，要根据评估对象的不同情况，选择不同的方法。一般来说，对于完全重置成本不高的老旧车辆，可采用使用年限法中的等速折旧法，以及行驶里程法来估算其成新率；对于完全重置成本价值中等的旧汽车，可采用使用年限法中的等速折旧法估算其成新率；对于重置成本价值高的车辆，可采用部件鉴定法。

1）使用年限法。运用使用年限法估算旧汽车成新率需注意以下两点：

① 使用年限是代表车辆运行或工作量的一种计量，这种计量是以车辆的正常使用为前提的，包括正常的使用时间和正常的使用强度。在实际评估过程中，应非常注意车辆的实际已使用时间，而不是简单的日历天数，同时也要考虑其实际使用强度。

② 已使用年限不是指会计折旧中已计提折旧年限，也不是指会计折旧年限。

使用年限法方法简单，容易操作，一般用于价值不高的旧汽车价格的评估。

二手车成新率的计算公式为

$$C_D = \left(1 - \frac{Y}{G}\right) \times 100\%$$

式中 C_D——等速折旧法成新率；

G——规定使用年限，即机动车的使用寿命；

Y——已使用年限，是指机动车从登记日期开始到评估基准日所经历的时间。

2）行驶里程法。行驶里程法计算二手车成新率的计算公式如下：

$$C_X = \left(1 - \frac{L_1}{L_2}\right) \times 100\%$$

式中 C_X——行驶里程法成新率；

L_1——机动车累计行驶里程数；

L_2——机动车报废标准规定的行程里程数。

此公式使用前提是车辆使用强度大，累计行驶里程数超过年平均行驶里程。

年平均行驶里程按下式计算：

$$L = \frac{L_2}{T}$$

式中 L——年平均行驶里程；

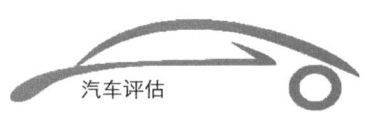

L_2——机动车报废标准规定的行驶里程数；

T——机动车报废标准规定的使用年数。

最近几年我国各类汽车年平均行驶里程见表5-7。

表5-7 我国各类汽车年平均行驶里程

汽车类别	年平均行驶里程/万 km
微型、轻型货车	3~5
中型、重型货车	6~10
私家车	1~3
行政、商务用车	3~6
出租车	10~15
租赁车	5~8
旅游车	6~10
中、低档长途客运车	8~12
高档长途客运车	15~25

3）整车观测法。整车观测法是指二手车评估人员凭职业经验、靠感觉（视觉、听觉、触觉）或借助检测工具，对鉴定车辆的状态和损耗程度做出职业判断、分级，以确定成新率的一种方法。私用轿车不同技术状况对应的成新率见表5-8。

表5-8 私用轿车不同技术状况对应的成新率

车辆等级	车况定义	技术状况描述	成新率(%)
1	很新	登记后≤1年,行驶里程数≤3万 km,没有缺陷,没有修理和买卖的经历	95
			90
2	很好	登记后≤3年,行驶里程数≤9万 km,有轻微不明显的损伤,漆面、车身和内部仅有小的瑕疵,没有机械问题,无须更换部件或进行任何修理,无不良记录	85
			80
			75
3	良好	登记后≤5年,行驶里程数≤15万 km,重新油漆的痕迹是好的,机械部分及易损件已更换,在用状态良好,故障率低,可随时出车使用	70
			65
			60
			55
4	一般	行驶里程数≤30万 km,有一些机械方面的明显缺陷,需要进行某些修理或换一些易损件,可以随时出车,但动力下降,油耗增加	50
			45
			40
			35
5	尚可使用	处于运行状态的旧车,油漆晦暗,锈蚀严重,有多处明显的机械缺陷,可能存在不容易修复的问题,需要维修较多的换件,可靠性很差,使用成本增加	30
			25
			20
			15
6	待报废处理	基本到达或到达使用年限,通过 GB 7258—2017《机动车运行安全技术条件》检查,能使用但不能正常使用,动力性、经济性、可靠性下降,燃料费、维修费、大修费增长速度快,车辆效益与支出基本持平,甚至下降,排放污染和噪声达到极限	10
			6
			4
7	报废	使用年限已达到报废期,只有基本材料的回收价值	2 或 0

4）部件鉴定法。部件鉴定法（技术鉴定法）是在确定二手车各组成部分的技术状况的基础上，按其组成部分对整车的重要性和价值量的大小来加权评分，最后确定成新率的一种方法。

采用部件鉴定法估算二手车成新率的计算公式如下：

$$C_B = \sum_{i=1}^{n} \Delta_i \beta_i$$

式中　C_B——部件鉴定法二手车成新率；

　　　Δ_i——二手车第 i 项部件的成新率；

　　　β_i——二手车第 i 项部件价值权重。

部件鉴定法的基本步骤如下所述：

① 先将车辆分成几个部分的总成部件，见表 5-9 再根据各总成部件的建造成本、车辆建造成本的比重，按一定百分比来确定权重。

② 全新车辆对应的功能标准为满分 100 分，其功能完全丧失为 0 分，再根据各总成、部件的技术状况估算各总成部件的成新率。

③ 将各总成部件的成新率与权重相乘，即得到各总成部件的权分成新率。

④ 最后将各总成部件权分成新率相加，即得被评估车辆的成新率。

表 5-9　机动车总成、部件价值权重分配

总成名称	权重(%)		
	轿车	客车	货车
发动机及离合器总成	25	28	25
变速器及传动轴总成	12	10	15
前桥及转向器前悬架总成	9	10	15
后桥及后悬架总成	9	10	15
制动系统	6	5	5
车架总成	0	5	6
车身总成	28	22	9
电器仪表系统	7	6	5
轮胎	4	4	5

由于在不同种类、档次的车辆上，各组成部分对整车的重要性及其价值占整车的比重各不相同，有些类型车辆之间相差还很大。因此表 5-9 的数据只能供评估人员参考，不可作为唯一标准。在实际评估时，应根据车辆各部分价值量占整车价值的比重，调整各部分的权重。

用部件鉴定法计算加权成新率时，部件成新率的取值一般不能超过采用公式计算得出的整车成新率。

采用部件鉴定法时，车辆各组成部分权重难以掌握，特别是各种车型及各种品牌，其车辆各组成部分权重也是不同的，因此它费时费力。但评估值更接近客观实际，可信度高。因为它既考虑了旧汽车实体性损耗，同时也考虑了旧汽车维修换件会增大车辆的

价值。这种方法一般用于价值较高的旧汽车评估。

(2) 变现系数 当对旧汽车进行价值评估时,还应充分考虑到市场微观经济环境(如某品牌或某车款的热卖度、供求关系、车龄、地区差异、车辆档次或价位等)和政府宏观政策对车辆变现能力的影响,即需考虑旧汽车的变现系数。

对于轿车变现系数可按表 5-10 选取,亦可以选用中国汽车流通协会定期发布的二手车变现系数参数参考值。对于大货车、大客车、特种车辆的变现系数需要在实践中探索,目前,还没有参考值。

由于二手车变现系数影响因素很多,估计难度较多,一般在旧汽车价值评估中省略。

表 5-10 轿车变现系数

已使用时间/月	1~6	7~12	13~18	19~24	25~30	31~36	37~42	43~48	49~54	55~60
变现系数	0.80	0.84	0.86	0.88	0.90	0.92	0.94	0.96	0.98	1.00

注:采用使用年限法中的加速折旧法求成新率时,此表不适用。

(3) 综合调整系数

1) 综合调整系数的构成。对于采用使用年限法和行驶里程法计算成新率时,还应考虑二手车的技术状况对成新率的影响,影响二手车成新率的主要因素有车辆技术状况、使用和维修状态、原始制造质量、工作性质、工作条件五方面。为此,综合调整系数由五方面构成,但这五方面因素的影响权重是不同的,根据经验分别取为 30%、25%、20%、15% 和 10%。则综合调整系数的计算公式如下:

$$K = K_1 \times 30\% + K_2 \times 25\% + K_3 \times 20\% + K_4 \times 15\% + K_5 \times 10\%$$

式中 K_1——车辆技术状况调整系数;

K_2——车辆使用和维修状态调整系数;

K_3——车辆原始制造质量调整系数;

K_4——车辆工作性质调整系数;

K_5——车辆工作条件调整系数。

2) 各系数的选取。

① 车辆技术状况系数 K_1。车辆技术状况系数是基于对车辆技术状况鉴定的基础上对车辆进行的分级,然后取调整系数来修正车辆的成新率,技术状况系数取值范围为 0.6~1.0,技术状况好时取上限,反之取下限。

② 车辆使用和维修状态系数 K_2。它是反映使用者对车辆使用、维修的水平,不同的使用者,对车辆使用、维修的实际执行情况差别较大,因而直接影响到车辆的使用寿命和成新率,使用和维修状态系数取值范围为 0.7~1.0。

③ 车辆原始制造质量系数 K_3。确定该系数时,应了解车辆是国产车还是进口车;是进口车的还需了解是不是名牌车,以及进口国别;是国产车的应了解是名牌产品还是一般产品。国家正规手续进口的车辆质量不一定优于国产车辆,名牌产品也不一定优于一般产品。例如,20 世纪 90 年代中期进口的韩国大宇、现代等车型,由于车辆质量及配件供应存在的问题,应属进口非名牌车。因此,在确定此系数时应较慎重。原始制造

质量系数取值范围在 0.7~1.0。

④ 车辆工作性质系数 K_4。车辆工作性质不同，其繁忙程度不同，使用强度亦不同。把车辆工作性质分为私人工作用车和生活用车，机关企事业单位的公务和商务用车，从事客运、货运、城市出租的营运用车。以普通小轿车为例，一般来说，私人工作和生活用车每年行驶约 2.5 万 km，公务、商务用车每年不超过 6 万 km，而营运出租车每年行驶可高达 15 万 km，甚至更多。可见工作性质不同，车辆使用强度差异也较大。车辆工作性质系数取值范围为 0.5~1.0。

⑤ 车辆工作条件系数 K_5。我国地域辽阔，各地自然条件差别很大，车辆的工作条件对其成新率影响很大。工作条件分道路条件和特殊使用条件。

道路条件可分为好路、中等路和差路三类。好路是指国家道路等级中的高速公路，一、二、三级道路，好路率在 50% 以上；中等路是指符合国家道路等级四级道路，好路率在 30%~50%；差路是指国家等级以外的路，好路率在 30% 以上。

特殊使用条件主要是指特殊自然条件，包括寒冷、沿海、风沙、山区等地区。

根据上述工作条件，工作条件系数可适当取值，车辆长期在道路条件为好路和中等路行驶时，工作条件系数取 1 或 0.8；车辆长期在差路或特殊使用条件下工作，其系数取 0.6。

各调整系数的选取方法及其权重分配见表 5-11。

表 5-11 二手车成新率调整系数

影响因素	因素分级	调整系数	权重(%)
技术状况	好	1.0	30
	较好	0.9	
	一般	0.8	
	较差	0.7	
	差	0.6	
使用和维修	好	1.0	25
	较好	0.9	
	一般	0.8	
	较差	0.7	
制造质量	进口名牌车	1.0	20
	国产名牌车	0.9	
	进口非名牌车	0.8	
	走私罚没车、国产非名牌车	0.7	
工作性质	私用	1.0	15
	公务、商务	0.7	
	营运	0.5	
工作条件	较好	1.0	10
	一般	0.8	
	较差	0.6	

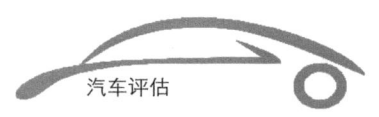

从上述影响因素中可以看出，各影响因素关联性较大。一般来说，其中某一影响因素加强时，其他项影响因素也随之加强；反之则减弱。影响因素作用加强时，其综合调整系数不随影响作用加强而无限加大，一般综合调整系数取值不要超过1。

目前，众多的汽车生产厂家为促进新车销售，纷纷开展旧汽车置换业务，例如，一汽-大众奥迪公司、上海通用公司等为旧汽车置换制定了相关的综合调整系数表，供各品牌公司在评估车辆时使用。

除了上述五种主要因素之外，还有其他因素对二手车的成新率有一定的影响，如车辆大修情况、重大事故情况和地域因素等。一辆机动车经过一段时间的使用后会产生磨损，磨损的补偿就是修理。当某零部件完全丧失功能而又无法修理时，必须换件以恢复其功能。当车辆主要总成的技术状况下降到一定程度时，需要用修理或更换车辆零部件的方法，以恢复车辆的动力性、经济性、工作可靠性和外观的完整美观性，这种对车辆的追加投入从理论上讲，增加了车辆的使用寿命，因此，对成新率的估算值可适当增加。但是在实际使用和维修中存在许多不足之处：

① 使用者对车辆的技术管理水平低，不清楚自己车辆的实际技术状况，而不能做到合理送修、适时大修。

② 社会上有些维修企业，维修设备落后，维修安装技术水平差。

③ 有些配件质量差。

因此，经过大修的车辆不一定都能很好地恢复其使用性能，例如，老旧的车辆刚完成大修，即使很好地恢复了其使用性能，但其耐久性一般很差；一些高档车辆经过大修以后，不仅难以恢复原始技术状况，而且有扩大故障的可能性。因此，对于完全重置成本在7万元以下的旧汽车，一般不考虑大修对其成新率的增加问题；对于重置成本在7万~25万元之间的车辆，凭车主提供的车辆大修结算单等资料可适当考虑增加成新率的估算值；对于25万元以上的进口车或国产高档车，凭车主提供的车辆大修或一般维修换件的结算单等资料，分析车辆受托维修厂家的维修设备、维修技术水平、配件来源等情况，或者对车辆进行实体鉴定，考察维修对车辆带来的正面作用或者可能出现的负面影响，从而酌情决定是否增加成新率的估算值。重大事故通常是指车辆因碰撞、倾覆而造成车辆主要结构件的严重损伤，尤其是承载式车身的车辆发生过重大事故后，往往存在严重的质量缺陷，并且不易修复，对其价值有重大影响，二手车评估人员必须非常重视。因此，对出现重大事故的二手车，应给予一定的折损率，一般为10%~50%。对于火烧车、水浸车的评估，尚需进一步研究探讨。

2. 模型的应用

采用模型一，除了要准确了解二手车的完全重置成本和实体性贬值外，还必须计算其功能性贬值、营运性贬值和经济性贬值，而这三个贬值因素要求评估人员对未来影响二手车的营运成本、收益乃至经济寿命有较为准确的把握，否则难以准确评估二手车的市场价值。

从理论上讲，模型一优于模型二或模型三，这是因为模型一中不仅扣除了车辆的有形损耗，而且扣除了车辆的功能性损耗和经济性损耗，但其实际的可操作性较差，使用困难。

模型二适用于整车观测法和部件鉴定法来估算成新率。

模型三适用于使用年限法中的加速折旧法来估算成新率。

模型四适用于使用年限法中的等速折旧法和行驶里程法来估算成新率。

模型二、模型三和模型四中成新率的确定是综合了二手车的各项贬值的结果，具有收集便捷、操作较简单易行，评估理论更贴近机动车实际工作状况，容易被委托人接受等优点，故模型二、模型三和模型四被广泛采用。

3. 重置成本的估算

前面讲述完全重置成本分复原重置成本和更新重置成本。一般来说，复原重置成本大于更新重置成本，但由此引起的功能性损耗也大。在获得复原重置成本和更新重置成本的情况下，应选择更新重置成本。之所以要选择更新重置成本，一方面，随着科学技术的进步，劳动生产率的提高，新工艺、新设计的采用被社会所普遍接受；另一方面，新型设计、工艺制造的车辆，无论从其使用性能还是成本耗用方面都会优于旧的机动车辆。

更新重置成本和复原重置成本的相同方面在于采用的都是车辆现时价格，不同之处在于技术、设计标准方面的差异，对于某些车辆，其设计、耗费、结构几十年一贯制，更新重置成本与复原重置成本是一样的。应该注意的是，无论更新重置成本还是复原重置成本，车辆本身的功能不变。

完全重置成本的估算在资产评估中方法很多，对于汽车评估定价，一般采用以下两种方法：

（1）**直接法**　直接法也称重置核算法，它是按待评车辆的成本构成，以现行市价为标准，计算被评估车辆重置全价的一种方法。也就是将车辆按成本构成分成若干组成部分，先确定各组成部分的现时价格，然后相加汇总得出待评估车辆的重置全价。

完全重置成本的构成可分为直接成本和间接成本。直接成本是指直接可以构成车辆成本的支出部分。具体来说是按现行市价的买价，加上运输费、车辆购置税、消费税、人工费等。间接成本是指购置车辆发生的管理费、专项贷款发生的利息、注册登记手续费等。

以直接法取得的完全重置成本，无论国产或进口车辆，尽可能采用国内现行市场价作为车辆评估的重置成本全价。市场价可通过市场信息资料（如报纸、专业杂志和专业价格资料汇编等）和车辆制造商、经销商询价取得。

汽车完全重置成本全价的构成一般分下述两种情况考虑：①属于所有权转让的经济行为，可按被评估车辆的现行市场成交价作为被评估车辆的重置全价，其他费用略去不计；②属于企业产权变动的经济行为（如企业合资、合作和联营，企业分设、合并和兼并等），其完全重置成本构成除了考虑被评估车辆的现行市场购置价格以外，还应考虑国家和地方政府对车辆加收的其他税费（如车辆购置税、教育费附加、车船税等），将其一并计入重置成本全价。

（2）**物价指数法**　物价指数法是在车辆原始成本的基础上，通过现时物价指数确定其重置成本。计算公式为

$$车辆完全重置成本 = 车辆原始成本 \times \frac{车辆评估时物价指数}{车辆购置时物价指数}$$

或

$$车辆重置成本 = 车辆原始成本 \times (1 + 物价变动指数)$$

如果被评估车辆是淘汰产品，或是进口车辆，当询不到现时市场价格时，这是一种很有用的方法，用物价指数法时注意的问题是：

1）一定要先检查被评估车辆的账面购买原价。如果购买原价不准确，则不能用物价指数法。

2）用物价指数法计算出的值，即为车辆完全重置成本值。

3）运用物价指数法时，现在选用的指数往往与评估对象规定的评估基准日之间有一段时间差，这一时间差内的价格指数可由评估人员依据近期内的指数变化趋势结合市场情况确定。

4）物价指数要尽可能选用有法律依据的国家统计部门或物价管理部门以及政府机关发布和提供的数据。有的可取自有权威性的国家政策部门所辖单位提供的数据，不能选用无依据、不明来源的数据。

4. 实体性贬值及其估算

车辆的实体性贬值是由于使用和自然力损耗形成的贬值。实体性贬值的估算一般可以采取以下两种方法：

（1）**观察法** 观察法也称成新率法，是指对评估车辆，由具有专业知识和丰富经验的工程技术人员对车辆的实体各主要总成部件进行技术鉴定，并综合分析车辆的设计、制造、使用、磨损、维护、修理、改装情况和经济寿命等因素，将评估对象与其全新状态相比较，考察由于使用磨损和自然损耗对车辆的功能、技术状况带来的影响，判断被评估车辆的有形损耗率，从而估算实体性贬值的一种方法，计算公式为

$$车辆实体性贬值 = 完全重置成本 \times 有形损耗率$$

（2）**使用年限法** 其计算公式为

$$车辆实体性贬值 = (完全重置成本 - 残值) \times \frac{已使用年限}{规定使用年限}$$

式中 残值——车在报废时净回收的金额，在鉴定估价中一般略去残值不计。

5. 功能性贬值及其估算

对目前在市场上能购买到的且有制造厂家继续生产的全新车辆，一般采用市场价即可认为该车辆的功能性贬值已包含在市场价中了。这是最常用的方法。从理论上讲，同样的车辆其复原重置成本与更新重置成本之差即是该车辆的功能性贬值。但在实际评估工作中，具体计算某车辆的复原重置成本是比较困难的，一般就用更新重置成本（即市场价），认为其已考虑其一次性功能贬值。

在实际评估时经常遇到的情况是：待评估的车辆其型号是现已停产或是自然淘汰的车型，这样就没有实际的市场价，只有采用参照物的价格用类比法来估算。参照物一般采用替代型号的车辆。这些替代型号的车辆其功能通常比原车型有所改进和增加，故其

价值通常会比原车型的价格要高（功能性贬值大时，也有价格更低的）。故在与参照物比较，用类比法对原车型进行价值评估时，一定要了解参照物在功能方面改进或提高的情况，再按其功能变化情况测定原车辆的价值，总的原则是被替代的旧型号车辆其价格应低于新型号的价格。这种价格有时是相差很大的。评估这类车辆的主要方法是设法取得该车型的市场现价或类似车型的市场现价。

6. 营运性功能贬值的估算

关于营运性功能贬值的估算，第1章已详细介绍，此处不再赘述。

7. 经济性贬值的估算

经济性贬值是由机动车辆外部因素引起的。外部因素对车辆价值的影响不外乎包括造成营运成本上升和车辆闲置两类。由于造成车辆经济性贬值的外部因素很多，并且造成贬值的程度也不尽相同，因此在评估时只能统筹考虑这些因素，而无法单独计算所造成的贬值。其评估的思考方法如下：

1）估算前提。车辆经济性贬值的估算主要以评估基准日以后是否停用、闲置或半闲置作为估算依据。

2）已封存或较长时间停用，且在近期内仍将闲置，但今后肯定要继续使用的车辆最简单的估算方法是按其可能闲置时间的长短及其资金成本估算其经济贬值。

3）根据市场供求关系估算其贬值。

对于营运车辆来讲，通常采用两种方式计量其经济性贬值：一种是利用车辆年收益损失额折现累加计算；另一种是通过车辆利用率的变化来估算。

（1）利用年收益损失额折现累加计算 如果由于外界因素变化，导致车辆营运收益的减少额或投入成本的增加额能够估算出来，则可直接按车辆继续使用期间每年的收益损失额折现累加，以求得车辆的经济性贬值。用公式表示为

$$车辆的经济性贬值 = 车辆年收益损失额 \times (1-所得税税率) \times (P/A, i, n)$$

式中　P——车辆评估值；

　　　A——未来每个收益期的预期收益额；

　　　i——表示折现率；

　　　n——表示车辆剩余使用年限。

年收益损失额只能根据外界因素来计量，不能把因技术落后等自身因素所造成的收益损失额归入此类。

> **例 5-15**　一辆已使用了5年的出租车，由于国家行业政策及检测标准的变化，该车每年较过去平均需增加投入2000元才能满足有关规定要求。试估算该出租车的经济性贬值。
>
> 根据国家规定，出租车的使用年限为8年。从购车登记日起，至该车的评估基准日止，该车已使用年限为5年。该车的剩余使用年限为3年。
>
> 取所得税税率25%，适用的折现率为10%，则车辆的经济性贬值为
>
> 2000元 × (1-25%) × (P/A, 10%, 3) = 2000元 × (1-25%) × 2.4869 = 3730.35元
>
> 其中，(P/A, 10%, 3) 为10%折现率3年的折现系数，可查表取得，该值为2.4869。

（2）通过车辆利用率的变化估算　如果由于外部因素的影响，导致车辆的利用率下降，可按照以下公式估算车辆的经济性贬值率：

$$车辆的经济性贬值率 = [1-(A/B)^x] \times 100\%$$

式中　A——车辆实际工作量；
　　　B——车辆正常工作量；
　　　x——规模效益指数，$0<x<1$。

其调整计算的结果说明车辆的运输量与投入成本之间并非呈线性关系。当车辆的运输量降至正常运输量的一半时，其投入成本不会也随之降至正常投入成本的一半。x 一般在 0.6~0.7 之间。

> **例 5-16**　由于某企业因行业发展普遍不景气，工作量不足，一辆专用汽车的利用率仅为正常工作量的 70%；在该汽车的剩余使用年限内，这种情况也不会有所改变。经评估该汽车的完全重置成本为 29 万元，成新率为 60%。功能性贬值和营运性贬值可忽略不计。试估算该车辆的经济性贬值。
>
> ① 计算车辆的经济性贬值率：
>
> $$车辆的经济性贬值率 = (1-0.7^x) \times 100\%$$
>
> 取 $x=0.7$，则车辆的经济性贬值率 $=(1-0.7^{0.7}) \times 100\% = 22\%$
>
> ② 车辆扣除有形损耗后的价值为：29 万元 × 60% = 17.4 万元
>
> ③ 车辆的经济性贬值为：17.4 万元 × 22% = 3.828 万元

8. 重置成本法实例

> **例 5-17**　汪先生于 2017 年 1 月共花 12 万元购得伊兰特轿车一辆做出租车，并于当月登记注册，2020 年 1 月在哈尔滨交易，请汽车评估师对其进行鉴定评估。经评估师了解，2020 年 1 月该型号车的纯车价为 8.6 万元，车辆购置税税率为 10%，无重大事故痕迹，汽车表面有多处划伤，需要维修费 0.3 万元，行驶里程 20 万 km。请用重置成本法鉴定该车的评估值。
>
> **解**　1）根据已知条件，确定被评估车辆的完全重置成本为
>
> $$B = 8.6 万元 \times (1+1/1.13 \times 10\%) = 9.36 万元$$
>
> 2）确定车辆的成新率。根据国家规定，出租车的使用年限为 8 年，则根据使用年限法法求得成新率 C_D 为
>
> $$\begin{aligned} C_D &= \left(1-\frac{Y}{G}\right) \times 100\% \\ &= (1-3 年/8 年) \times 100\% \\ &= 62.5\% \end{aligned}$$
>
> 3）确定被评估车辆的综合调整系数 K，查行业调整系数表求得
>
> $$\begin{aligned} K &= K_1 \times 30\% + K_2 \times 25\% + K_3 \times 20\% + K_4 \times 15\% + K_5 \times 10\% \\ &= 0.8 \times 30\% + 1.0 \times 25\% + 0.9 \times 20\% + 1.0 \times 15\% + 0.5 \times 10\% \\ &= 0.87 \end{aligned}$$

4) 确定被评估车辆的价格：

车辆的价格＝完全重置成本×成新率×调整系数

$$P = BCK$$
$$= 9.36 万元 \times 0.625 \times 0.87$$
$$= 5.09 万元$$

9. 重置成本法的特点

（1）适用情况　在二手车的实际评估业务中，一般多采用重置成本法来计算二手车的评估值。这是因为：①完全重置成本的信息资料容易取得；②完全重置成本法充分考虑了车辆的损耗，评估结果更趋于公平合理，且操作相对简单易行，评估理论贴近二手车的实际。

应当说明的是，要使评估价值与二手车客观存在的价值完全一致，是很难做到的。评估人员的目标或任务应该是努力缩小这两个量之间的差距。

（2）局限性　重置成本法虽然考虑了通货膨胀等经济性贬值的因素、技术进步引起的功能性贬值的因素及实体性贬值的因素，但该方法还是不能较全面地反映资产（车辆）的经济性贬值，有的经济性贬值很难估算，如环境政策、心理状态、消费习惯等引起的贬值。此外，如果存在经济性贬值，重置成本法严格说来不可以作为一种独立的方法来使用，必须结合其他评估方法来进行评估，如和收益现值法一起应用。因为按重置成本法得到的二手车价值，低于按折现现金流量计算的二手车价值，这两者之间的差额即为二手车的经济性贬值。若真的结合其他评估方法来进行评估，就会使评估工作比较复杂，工作效率很低，实施起来较困难，不太现实。因此，虽然重置成本法在实际评估工作中广泛应用，但还应从理论上认识清楚，掌握其本质，做到心中有数。

此外，在估算贬值和完全重置成本（更新重置成本）时，还会有主观上的误差。如果被评估车辆已在市场上消失，取而代之的是更先进的换代新车型，而这种新车型与原有老车型相比，在功能和性能上也会有很大升级。此时两者的差异需要非常专业的分析，准确地确定其价值方面的影响是非常困难的，往往要靠评估人员的经验来判断，而由此产生的误差就比较大。另外，贬值的估算有时受主观因素的影响。上述这些方面会直接影响评估结果的准确度。

10. 采用重置成本法的优缺点

采用重置成本法的优点为：①比较充分地考虑了车辆的损耗，评估结果更趋于公平合理；②有利于旧汽车的评估；③在不易计算车辆未来收益或难以取得市场（旧车交易市场）参照物条件下可广泛应用。

采用重置成本法的缺点是工作量较大，且经济性贬值也不易准确计算。

思 考 题

1. 简述资产评估要素。

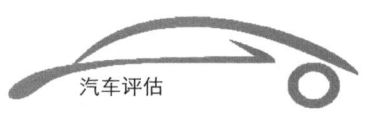

2. 解释汽车资金的时间价值。

3. 简述重置成本法的特点及局限性。

4. 简述现行市价法的优缺点。

5. 个体工商户选购档次不同牌号的车辆作为出租营运用车，在市场上有三种不同的车辆可供选择，其投资和费用见表 5-12。假设标准收益率为 15%，使用年限均为 8 年，试问应选购哪一种牌号的车辆比较经济合理。

表 5-12 投资和费用表　　　　　　　　　　（单位：元）

	A	B	C
车辆投资	62000	54000	45000
年耗油费用	14000	18000	18000
年维护费	5000	9000	12000
其他管理费	12000	11000	16000
费用合计	31000	38000	46000

第6章　旧汽车收购评估

6.1　旧汽车的合法鉴定

6.1.1　合法性的鉴别

旧汽车交易市场上，旧汽车来源复杂，经常有不符合国家交易规定的汽车；一些不法商贩故意伪装车辆，掩盖问题，购车者切勿上当。车辆是否合法，常从如下两方面鉴别：

1. 核对欲购车辆来源合法证明文件

（1）**国产汽车**　原始售车发票上，明确标有产品型号、售车单位公章、购车单位名称和购车日期等。

（2）**进口汽车**　除原始售车发票外，还应具有相关的海关文件。

（3）**旧汽车**　售车方应具有旧汽车交易市场出具的前次交易发货票。

2. 核对车辆与行驶证是否相符

（1）**核对汽车编号**　发动机和车架（底盘）上的编号是否与行驶证记载相符？有无伪改？如因更换或修理总成，变动了编号，原车主必须办理相关手续，在行驶证中记录签章。

（2）**核对车辆型号**　合格的汽车产品均有制造厂家和汽车分类型号的代表字母和数字，这些内容填写在机动车行驶证上和刻印在汽车铭牌内。核对时，车辆铭牌刻印的汽车型号内容应与行驶证内填写的内容相符。

（3）**核对车辆颜色**　欲购汽车的颜色应与机动车行驶证记录的颜色相符。

（4）**核对改装汽车**　普通汽车改装成其他专用车时，经公安机关车辆管理部门批准，并应在机动车行驶证内签章，方为合法交易。

6.1.2　汽车的主要证件

汽车的主要证件包括机动车来历凭证、机动车行驶证、机动车登记证书、机动车号

牌、道路运输证和机动车安全技术检验合格标志等法定证件。

1. 机动车来历凭证

机动车来历凭证主要包括以下几个方面：

1）在国内购买机动车的来历凭证，是全国统一的机动车销售发票或者旧汽车销售发票；在国外购买的机动车，其来历凭证是该销售单位开具的销售发票及其翻译文本。

2）人民法院调解、裁定或者判决转移的机动车，其来历凭证是人民法院出具的已经生效的调解书、裁定书或者判决书以及相应的协助执行通知书。

3）仲裁机构仲裁裁决转移的机动车，其来历凭证是仲裁裁决书和人民法院出具的协助执行通知书。

4）继承、赠与、中奖和协议抵偿债务的机动车，其来历凭证是继承、赠与、中奖和协议抵偿债务的相关文书和公证处出具的公证书。

5）资产重组或者资产整体买卖中包括的机动车，其来历凭证是资产主管部门的批准文件。

6）国家机关统一采购并调拨到下属单位未注册登记的机动车，其来历凭证是全国统一的机动车销售发票和该部门出具的调拨证明。

7）国家机关已注册登记并调拨到下属单位的机动车，其来历凭证是该部门出具的调拨证明。

8）经公安机关破案返还的被盗抢且已向原机动车所有人理赔完毕的机动车，其来历凭证是保险公司出具的权益转让证明书。

9）更换发动机、车身、车架的来历凭证，是销售单位或者修理单位开具的发票。

2. 机动车行驶证

机动车行驶证是由公安车辆管理机关依法对车辆进行注册登记核发的证件，它是机动车取得合法行驶权的凭证，是车辆上路行驶必需的证件，是旧汽车过户、转籍必不可少的证件。

3. 机动车登记证书

在我国境内道路上行驶的机动车，应当按规定经机动车登记机构办理登记，核发机动车号牌、机动车行驶证和机动车登记证书。

机动车所有人申请办理机动车各项登记业务时均应出具机动车登记证书；当登记信息发生变动时，机动车所有人应当及时到车管所办理相关手续；当机动车所有权转移时，原机动车所有人应当将机动车登记证书随车交给现机动车所有人。目前，机动车登记证书还可以作为有效资产证明，到银行办理抵押贷款。

机动车登记证书同时也是机动车的"户口本"，所有机动车的详细信息及机动车所有人的资料都记载在上面，证书上所记载的原始信息发生变化时，机动车所有人应携机动车登记证书到车管所做变更登记。

机动车登记证书是旧汽车评估人员必须认真查验的手续。机动车登记证书的内容更详细，一些评估参数必须从机动车登记证书上获取，如使用性质的确定等。

4. 道路运输证

道路运输证是县级以上人民政府交通主管部门设置的道路运输管理机构对从事旅客运输（包括城市出租客运）、货物运输的单位和个人核发的随车携带的证件，营运车辆转籍过户时，应当到运输管理机构及相关部门办理过户有关手续。

5. 机动车安全技术检验合格标志

汽车必须进行安全技术检验，检验合格后，由公安机关发放合格标志。根据《中华人民共和国道路交通安全法实施条例》的规定，汽车检验合格标志应贴在汽车前窗右上角。若无合格标志或标志无效，则不能交易。

机动车安全技术检验由机动车安全技术检验机构实施。机动车安全技术检验机构应当按照国家机动车安全技术检验标准对汽车进行检验，对检验结果承担法律责任。

6.1.3 查验汽车号牌

汽车号牌是由公安车辆管理机关依法对机动车进行注册登记核发的号牌，它和汽车行驶证一同核发，其号码与行驶证应该一致。它是汽车取得合法行驶权的标志。

1. 汽车号牌的分类、规格、颜色及适用范围

根据 GA 36—2018《中华人民共和国机动车号牌》的规定，汽车号牌分为大型汽车号牌、挂车号牌、小型汽车号牌、小型新能源汽车号牌、使馆汽车号牌、领馆汽车号牌、港澳入出境车号牌、教练汽车号牌、警用汽车号牌、低速车号牌、临时行驶车号牌、临时入境汽车号牌等21种形式。常用汽车号牌的分类、规格、颜色及适用范围见表6-1。

表 6-1 号牌分类、规格、颜色及适用范围

分类	外廓尺寸/mm（长×宽）	颜色	数量	适用范围
大型汽车号牌	前：440×140 后：440×220	黄底黑字，黑框线	2	符合 GA 802 规定的中型（含）以上载客、载货汽车和专项作业车（适用大型新能源汽车号牌的除外）
挂车号牌	440×220	黄底黑字，黑框线	1	符合 GA 802 规定的挂车
大型新能源汽车号牌	480×140	黄绿底黑字，黑框线		符合 GA 802 规定的中型（含）以上新能源汽车
小型汽车号牌	440×140	蓝底白字，白框线	2	符合 GA 802 规定的中型以下的载客、载货汽车和专项作业车（适用小型新能源汽车号牌的除外）
小型新能源汽车号牌	480×140	渐变绿底黑字，黑框线		符合 GA 802 规定的中型以下的新能源汽车

2. 汽车号牌基材

大型汽车号牌、挂车号牌、小型汽车号牌、小型新能源汽车号牌、使馆汽车号牌、领馆汽车号牌、港澳入出境车号牌、教练汽车号牌、警用汽车号牌、低速车号牌等基材都是金属的，而临时行驶车号牌、临时入境汽车号牌等是纸质的。

3. 式样

（1）**外廓尺寸为 440mm×140mm 的号牌**　适用于大型汽车前号牌、小型汽车号牌、港澳入出境车号牌、教练汽车号牌等，号牌试样如图 6-1 所示。

图 6-1　外廓尺寸为 440mm×140mm 的号牌

（2）**外廓尺寸为 440mm×220mm 的号牌**　适用于大型汽车后号牌和挂车号牌，号牌式样如图 6-2 所示。

图 6-2　大型汽车后号牌和挂车号牌

（3）外廓尺寸为 480mm×140mm 的号牌　适用于小型新能源汽车号牌、大型新能源汽车前号牌，号牌式样如图 6-3 所示，大型新能源汽车后号牌式样如图 6-4 所示。

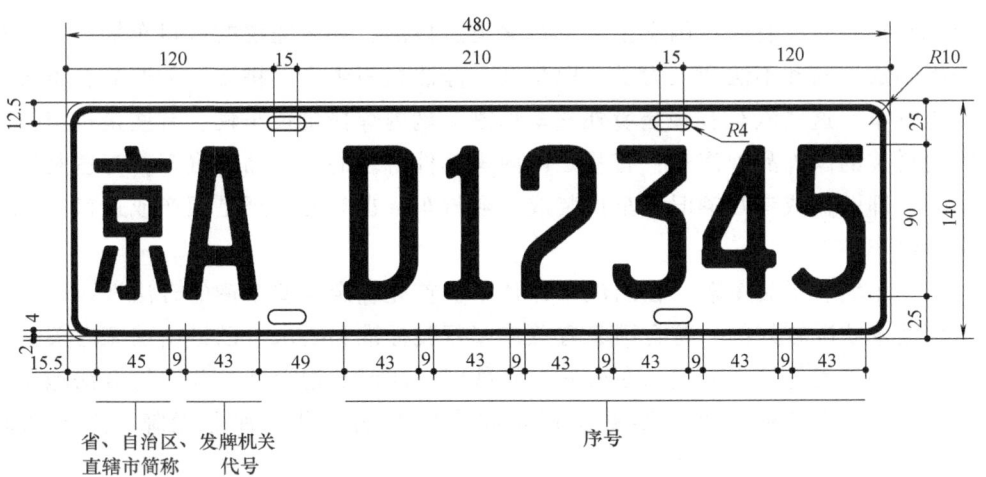

图 6-3　小型新能源汽车号牌、大型新能源汽车前号牌

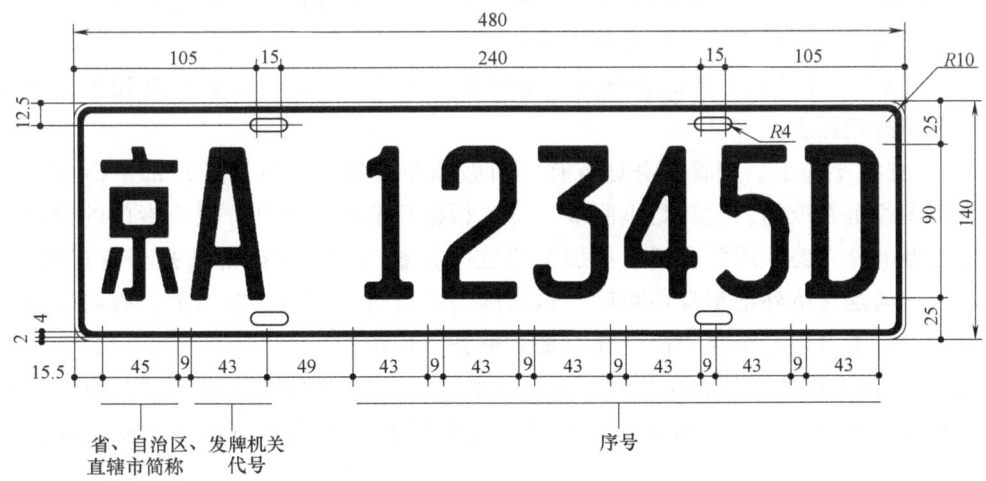

图 6-4　大型新能源汽车后号牌

4．号牌的位置

根据 GA 36—2018《中华人民共和国机动车号牌》的规定，机动车号牌应当悬挂在车前、车后指定位置，保持清晰、完整。重型、中型载货汽车及其挂车的车身或者车箱后部应当喷涂放大的号牌，字样应当端正并保持清晰。

6.1.4　各种汽车识伪检查

在旧汽车交易市场不可避免地会出现一些走私车辆、拼装车辆、盗抢车辆以及事故车辆，如何界定这部分车辆，在旧汽车评估过程中是一项十分重要而又艰难的工作。它必须凭借技术人员所掌握的专业知识和丰富经验，结合有关部门的信息材料，对评估车型细致地鉴别，将这部分车辆与其他正常车辆区分开，从而使旧汽车交易规范、有序地进行。

1. 鉴别走私和拼装车辆

走私车辆是指没有通过国家正常进口渠道进口的，并未完税的进口车辆。拼装车辆是指一些不法厂商和不法商人为了牟取暴利，非法组织生产、拼装，无产品合格证的假冒、低劣汽车。这些汽车有些是境外整车切割，境内焊接拼装车辆；有些是进口汽车散件在国内拼装的国外品牌汽车；有些是国内零部件拼装的国内品牌汽车；有些是旧汽车拼装车辆，即两辆或者几辆旧汽车拼装成一辆汽车；也有的甚至是国产或进口零配件拼装的杂牌汽车。

对走私车辆、拼装车辆，在旧汽车评估中，首先确定这些车辆的合法性。因为，一种是车辆技术状况较好的，符合国家有关汽车行驶标准和要求，已经由国家有关执法部门处理，通过拍卖等其他方式，在公安车管部门已注册登记上牌，并取得合法地位的车辆。这些旧汽车在评估价格上要低于正常状态的车辆。另一种是无牌、无证的非法车辆。

对走私车辆、拼装车辆的鉴别方法有以下六种：

1）运用公安车管部门的车辆档案资料，查找车辆来源信息，确定车辆的合法性及来源情况。这是一种最直接有效的判别方法。

2）查验旧汽车的汽车产品合格证、维护保养手册。对进口车必须查验进口产品商验证明书和商验标志。

3）检查汽车外观。查看车身是否有重新做油漆的痕迹，特别是顶部下沿部位，查看车身的线条是否流畅，尤其是小曲线部位。根据目前技术条件，没有专门的设备，不可能处理得十分完美，因此会留下再加工痕迹。检查门柱和车架部分是否有焊接痕迹，很多走私车辆是在境外把车身切割后，运入国内再进行焊接拼凑起来的。查看车门、发动机舱盖、行李舱盖与车身的接合缝隙是否整齐、均衡。

4）查看汽车内饰。检查内饰材料是否平整，内饰压条边沿部分是否有明显的手指印或有其他工具碾压后留下的痕迹。车顶部装饰材料或多或少都会留下被弄脏后的痕迹印。

5）打开发动机舱盖，检查发动机和其他零部件是否有拆卸后重新安装的痕迹，是否有旧零部件或缺少零部件。查看导线、管路布置是否有条理，安装是否平整。核对发动机号码和车辆识别代码（车架号码）字体和部位。

6）走私车一般不会有中文说明书和中文的保修手册；走私车的ECU显示有的为德文、法文或中东地区的阿拉伯文；走私车一般会出现在大型的汽车交易集中地区，不会为一种品牌建立专门的展厅或维修中心；登录所想购买品牌的国际网站或中文网站，上面都会有所在地区的授权经销商的名称和联络方法。

2. 鉴别盗抢车辆

盗抢车辆一般是指公安车管部门已登记上牌的，在使用期内丢失的或被不法分子盗窃的，并在公安部门已报案的车辆。由于这类车辆被盗窃方式多种多样，被盗窃后所遗留下来的痕迹会不同。例如撬开门锁、砸车窗玻璃、撬转向盘锁等，都会留下痕迹。同时，这些被盗赃车大部分经过一定修饰后，再被卖出。这些车辆很可能会流入旧汽车交易市场。其鉴别方法一般有以下几种：

1）根据公安车辆管理部门的档案资料，及时掌握车辆状态情况，防止盗抢车辆进入市场交易。这些车辆从车辆主人报案起到追寻找到为止这段时期内，公安车管部门将这部分车辆档案材料锁定，不允许进行车辆过户、转籍等一切交易活动。

2）根据盗窃的一般手段，主要检查汽车门锁是否过于新，锁芯有无被更换的痕迹，门窗玻璃是否为原配正品，窗框四周的防水胶是否有插入玻璃升降器开车门的痕迹，转向盘或点火开关是否有被破坏或调换的痕迹。

3）不法分子急于对有些车辆销赃，他们会对车辆、有关证件进行篡改和伪造，使被盗车面目全非。检查重点是核对发动机号码和车辆识别代码，钢印周围是否有变形或褶皱现象，钢印正反面是否有焊接的痕迹。

4）查看车辆外观，是否全车身重新做过油漆，或者改变原车辆颜色。

5）在底盘部分，特别是行驶系统，可以找到旧零件；没有出厂合格证，即使提供合格证，也有涂改痕迹，或者合格证上没有生产厂的产品检验章和检验员的印章，或合格证的编号与发动机及车架的钢印号码不一致；没有主渠道销售公司的正式发票。如果在机动车产地购买，造假者无法提供生产厂家的正规销售发票。

3. 鉴别碰撞事故车辆

（1）**碰撞事故车辆** 严重碰撞或撞击的车辆只要符合以下任何一条损伤的，就应认为是碰撞事故车辆：

1）碰撞或撞击后，车架弯曲变形、断裂后修复。

2）散热器及散热器支架被撞损伤后修复或更换过的。

3）车身后翼子板碰撞后被切割或更换过。

4）车门及其下边框、B柱碰撞变形弯曲后修复或更换过。

5）整个汽车在事故中翻滚，整个车身产生变形凹陷、断裂后修复的。

（2）**鉴别方式**

1）检查车辆的周正情况。在汽车制造厂，汽车车身及各部件的装配位置是在生产线上经过严格调试的装、卡具保证的，装配出的车辆各部分对称、周正。而维修企业对车身的修复则是靠维修人员目测和手工进行操作，装配精度难以保证。因此检查车身是否发生过碰撞，可站在车的前部观察车身各部的周正、对称状况，特别注意观察车身各接缝，若出现不直、缝隙大小不一、线条弯曲、装饰条有脱落或新旧不一的情况，则说明该车可能出现过事故或修理过。

① 在汽车的前面5~6m，蹲下沿着轮胎和汽车的外表面看汽车的两侧。前、后车轮应该排成一线。然后，走到汽车后面进行同样的观察，前轮和后轮应该仍然成一条直线。如果不是这样，则车架或整体车身发生了弯曲变形。

即使左侧前、后轮和右侧前、后轮互成一条直线，但如果一侧车轮比另一侧车轮更远离车身，则汽车已发生过碰撞事故。

② 蹲在前车轮附近，检查车轮后面的空间，即车轮后面与车轮罩后缘之间的距离，用直尺测量这段距离。再转到另一前轮，测量车轮后面与车轮罩后缘之间的距离。该距

离应该和另一前轮的大致相同。如果发现左前轮或左后轮和它们的轮罩之间距离与右前或右后轮的相应距离大大不同，则车架或整体车身发生了弯曲变形。

2）检查油漆脱落情况。查看排气管、镶条、窗户四周和轮胎等处是否有多余油漆。如果有，说明该车已做过喷漆或翻新。用一块磁贴（最好选用冰箱柔性磁铁，不会损伤汽车漆面，且磁性足以承担此项工作）沿车身周围移动，若遇到磁力突然减小，说明该局部进行过补灰做漆工作。当用手敲击车身时，若敲击声发脆，说明车身没有进行过补灰做漆工作；若敲击声沉闷，则说明车身进行过补灰做漆工作。

如果发现新漆的迹象，则查找车身有无制造不良的现象或金属抛光的痕迹。沿车身查找是否有像波状、非线性翼子板或后行李舱盖那样的不规则板材。如果发现车身制造或面板、车门、发动机舱盖、行李舱盖等配合不好，则汽车可能已经遭受碰撞，导致这些面板对准困难。换句话说，车架可能已经弯曲。

3）检查底盘线束及其连接情况。未发生事故的车辆在正常情况下，其连接部件应配合良好，车身没有多余焊缝，线束、仪表部件等应安装整齐，新旧程度接近。因此在检查车辆底盘时，应认真观察车底是否漏水、漏油、漏气，锈蚀程度与车体上部检查的是否相符，是否有焊接痕迹，车辆转向节臂、转向横/直拉杆及球销有无裂纹和损伤，球销是否松旷，连接是否牢固可靠，车辆车架是否有弯、扭、裂、断、锈蚀等损伤，螺栓、铆钉是否齐全、紧固，车辆前后是否有变形、裂纹。固定在车身上的线束是否整齐，新旧程度是否一致，这些都可以作为判断车辆是否发生过事故的线索。

4．鉴别泡水车辆

首先打开发动机舱盖，查看散热器片、散热器前板（从下往上看）是否留有污泥。然后检查发动机旁的发电机、起动机、电线插座等小零件，左右轮罩的接缝处。其次，翻倒检查前、后排座椅，查看弹簧及内套绒布是否有残留污泥，或者还伴有霉味。此外，还要查看行李舱内的备胎座内有无污泥，若是泡水车，后轮罩隐秘的接缝处死角内会留有污泥。另外，还要仔细检查一下前、后车门中间的B柱，把塑料饰板轻轻撬开，可看出浸泡水线的高度。如果塑料饰板没有更换，不需要撬开，就可发现泡水高度的水线印迹。撬开塑料饰板后，可查看到B柱内死角接缝不易清洗处的污泥和水线印迹。最后还可检查前、后风窗玻璃橡胶条，在车内将其拉开，内有污泥，则肯定是泡水车。

有时会遇到河塘的水非常清澈干净，无污泥。碰到这种情况，也可按上述检查，看出浸泡水线的痕迹。泡过水与未浸水的界面，一定会留下痕迹，仔细查看，即可发现异样。多处查看，都存在同样的问题，即可肯定是泡水车。

6.1.5 车辆核查

1．车辆拍照

（1）拍摄要求

1）拍摄距离。拍摄距离是指拍摄立足点与被拍旧汽车的远近。拍摄距离远，则拍摄范围大，所拍的旧汽车影响小，一般要求全车影像尽量充满整个像面。

2）拍摄角度。拍摄角度是指拍摄立足点与被拍的旧汽车的方位关系。根据拍摄角度方位，一般分为上下关系与左右关系。

① 上下关系。拍摄角度的上下关系可分为俯拍、平拍和仰拍三种。

俯拍是指在比被拍摄物高的位置向下拍摄。平拍是指拍摄点在物体的中间位置、镜头平置的拍摄，此种拍摄方法的效果就是人两眼平视的效果。仰拍是指相机放置在较低部位，镜头由下向上仰置的拍摄，这种拍摄易发生变形。

② 左右关系。拍摄角度的左右关系一般根据拍摄者确定的拍摄方位，分为正面拍摄和侧面拍摄两种。正面拍摄是指面对被拍摄的物体的正面进行拍摄。侧面拍摄是相对于正面拍摄而言的。

3) 光照方向。光照方向是指光线与相机拍摄方向的关系，一般分为正面光、侧面光和逆光三种。对于旧汽车拍照应尽量采用正面光拍摄，可使旧汽车的轮廓分明、牌照号码清晰、车身颜色真实。

(2) 拍摄流程

1) 场地选择。选择宽敞、平坦的场地，背景尽量简单。

2) 旧汽车的准备。

① 车身要擦洗干净。

② 前风窗玻璃及仪表盘上无遮挡。

③ 机动车号牌无遮挡。

④ 关闭各车门。

⑤ 转向盘回正，前轮处于直线行驶状态。

3) 选择拍照角度和方向。光照方向应采用正面光拍摄，拍照距离以全车影像充满整个像面为宜。以平拍方式，与待拍车辆的左前侧呈 45°方向进行拍摄。

2. 汽车主要总成及部件的核查与确认

汽车通常由发动机、底盘、车身、电气设备四个部分组成，第 2 章已详细介绍，这里不再赘述。要对主要总成及部件进行核查与确认。

3. 发动机及附件静态检验

1) 检查散热器（冷却时）。打开发动机舱盖，首先检查散热器部分。但检查的前提是冷车状态，否则很容易被溅出的冷却液烫伤。打开散热器盖后，注意观察冷却液面上是否有其他的异物漂浮，如锈蚀的粉屑、不明的油污等。如果发现有油污浮起，表示可能有机油渗入到冷却液内；如果发现浮起的异物是锈蚀的粉屑，表示散热器内的锈蚀情况已经很严重。一旦发现有上述情况，表示该车的发动机状况不是很好，需特别注意。

2) 检查发动机舱及下方有无油污及漏油痕迹，有油污则说明可能是发动机中央部分（如气门室盖垫处或油底壳处）漏油，这会带来很多麻烦。

3) 蓄电池检查。一般蓄电池的寿命大约是两年，因此在检查蓄电池时，可先注意蓄电池上的制造日期。如果已经超过两年，则表示这个蓄电池已经快要报废了。可以要求卖车者更换新的蓄电池；也可以要求减价。

4) 空气滤清器检查。打开空气滤清器的盒盖，看看里面的清洁程度如何。如果灰

尘很多，滤芯很脏，则表示这部车的使用程度较高，而且该车的前一位车主对车的保养也较差，没有定期更换滤芯。由此可设想，一部车的保养差，车况也不会太好。

5）检查机油尺前，先准备好白色的布或餐巾纸。在找到机油尺的位置后，先将机油尺拉起，用准备好的白布或餐巾纸将机油尺擦干净，然后检查布或纸上留下的机油颜色。如果呈暗褐色，则表示该换机油了，而且前位车主的保养习惯很差；如果呈黏稠状，也表示保养较差，很少更换机油；如果含有水汽，那可能就严重了，这种发动机"吃水"的情形，会让水、机油混合而呈乳白色的色泽，对发动机的伤害非常大。

另外，一般机油尺上都有高、低油位的标记，如果在这两个油位之间，则表示正常。因此，可再将擦干净的机油尺从油箱中拉出来，检查机油尺上的油位。如果油位过低，则表示这部车可能有漏机油的情况，车况不佳。

4. 离合器的静态检验

在衡量旧汽车整体价值方面，离合器并非关键部分，对价格的影响也不大，但也应该对其做必要的检查。静态方面就要检查：离合器踏踩自如，有一定阻力，但自由行程不能超过总行程的1/4，当踩下离合器踏板到3/4时，离合器就应该稳固地接合。检查其行程是否合适，可以用直尺在踏板处测量，先测出踏板最高位置高度，再测出踩下踏板至感到有阻力时的高度，两个数值的差就是该车离合器自由行程数值，如果不符合看能不能进行调整，如不能调整，则说明离合总成需要更换。

5. 变速器的静态检验

变速器是汽车一个很重要的总成，直接影响旧汽车的价值，静态方面主要检查：变速器外壳有没有损坏、裂痕和渗漏现象，有没有油污；变速器静态操纵是不是轻便自如，有没有阻挡甚至有异响声音等。

6. 车身的静态检验

(1) **车漆检验** 由于漆面老化、磕碰剐蹭、事故等原因，需要对全车进行做漆。观察车辆是否做漆主要有以下几种方法：

1）看光线反射和色差。通过车身反射光的明暗对比来判断是否做漆，一般做漆的地方反射光很暗。但一些高档车都是在厂家指定的特约维修站烤漆，计算机配色、配漆、配亮油，做漆的质量非常好，不容易观察。对于金属漆，可以检查漆面金属的含量。

2）用手感觉顺滑性。做漆的地方感觉会不顺滑，同时车身的不平整也可以感觉出。

3）观察有无砂纸打磨的痕迹。只要刮完腻子用砂纸打磨后，都会留有痕迹，有很多或粗或细的条纹，和做漆周边完好的原车漆部分是不同的。

4）敲打车身来判断做漆的部位。做漆的部分声音要低沉一些，因为刮腻子的薄厚程度和原车漆是不一样的。

5）注意边沿、装饰条及橡胶密封件，看是否有残留油漆痕迹和"流漆"痕迹。

6）检查有无残留油漆以及和车身油漆的色差。

(2) **钣金检验** 通过焊接质量和钣金痕迹可以查找事故痕迹与隐患。虽然钣金技术已经非常完善，但只要细心观察还是能分辨出钣金修理的痕迹。

1）发动机舱盖检验。仔细查看发动机舱盖与翼子板的密合度或与发动机留有的缝隙是否一致，不要有大小不一的情形，发动机与风窗玻璃之间的间隙是否一致或留有原车的胶漆，这些都是检查的重点。发动机舱盖内的检查更是重点中的重点，打开发动机舱盖时，先检查一下其内侧，如果有烤过漆的痕迹，表示发动机舱盖被碰撞过，因为一般不会在这个位置烤漆，原因是它不具有美观的价值。

2）车门检验。从车门框 B（前后门之间）柱来观察是否呈现为一直线，若无波浪（俗称橘子皮）的情形发生，则表示此车门无大问题。再从车门查看，在未打开车门时，可先看车门接缝处是否平整，如果接合自然平整，则表示此车门无大问题，但不能就此断定此车没问题，可以再打开车门来详细查看 A 柱（风窗玻璃左右侧）、B 柱（前后门之间）、C 柱（后风窗玻璃左右侧），也就是观看车门框是否呈一线，如果不平整，有类似波浪的情形，则表示此车经过钣金修理。也可将黑色的水胶条揭开来看是否平整，车门附近是否留有原车接合时的铆钉痕迹，留有痕迹的话表示此车为原厂车，没有的话表示此车烤过漆。最后可反复开关车门检视车门开启的顺畅度，若无噪声或开启时极为顺手，则表示车门没什么大问题。

3）行李舱检验。查看行李舱开口处左右两边的钣金件或与后保险杠的接合处时，可先翻开行李舱下的地毯，检视该处有无烧焊过的痕迹，虽然现在的钣金技术已经非常完善，但只要细心观察还是能够分辨出是否进行过钣金维修，这一点非常重要。如果车辆维修得比较粗糙，则可能存在雨天行李舱漏水的问题。

4）车顶检验。汽车的车顶大多是平滑曲面，并具有流线型，如果表面不平滑甚至出现小平面，就会对光线反射不均匀，说明此处钣金和涂装过；车顶两侧的聚水和导流槽，线条应均匀流畅，凹沟深浅宽窄均匀，如果出现不流畅和不均匀，则说明车顶有严重变形，进行了钣金和涂装修复。

7. 车架的静态检验

汽车车架的损坏程度直接关系到最终的交易价格，检查车架是判断汽车是否有严重损坏或碰撞事故的好方法。

大部分轿车采用"整体车身"结构，即车身、车架整体设计；而且有些"公路型、城市型"SUV 也采用整体车身设计，而多数货车、SUV 仍然采用单独的车身和车架式设计。

在静态检查时，可以通过如下方法：分别检查左、右两侧的前后轮是否成一条直线，若不是直线，说明整体车架弯曲了；还可以测量每个车轮后侧与轮罩的间隙，如不是大致相同，则说明车架或整体车身有弯曲迹象；还可以检查发动机舱盖和翼子板的间隙，接着检查车门接缝处的间隙，如果间隙过大，很可能是已经更换过发动机舱盖和车门，也可能是曾拆卸后喷漆，这肯定与事故密不可分。打开发动机舱盖后，看贯穿整个发动机舱的两根纵梁，通常在蓄电池下方的不容易看到，而左侧的容易观察。检查它们有无焊接或开裂的痕迹。如果是追尾或侧面撞击的事故，车架会受挤压而弯曲或开裂，维修时都需要焊接。检查轿车的翼子板部分，这也是判断轿车整体车身是否有事故的关键部位，如果有焊接或开裂等痕迹，就说明其出现过侧面碰撞事故；如果有条件将车开

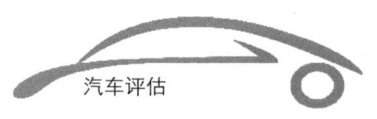

上"地沟",就可以很容易地检查了。对于轿车等,可检查加强筋;对于 SUV、货车等,可以检查车架,它们应该是平直没有弯曲的,而且贯穿车架的几根横梁也不应有焊接痕迹。

8. 车轮的检验

1)轮胎的气压很重要,它影响着轮胎的使用寿命。检查旧汽车时,先围着车子转一圈,检查四个车轮是否"亏气",这用肉眼很容易观察到。当然也可以借助胎压表或其他测量仪器来检查。

2)如果看到轮胎花纹中间磨损严重,则很可能是胎压长期过高导致的;相反的,如果是轮胎花纹两侧磨损,说明车主经常在胎压过低的状态下行驶。通常轮胎的标准气压值都标注在轮胎外侧面上。

3)检查前轮时,如果左右轮的磨损不均匀,或内侧磨损严重,有可能是前束或外倾不正确,也可能是由转向机构间隙过大,或转向机构连接松旷导致的。

4)检查旧汽车轮毂轴承。如果可以的话,把车架起来,或者开上地沟。之后用手转动车轮,应该平稳无噪声,如果转动有紧有松,可能是轴承不正常。还可以用手握住车轮上下两端,扳动车轮,应该没有松旷和阻滞的感觉。

9. 车底静态检验

在检查车况时,如果有举升机,或是能开上地沟,就能够检查到车辆底部,如果没有条件那只有钻到车底下去检查。底盘稳定的车,行驶中不会有抖动、摆振;制动时不会跑偏;转向平顺无异响;悬架系统无异响无渗漏;不会有机油、冷却液、变速器油、减振器油、水等的渗漏。检查用如下方法:

1)检查排气系统。要检查排气系统的紧固程度,这是汽车"安静"行驶的重要保证。检查是否有泄漏迹象,这需要在起动发动机后仔细听排气系统是否有地方发出"嘶嘶"的声音,也可以通过变换发动机转速来倾听泄漏声响。注意不要碰到排气系统,因为它非常热。要检查消声器和三元催化器的接缝处,这些地方有出现泄漏的可能。还要检查排气管吊架和支座是否有损坏。

2)检查燃油系统和油路。一般电喷车型在行驶 5 万 km 左右要更换燃油滤清器,可以根据车辆的行驶里程,以及滤清器的新旧及清洁度判断是否更换过。检查油底壳和放油塞,要看是否有漏油痕迹,需要注意的是,由于行车中气流有抽吸作用,因此使泄漏不明显。如果驻车时发现此问题,那么说明泄漏很明显,需要进行大修。

3)检查冷却液是否泄漏。如果暖风器芯或软管泄漏,在车辆底部可以发现,应该可以在离合器壳及发动机舱周围找到冷却液污迹。冷却液是绿色的,如果在试车时开空调了,那么会有水滴,驻车后会继续滴落,不要混淆。

4)检查制动油液泄漏情况。看前后制动器是否有制动油液痕迹,从汽车的前部到后部循着制动钢管寻找管路中是否有凹陷或渗漏痕迹。

5)检查车架时,可以在车辆底部清楚地看到任何碰伤或焊接、修理的痕迹。检查前后悬架系统时,可以检查减振器弹簧、滑柱、转向柱、横拉杆、球头等。在后轮驱动车型中,要注意驱动轴不能有弯曲、凹陷痕迹,这会导致行车时有振动和抖动感觉。在前轮驱动车型中，检查万向节防尘套是否有损坏，如果损坏了，可能导致万向节损坏，维修费用很高。还要检查是否有"拖底"的痕迹，对于轿车的整体式车身/车架，拖底后车底盘会有明显的痕迹，拖底还会伤及油底壳、转向系统、悬架系统、传动系统、排气系统，各种伤害都会对车辆造成不同的损害，影响行驶平顺性，甚至对行车安全造成隐患。

6) 检查轮胎内侧。在车辆底部可以看到轮胎内侧，检查是否有严重磨损、割伤、腐蚀等，并通过轮胎的花纹磨损形式来判断车辆行驶状况。

10. 车内检验

1) 车门玻璃应升降自如，上升能到顶，下降能到底，侧滑窗开关应轻松自如，推拉顺畅，密封良好。

2) 应当逐一检查仪表板、转向盘上及转向管柱等处的各个开关及显示灯是否完好。顺便查看一下主电源线是否完好，线束里面的导线有无老化，尤其要注意有无自行搭线，如有搭线很可能线束里面的导线原有断路、短路故障。

3) 用手晃动转向盘，上下不应有间隙，左右自由行程不应过大，表面手感要好。

4) 座椅表面应清洁、完好，无破损、划伤。前排座椅可前后自由移动，并有多个位置可固定，供乘客自由选择适当的乘坐位置。破损的踏板胶垫、很脏的座椅以及磨损了的门扶手等均意味着汽车已驶过了相当长的里程。如果卖主提供了座椅套，务必察看一下原始的椅垫。如果座椅松动、磨损严重、凹陷，则说明车常常载人，由此可推断汽车经常行驶在高负荷的环境下。

5) 坐好后，手放在转向盘上，左脚踏离合器踏板，应感觉轻松自如，并有一小段自由行程；右脚踩下制动踏板不放，制动踏板应保持一定的高度，若其缓慢下移，则表示制动系统有泄漏现象。加速踏板不应有卡滞、沉重、不回位的现象，腿、脚放在加速踏板上时，脚腕应自然舒适，这样才能保证长途驾驶不疲劳。

6) 车门、车内的软化内饰板应装卡到位，手推下去不应松脱。

7) 如果场地设有试水装置，应驾车驶过淋水洗车区，考察车身密封性，掀开地板垫，仔细检查车室内及行李舱内是否被淋湿。淋水后，检查各密封件是否完好，并注意车灯内是否蒙上了水雾变模糊。车内如有发霉的味道，则表明汽车可能有漏水的情况。

11. 电气系统的检验

检查车辆灯具安装是否因车辆振动而松脱、损坏，所有灯光的开关应安装牢固、开关自如，不能因车辆振动而自行开关。车辆的前照灯、后位灯、示廓灯（若安装）、侧标志灯（若安装）、挂车标志灯（若安装）、牌照灯和仪表灯应能同时启闭，当前照灯关闭和发动机熄火时仍能点亮。白天在距车辆100m处应能观察到车辆的前/后转向信号灯、危险警告信号及制动灯的工作状况，白天在距车辆30m处应能观察到侧转向信号灯的工作状况；后牌照灯亮时，夜间好天气的情况下在距车辆20m处应能看清牌照号码。制动灯的发光强度应明显大于后位灯，前照灯光束照射位置应保持稳定。在检验前照灯近光光束照射位置时，将前照灯照射在距其10m的屏幕上，光束明暗截止线转角或中点的高度应为 $(0.7 \sim 0.9)H$，光束水平方向位置向左偏不允许超过170mm，向

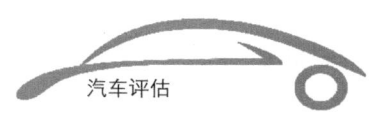

右偏不允许超过 350mm，其中 H 为前照灯基准中心高度；在检验前照灯远光光束及远光单光束灯照射位置时，将前照灯照射在距其 10m 的屏幕上，光束中心离地高度应为 $(0.9\sim1.0)H$，左灯光束水平位置向左偏不允许超过 170mm，向右偏不允许超过 350mm，右灯向左或向右偏均不允许超过 350mm。

车辆蓄电池必须安装牢靠，以防止车辆行驶振动时蓄电池发生松动。蓄电池应能保持常态电压。车辆电气导线均应捆扎成束、布置整齐、固定卡紧、接头牢固并有绝缘套，在导线穿越孔洞时应装设有绝缘套管。车辆的喇叭应工作可靠。汽车的冷却液温度表或冷却液温度警告灯、电流表（或电压表、充电指示灯）、燃油表、车速里程表和机油压力表（或油压警告灯）等各种仪表应保持灵敏有效。

12. 汽车工作状态下的检查

汽车在起动、怠速、起步、加速、均速、滑行、制动减速、紧急制动以及在换档运行中，通过对汽车的操纵性、加速性、滑行性、安全性以及噪声和排放情况的检测来评价汽车的技术状况。

(1) **无负载时的工况检查** 检查起动是否容易，起动机是否正常无异响，然后使其怠速运转，打开发动机舱盖，观察发动机是否运转稳定、无异响，随后用手拨动节气门检查加速性并迅速放回节气门，观察发动机是否熄火或工作不稳，在发动机运转中还应检查排气颜色和加油口处是否有窜气现象，以辨别气缸与活塞环的密封情况。

(2) **道路工况的检查** 车辆道路工况的检查一般在 20km 左右的路段进行，检查的内容包括离合器分离、结合是否彻底，工作时不应有异响，不应有抖动和打滑现象。离合器踏板自由行程应符合规定，不应过小，施加踏板力应不大于 300N。检查变速器时，先从起步档加速到高速档，再由高速档减至低速档，操作时应轻便灵活，无异响，无跳档或乱档现象，对于自动变速器，汽车在平坦路面上起步时，一般不需下踏加速踏板，换档时应无明显感觉，加速时不应有"迟滞"或"冲"现象。检查传动系统时，将车加速至 40~60km/h 时，迅速抬起加速踏板，如有金属冲击声，说明传动系统间隙过大。

制动性能的检查是旧汽车道路工况评价的一个重要内容，国标 GB 7258—2017 中对制动距离和制动稳定性做了规定，见表 3-1。

进行车辆制动性能检查时，先进行行车制动检查。在汽车起步后先试踏制动踏板，看是否制动；再将车速提升至 20km/h 做一次紧急制动检查，看是否有跑偏、甩尾现象；然后将车速提升至 50km/h，先用点制动方法检查是否能立即减速及是否会产生跑偏，再用紧急制动方法检查制动距离和跑偏量。做完行车制动检查之后，再进行驻车制动检查，其技术条件应符合 GB 7258—2017 的要求。

汽车动力性能的检查一般可通过加速性能进行，常将车辆从静止状态加速到 100km/h 所需的时间和最高车速与新车设计标准比较，作为评估依据。

检查车辆的传动效率时，可将车辆在平坦路面加速到 50km/h 左右，空档滑行，通过滑行距离判断传动效率。一般路试后应对各部件温度和是否有漏油、漏水进行检查，要求在停车 5min 后不得有明显渗漏现象。

13. 汽车技术状况的仪器检查

在对汽车评估中动态工况检查不易判断的情况下，可进一步进行仪器检查，常用的方法是在底盘测功机上进行输出功率、最高车速和加速度以及工况法下的排放检测；采用四轮定位仪对前轮外倾角、主销后倾角、主销内倾角、前轮前束角、后轮前束角及外倾角进行检测。此外，采用前照灯检测仪可以检测车辆的前照灯配光性能。

6.2 旧汽车评估原则

旧汽车评估的基本原则是对汽车评估行为的规范。正确理解和把握旧汽车评估的原则，对选择科学、合理的旧汽车评估方法、提高评估效率和质量具有十分重要的意义。

旧汽车评估的原则分为工作原则和经济原则两大类。

6.2.1 工作原则

旧汽车评估的工作原则是评估机构与评估工作人员在评估工作中应遵循的基本原则，包括合法性原则、独立性原则、客观性原则、科学性原则、公平性原则、规范性原则、专业化原则和评估时点原则等。

（1）**合法性原则** 旧汽车评估行为必须符合国家法律、法规要求，必须遵循国家对机动车户籍管理、报废标准、税费征收等政策要求，这是开展旧汽车评估的前提。

（2）**独立性原则** 独立性原则要求旧汽车评估机构和工作人员在评估过程中保持独立公正，就是要求旧汽车评估机构和工作人员要依据国家法律、规章制度以及可靠的资料，对评估的旧汽车价格独立地做出评估结论，不受外界干扰和委托者影响。评估人员必须与评估对象的利益涉及者没有任何利益关系，绝不能既从事交易服务经营，又从事交易评估。

（3）**客观性原则** 客观性原则要求旧汽车评估或结果必须以充分的事实为依据，评估过程中不管是预测还是判断都必须以市场和现实的基础资料以及现实技术状态为基础。

（4）**科学性原则** 科学性原则是指要求旧汽车评估机构以及工作人员在评估过程中要运用科学的方法以及程序、技术标准和工作方案，开展的活动也必须科学。

（5）**公平性原则** 这是旧汽车评估机构以及工作人员必须遵循的一项最基本的道德规范，要求评估人员应当公正无私，不偏向任何一方。

（6）**规范性原则** 规范性原则是要求评估机构建立完整、完善的管理制度和严谨的鉴定作业流程。管理上要建立回避制度、监督制度，作业流程制度要科学、严谨。

（7）**专业化原则** 专业化要求旧汽车评估工作由专业的评估机构来承担。同时还要求旧汽车评估行业内部存在专业技术竞争，以便为委托方提供广阔的选择余地，并要求相关人员接受国家专门的职业培训，在职业技能鉴定合格后由国家统一颁发执业证书，持证上岗。

（8）**评估时点原则** 评估时点，又称评估基准日、评估期日、评估时日，是一个具体日期，通常用年、月、日表示。评估额是在该日期的价格。旧汽车市场受时间变化的影响较大，旧汽车价格也有很强的时间性，在不同时点，同一辆旧汽车往往会有不同的价格。

评估时点原则是要说明，评估实际上只是求取某一时点上的价格，因此在评估一辆汽车的价格时，必须假定市场情况停止在评估时点上，同时评估对象即汽车的状况通常也是以其在该时点时的状况为准。评估时点并非总是与评估作业日期（进行评估的日期）相一致的。评估时点早于评估作业日期，称之为"追溯性"评估；评估时点与评估作业日期基本相近，称之为"现实性"评估，这是经常在评估实践中遇到的；评估时点晚于评估作业日期，称之为"前瞻性"评估，即评估车辆在将来的价格。一般将评估人员进行实车勘察的日期定为评估时点，或因特殊需要将其他日期指定为评估时点。确立评估时点原则的意义在于评估时点是责任交代的界限和评估汽车时值的界限。

6.2.2 经济原则

旧汽车评估的经济原则是指在旧汽车评估过程中，进行具体技术处理的原则。它是旧汽车评估原则的具体体现，是在总结旧汽车评估经验及市场能够接受的评估准则的基础上形成的。经济原则主要包括预期收益原则、替代原则和最佳效用原则。

（1）**预期收益原则** 预期收益原则是指在对营运性车辆评估时，车辆的价值可以不按照其过去形成的成本或购置价格决定，但必须充分考虑它在未来可能为投资者带来的经济效益。车辆的市场价格主要取决于其未来的有用性或获利能力。未来效用越大，评估值越高。

预期收益原则要求在进行评估时，必须合理预测车辆的未来获利能力及取得获利能力的有效期限。

（2）**替代原则** 替代原则是商品交换的普遍规律，即价格最低的同质商品对其他同质商品具有替代性。据此原理，旧汽车评估的替代原则是指在评估中，面对几个相同或相似车辆的不同价格时，应取较低者为评估值，或者说评估值不应高于替代物的价格。这一原则要求评估人员从购买者角度进行旧汽车鉴定评估，因为评估值应是车辆潜在购买者愿意支付的价格。

（3）**最佳效用原则** 最佳效用原则是指若一辆汽车同时具有多种用途，在公开市场条件下进行评估时，应按照其最佳用途来评估车辆价值。这样既可保证车辆出售方的利益，又有利于车辆的合理使用。

6.3 旧汽车收购估价

6.3.1 汽车折旧

在进行资金时间价值在车辆营运过程中产生的费用和收入等相关项目的评价的时候，必须要学习收益、现值、终值、年金、折现率等概念。

1. 汽车折旧的一般概念

所谓汽车的折旧，是指汽车随着时间的推移或在使用过程中，由于损耗而转移到产品或服务中去的那部分价值。这部分价值随着车辆产生收益的回收、积累，形成机动车的折旧基金。折旧基金是为了补偿机动车的磨损而逐年提取的专用基金，其主要目的是在旧汽车不能使用或不再使用时,用折旧基金购置新车辆,实现旧汽车更新。

汽车的损耗分为有形损耗和无形损耗。

2. 旧汽车的折旧算法

旧汽车作为固定资产,按现行财务制度规定应计提固定资产折旧。固定资产折旧计算方法很多,车辆的折旧根据车辆的价值、使用年限,采用规定的折旧方法计算,对于允许使用的折旧方法,不同的国家有不同的规定,一般有等速折旧法、快速折旧法等多种方法,我国大多采用等速折旧法。

(1) **等速折旧法** 等速折旧法又称直线折旧法、使用年限法或平均折旧法,是指用车辆的原值除以车辆使用年限,从而求得年均折旧额的方法。计算公式如下:

$$D = \frac{1}{N}(K_0 - S_V)$$

式中 D——汽车年均折旧额;

K_0——汽车原值;

S_V——汽车残值;

N——汽车规定的折旧年限。

此公式使用的前提是车辆运行在(磨损理论的)正常磨损阶段,处于(在疲劳寿命期限内)正常运转状态。

(2) **快速折旧法** 快速折旧法通常分为年份数求和法和余额递减折旧法两种。

1) 年份数求和法。年份数求和法是指每年的折旧额可用车辆原值减去残值的差额乘一个逐年变化的递减系数来确定的一种方法。此递减系数的分母为车辆使用年限历年数字的和,即每年递减系数的分母均相等;分子的大小等于当年时止还余有的使用年数。一般来讲,车辆使用年限为 N 时,递减系数的分母等于 $N(N+1)/2$,分子等于 $N+1-t$。年份数求和法的计算公式如下:

$$D_t = (K_0 - S_V)\frac{N+1-t}{N(N+1)/2}$$

式中 $\frac{N+1-t}{N(N+1)/2}$——递减系数(或年折旧率);

t——汽车在使用期限内某一确定年度。

2) 余额递减折旧法。余额递减折旧法是指任何年的折旧额用现有车辆原值乘以在车辆整个寿命期内恒定的折旧率,接着用车辆原值减去该年折旧额作新的原值,下一年重复这一做法,直到折旧总额分摊完毕。在余额递减中所使用的折旧率,通常大于直线折旧率,当使用的折旧率为直线折旧率的二倍时,称为双倍余额递减折旧法。

余额递减折旧法具体计算公式如下:

$$D_t = K_0 a(1-a)^{t-1}$$

式中 a——折旧率;

t——汽车在使用期限内的某一确定年度。

双倍余额递减折旧法具体计算公式如下:

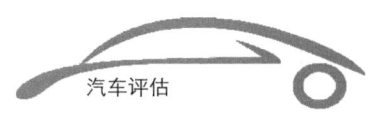

$$D_t = 2K_0 a(1-2a)^{t-1}$$

式中 K_0——上一年原值-上一年折旧额。

应用该公式计算时,若在使用期终仍有余额,为了使折旧总额到使用期终分摊完毕,到一定年度后,要改用等速折旧法。

三种方法计算的折旧率是不同的,以 8 年、10 年和 15 年为例,其每年的折旧率见表 6-2。

表 6-2 三种方法计算折旧率对比

使用年限	折旧率								
	8 年			10 年			15 年		
	等速折旧法	年份数求和法	双倍余额递减折旧法	等速折旧法	年份数求和法	双倍余额递减折旧法	等速折旧法	年份数求和法	双倍余额递减折旧法
1	0.1250	0.2222	0.2500	0.1000	0.1818	0.2000	0.0667	0.1250	0.1333
2	0.1250	0.1944	0.1875	0.1000	0.1636	0.1600	0.0667	0.1167	0.1156
3	0.1250	0.1666	0.1406	0.1000	0.1455	0.1280	0.0667	0.1083	0.1001
4	0.1250	0.1389	0.1055	0.1000	0.1273	0.1024	0.0667	0.1000	0.0868
5	0.1250	0.1111	0.0791	0.1000	0.1091	0.0819	0.0667	0.0917	0.0752
6	0.1250	0.0833	0.0593	0.1000	0.0909	0.0655	0.0667	0.0833	0.0652
7	0.1250	0.0556	0.0445	0.1000	0.0727	0.0524	0.0667	0.0750	0.0565
8	0.1250	0.0278	0.0334	0.1000	0.0545	0.0419	0.0667	0.0667	0.0470
9				0.1000	0.0364	0.0336	0.0667	0.0583	0.0424
10				0.1000	0.0182	0.0268	0.0667	0.0500	0.0368
11							0.0667	0.0417	0.0319
12							0.0667	0.0333	0.0276
13							0.0667	0.0250	0.0239
14							0.0667	0.0167	0.0207
15							0.0667	0.0083	0.0180

从表中可以看出,等速折旧法每年的折旧率是相等的;年份数求和法每年的折旧率是不相等的,且呈直线规律下降;双倍余额递减折旧法每年的折旧率也是不相等的,但其变化规律为指数曲线。

> **例 6-1** 某汽车的原值为 10 万元,规定使用年限为 10 年,残值忽略不计,试用年份数求和法和双倍余额递减折旧法分别计算其折旧额。
>
> 计算结果见表 6-3、表 6-4。

3. 汽车折旧与评估的异同

(1) **实体性贬值与折旧额的区别** 实体性贬值不同于折旧额,不能用账面上累计折旧额代替实体性贬值。折旧是由损耗决定的,但折旧并不就是损耗。折旧是高度政策化了的损耗。在车辆使用过程中,价值的运动依次经过价值损耗、价值转移和价值补偿,折旧作为转移价值,是在损耗的基础上确定的。

表 6-3　用年份数求和法计算折旧

年数	基数(元)	递减系数	年折旧额(元)	累计折旧额(元)
1	100000	10/55	18181	18181
2		9/55	16363	34544
3		8/55	14545	49089
4		7/55	12727	61816
5		6/55	10909	72725
6		5/55	9090	81815
7		4/55	7272	89087
8		3/55	5454	94541
9		2/55	3636	98177
10		1/55	1818	100000

表 6-4　用双倍余额递减折旧法计算折旧

年数	基数(元)	折旧率(%)	年折旧额(元)	累计折旧额(元)
1	100000	20	20000	20000
2	80000	16	12800	32800
3	67200	12.8	8602	41402
4	58598	10.24	6000	47402
5	52598	8.192	4309	51711
6	48289	6.5536	3165	54876
7	45124	25	11281	66157
8	45124	25	11281	77438
9	45124	25	11281	88719
10	45124	25	11281	100000

注：为使累计折旧额在第 10 年期终分摊完毕，表 6-4 从第 7 年起使用了直线折旧法。

(2) **使用年限与折旧年限的区别**　规定使用年限不同于规定折旧年限。折旧年限是对某一类资产做出的会计处理的统一标准，是一种高度集中的理论系数和常数，对于该类资产中的每一项资产虽然具有普遍性、同一性和法定性，但不具有实际磨损意义上的个别性或特殊性。实际上，它的特征表现在以下几个方面：

1) 折旧年限是一个平均年限，对于同一类型中的任何一项资产均适用。

2) 它是在考虑损耗的同时，又考虑社会技术经济政策和生产力发展水平，有时甚至以之为经济杠杆，体现对某类资产的鼓励或限制生产政策。

3) 它是以同类型资产中各项资产运转条件均相同的假定条件为前提的。这种情况下，同类型的资产，无论其所在地如何、维护情况、运行状况如何，均适用同一的折旧年限。

因此评估工作中，评估人员不能直接按照会计学中的折旧年限来取代使用年限。

(3) **评估中成新率的确定与折旧年限确定的基础损耗本身的差异性**　确定折旧年

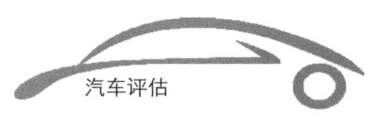

限的损耗包括有形损耗（实体性损耗）和无形损耗；而评估中确定成新率的损耗，包括实体性损耗、功能性损耗和经济性损耗。其中，功能性损耗只是无形损耗的一种形式，而不是无形损耗的全部。

6.3.2 旧汽车收购定价的影响因素

1. 车辆的总体价值

旧汽车收购要充分考虑车辆的总体价值，它包括车辆实体的产品价值和各项手续的价值。

（1）**车辆实体的产品价值** 除了用评估的方法确定车辆实体的产品价值外，还应根据经验结合目前市场行情综合评定。主要评定的项目包括车身外观整齐程度、漆面质量等静态检查项目和发动机怠速声音、尾气排放情况等动态检查项目。另外，配置、装饰、改装等项目也很重要，包括有无ABS、助力装置、真皮座椅、电动门窗、中控防盗锁、CD音响等。有效的改装包括动力改装、悬架系统改装、音响改装、座椅及车内装饰改装等。

（2）**各项手续的价值** 主要包括登记证、原始购车发票或交易过户票、行驶证、车辆购置税完税证明、车船税完税证明、车辆保险合同等。如果收购车辆的证件和税费凭证不全，就会影响收购价格，因为代办手续不但要耗费人工成本，而且可能造成转籍过户中意想不到的麻烦和带来许多难以解决的后续问题。

2. 旧汽车收购后应支出的费用

旧汽车收购除了支付购买车辆的货币以外，从收购到售出时限内，还要支出的费用有保险费、日常维护费、停车费、收购支出的货币利息和其他管理费等。

3. 市场宏观环境的变化

旧汽车收购要注意国家宏观政策、国家和地方法规的变化因素以及这些影响导致的车辆经济性贬值。例如，某车辆燃油消耗量较高，在实行公路养路费的环境中收购该车辆不会引起足够的注意。但刚刚收购该车后不久，国家实施以公路养路费改征燃油附加税，则这辆车可能会因为油耗量高、附加费用高而难以销售。很明显，收购这辆车不仅不能带来经济效益，反而可能带来损失。

4. 市场微观环境的变化

这里所说的市场微观环境，主要是指新车价格的变动以及新车型的上市对收购价格的影响。例如，轿车降价后，旧汽车的保值率就降低了，贬值后收购价格自然也会降低。另外，新款车型问世也会挤压旧车型的价格空间，"老面孔"们身价自然受影响。

5. 经营的需要

旧汽车经营者应根据库存车辆的多少提高或降低收购价格。例如，本期库存车辆减少、货源紧张时，应适当提高车辆收购价格，以补充货源保证库存的稳定。反之，库存车辆多时，则应降低收购价格。另外一种情况是，某一车型出现断档情况，该车型的收购价格会提高。例如，某公司本期旧桑塔纳轿车销售一空，该公司会马上提高该车型的收购价格；反之，如果某公司本期旧桑塔纳轿车销路不畅，库存积压显著，那么应降低该车型的收购价格，同时库存桑塔纳轿车的销售价格也会降低。

6. 品牌知名度和维修服务条件

对不同品牌的旧汽车，由于其品牌知名度和售后服务的质量不同，也会影响到收购价格的制定。像一汽、上汽、东风、广本等，都是国内颇具实力的企业，其产品具有很高的品牌知名度，技术相对成熟，维修服务体系也很健全，旧汽车收购定价可以适当提高。

6.3.3 旧汽车收购定价的方法

旧汽车收购价格的确定是根据其特定的目的，在旧汽车评估的基础上，充分考虑市场的供求关系，对评估的价格做快速变现的特殊处理。按不同的原则，一般有以下几种定价方法：

1. 以现行市价法、重置成本法的思想方法确定收购价格

由现行市价法、重置成本法对旧汽车进行鉴定估算产生一个客观价格，再根据快速变现原则，估算一个折扣率并以此确定旧汽车收购价格。例如，运用重置成本法估算某机动车辆价值为10万元，据市场销售情况调查，估算折扣率为20%可出售，则该车辆收购价格为8万元。

2. 以清算价格的思想方法确定收购价格

清算价格的特点是企业（或个人）由于破产或其他原因，要求在一定的期限内将车辆变现，在企业清算之日预期卖出车辆可收回的快速变现价格。具体来说，主要根据旧汽车技术状况，运用现行市价法估算其正常价值，再根据处置情况和变现要求，乘以一个折扣率和变现系数，最后确定评估价格。

以清算价格的思想方法确定收购价格，由于顾客要求快速转卖变现，因此其收购评估大大低于旧汽车市场成交的同类型车辆的公平市价。一般来说，也低于车辆现时状态客观存在的价格。

3. 以快速折旧的思想方法确定收购价格

根据机动车辆的价值计算折旧额来确定收购价格。

首先计算出旧汽车已使用年数累计折旧额，然后，将重置成本全价减去累计折旧额，再减去车辆需要维修换件的总费用，即得旧汽车收购价格，计算公式为

$$收购价格 = 重置成本全价 - 累计折旧额 - 维修费用$$

重置成本全价一律采用国内现行市场价格。

累计折旧额的计算方法是：先用年份数求和法或余额递减折旧法计算出年折旧额后，再将已使用年限内各年的折旧额汇总累加，即得累计折旧额。

维修费用是指车辆现时状态下，某功能完全丧失，需要维修和换件的费用总支出。

注意：在快速折旧计算时，一般 K_0 值取机动车的重置成本全价，而不取机动车原值。

6.3.4 实例分析

1. 实例一

哈尔滨的李女士有一台原价为48万元的轿车,初次登记日期为2014年5月1日,现在准备换车,协商后评估基准日定在2020年5月1日,行驶里程12万km。据检测报告,该车没有发生重大交通事故,有轻微的碰撞痕迹,有两处需要修理,修理费用合计2000元;保养记录完整,车况良好,可以定为一级车;现在市场上同类型的新车价为42万元。

1) 请鉴定一下该车的价格。
2) 如果收购这辆车,收购价格又是多少?

解:1) 评定价格。

① 确定车辆的重置成本全价:

$$B = 42 万元 + 42 万元 \times (1 \div 1.13) \times 10\% = 45.72 万元$$

② 确定车辆的成新率。根据国家规定,被评估车辆的使用年限为30年,该车已使用年限为6年,被评估车辆的成新率按照等速折旧法计算为

$$C_D = (1 - Y/G) \times 100\% = (1 - 6 年/30 年) \times 100\% = 80\%$$

③ 确定综合调整系数:

$$\begin{aligned} K &= K_1 \times 30\% + K_2 \times 25\% + K_3 \times 20\% + K_4 \times 15\% + K_5 \times 10\% \\ &= 1 \times 30\% + 1 \times 25\% + 0.9 \times 20\% + 1.0 \times 15\% + 1.0 \times 10\% \\ &= 0.98 \end{aligned}$$

④ 确定被评估车辆在公平市场条件下的评估值

$$P = BCK = 45.72 万元 \times 80\% \times 0.98 = 35.84 万元$$

2) 收购估价。根据题意所知:

① 采用等速折旧法计算收购价格。
② 已经使用年限 $t = 6$ 年,规定使用年限为 $N = 30$ 年。
③ $K_0 = 48$ 万元,残值忽略不计,即 $S_V = 0$,有修理费用,$F_s = 0.2$ 万元。
④ 用等速折旧法计算累计折旧额。

年折旧额为

$$D_t = K_0 - S_V = \frac{48 万元}{30} = 1.6 万元$$

累计折旧额计算结果见表6-5。

表6-5 等速折旧法计算累计折旧额

年份	K_0(万元)	折旧率	年折旧额(万元)	累计折旧额(万元)
2014年5月至2015年5月	48	1/30	1.6	1.6
2015年5月至2016年5月	48	1/30	1.6	3.2
2016年5月至2017年5月	48	1/30	1.6	4.8
2017年5月至2018年5月	48	1/30	1.6	6.4
2018年5月至2019年5月	48	1/30	1.6	8.0
2019年5月至2020年5月	48	1/30	1.6	9.6

故该车的收购价格为：$P = B - \sum D_t - F_s = 48\,万元 - 9.6\,万元 - 0.2\,万元 = 38.2\,万元$

2. 实例二

某银行欲在近期内将质押的一辆宝马X5 3.0T拍卖出售。至评估基准日止，该汽车已使用了1年8个月，车况良好，行驶了6万km，车漆表面有微小的划痕，不需要修理，无交通事故记录。根据调查，该车的重置成本全价为70万元，折扣率取75%，变现系数取0.9时，可在清算日内出售车辆。试估算该车的收购价格。

解：1) 确定车辆的重置成本全价 $B = 70\,万元$。

2) 确定车辆的成新率。

根据国家规定，被评估车辆的使用年限为20年，折合为240个月。该车已使用年限为1年8个月，折合为20个月。

被评估车辆的成新率按照等速折旧法计算为

$$C_D = (1 - Y/G) \times 100\% = (1 - 20\,个月/240\,个月) \times 100\% = 91.67\%$$

3) 确定被评估车辆在公平市场条件下的评估值。根据调查、了解，被评估车辆的功能性贬值及经济性贬值均很小，可忽略不计。故在公平市场条件下，该车的评估值为

$$P = BC_D = 70\,万元 \times 91.67\% = 64.17\,万元$$

4) 以清算价格的思想方法确定收购价格：

$$P' = P \times 75\% \times 0.9 = 64.17\,万元 \times 75\% \times 0.9 = 43.31\,万元$$

3. 实例三

目前，旧汽车经销企业大多并不严格按照上述程序来详细地计算旧汽车的收购价格，而采用了一些比较简单粗略的确定价格方法。通常需考虑以下因素：

1) 车辆年份的远近。
2) 车辆的行驶里程。
3) 车辆机械状态的好坏。
4) 车辆的外观有无修理过的痕迹。
5) 车辆配置的高低。
6) 车辆排量的大小。
7) 车辆颜色是否符合该品牌客户的普遍喜好。
8) 车辆手续是否齐全。
9) 车辆是否属于知名品牌。
10) 是否符合当地的车辆环保政策。
11) 同类车辆在旧汽车市场库存多少。
12) 同品牌新车价格波动幅度大小。

以下为某旧汽车销售公司2017年3月1日收购一台2014年3月1日注册登记的大众Polo 1.4L自动舒适型私有旧汽车时的价格确定实例。

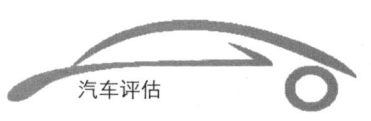

根据旧汽车价格变化特点，一般在三年内的旧汽车折价幅度是最大的，大约在新车价格的20%~30%，而该车型当时的新车价格为9.89万元，故可初步确定该车能够交易的价格在5.5万元左右，但考虑到上述影响价格的因素后，经过对标车辆的现场鉴定结果，得出各影响因素的修正情况见表6-6和表6-7。

表6-6 影响价格的主要因素

序号	因素	实际状况	折旧比例(%)
1	年份	2014年	4
2	车辆状况	发动机、变速器性能优良	4
3	车辆外观	无肇事、无刮碰，外表、内饰均较新，无修理的痕迹	7
4	车辆颜色	白色	2
	总计		17

表6-7 影响价格的次要因素

序号	因素	折旧比例(%)
1	车辆属于知名品牌	2
2	车辆配置：在同系列中属于标配	1
3	维护情况：在4S店维修保养有记录，其各项年缴税费保险均未过期	1
4	车辆排量：该车属于经济型轿车，1.4L排量。目前旧汽车交易仍以中低档车为主，小排量是消费者者的最爱，此排量占优势	1
5	行驶里程：该车行驶里程为2万km，使用较少	1
6	该车符合当地的环保政策	1
7	该车同品牌新车价格没有太大变化	1
8	该车在本市旧汽车市场中保有量较大，目前在旧汽车市场库存较少	1
	总计	9

旧汽车收购价格 = 车辆现价 × (1−折旧系数) × 购车年限折旧

式中 折旧系数——在当时行业中普遍取5%，相当于当时的行业风险报酬率；
购车年限折旧——由表6-6和表6-7中的"折旧比例"累加后求得，即

购车年限折旧 = 1−17%−9% = 74%

故 旧汽车收购价格 = 9.89万元 × (1−5%) × 74% = 6.95万元

思 考 题

1. 旧汽车收购评估时合法性的鉴别内容有哪些？
2. 解释汽车的折旧含义及算法。
3. 列举旧汽车收购价格计算的方式。
4. 某人有一辆欲出售的客运车，车况一般，已经运营了10年，旧汽车市场销量很好，近期有3辆车在卖。该车原价68万元，有一家公司有意收购，用年份数求和法和双倍余额递减折旧法计算的结果分别是什么？

第7章　旧汽车销售评估

7.1　旧汽车销售市场

7.1.1　旧汽车市场营销

旧汽车市场营销可理解为与市场有关的企业经营活动，即以满足人们的某种需求和欲望为目的，通过市场变潜在交换为现实交换的活动。旧汽车营销活动内容十分丰富，它包括市场营销研究、市场需求预测、车辆信息收集与发布、购买咨询、旧汽车鉴定估价、收购与销售、代购代销、寄售租赁、投标拍卖、旧汽车置换、代理过户保险、检测维修、配件供应、车辆美容等多种业务和服务。因此，旧汽车销售市场从业人员充当着多种角色，如被咨询者、评估者、收购者（买主）、销售者（卖主）及服务者等。

1. 旧汽车销售市场分析

（1）影响旧汽车销售市场营销的环境　旧汽车流通企业在市场营销过程中，许多因素会对其产生影响。这些因素有的是企业内部的，有的是企业外部的，所谓"市场营销环境"是指作用于企业营销活动的一切外界因素和力量的总和。

（2）影响旧汽车销售市场营销的微观环境　微观环境包括企业本身及其旧汽车销售市场的经纪人、顾客、竞争者和各种公众，这些都会影响企业的经营活动。

1）企业本身。它的微观环境包括市场营销管理部门、其他职能部门和最高管理层，以及公安、工商、税务、物价等行业主管部门和市场监督管理部门。

2）经纪人。经纪人即在旧汽车流通企业的组织下，为买卖双方撮合成交，以取得一定佣金的人。

3）顾客。顾客是指旧汽车的买主、卖主和旧汽车流通企业的服务对象。

4）竞争者。竞争者是指本地区从事旧汽车销售的流通企业和开展以旧换新业务活动的生产企业和经销商。

5）公众。公众是指对旧汽车流通企业实现经营目标的能力具有实际或潜在利害关系和影响力的一切团体和个人，包括金融机构、媒体、政府、群众团体等。

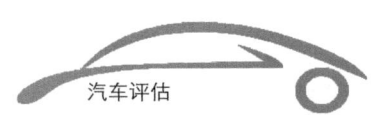

（3）影响旧汽车销售市场的宏观环境 宏观环境是指那些给市场造成机会和威胁的主要社会力量，如人口环境、经济环境、自然环境、政治和法律环境以及社会和文化环境。

1）人口环境。构成市场的三个主要因素包括有某种需要的人、为满足这种需要的购买能力和购买欲望。旧汽车销售市场主要由那些想买旧汽车，并且有购买力的人构成，这种人越多，市场的规模就越大。

2）经济环境。购买力是构成市场和影响市场规模大小的重要因素。一个地区社会购买力越强，这个地区的社会车辆保有量越多，旧汽车销售市场规模可能越大。社会购买力又直接或间接受消费者收入、价格水平、储蓄、信贷等经济因素的影响。

3）自然环境。一是汽车的燃料短缺或即将短缺；二是环境污染日益增加；三是政府对自然资源的管理和对环境污染的干预日益加强。

4）政治和法律环境。国家的法令、条例，特别是经济立法，对市场消费需求的形成和实现，对旧汽车的销售和价格等都起着至关重要的作用。

5）社会和文化环境。人们在社会中生活，久而久之必然会形成某种特定的文化，包括价值观念、道德规范以及世代相传的风俗习惯等。

市场营销学认为企业必须建立适当的系统，指定一些专业人员，采取适当的措施，经常监视和预测其周围的市场营销环境的发展变化，并善于分析和鉴别由于环境变化而造成的主要机会或威胁，及时采取适当的对策，使其经营管理与市场营销环境的发展变化相适应。

2. 旧汽车流通企业应树立的市场观念

旧汽车流通企业的经营有其特殊性，它既不同于生产资料流通企业的汽车贸易公司，也不同于提供纯服务性质的中介服务企业，其经营方式介于两者之间。旧汽车销售市场的营销管理是在特定市场营销管理哲学或经营观念指导下进行的。所谓市场营销管理哲学，就是企业在开展市场营销管理过程中，在处理企业、顾客和社会三者利益方面所持的态度、思想和观念。旧汽车销售市场是在市场经济条件下产生的现代市场，旧汽车流通企业应该树立社会市场营销观念。社会市场营销观念认为，企业的任务是确定各个目标市场的需要、欲望和利益，并采用保护或提高消费者社会福利的方式，比竞争者更有效、更有力地向目标市场提供能够满足消费者需要、欲望和利益的物品或服务。

3. 顾客让渡价值

在现代市场营销观念的指导下，旧汽车销售企业应致力于为顾客服务和令顾客满意。而要实现顾客满意，需要在众多方面开展工作。事实上，顾客在选择旧汽车销售市场时，价格只是考虑的因素之一，他们真正看重的是顾客让渡价值。

（1）顾客让渡价值的含义 顾客让渡价值是指顾客总价值与顾客总成本之间的差额。顾客总价值是指顾客购买某一产品与服务所期望获得的一级利益，它包括产品价值、服务价值、人员价值和形象价值等。顾客总成本是指顾客为购买某一产品所耗费的时间、精神、体力以及所支付的货币资金等，因此，顾客总成本核算包括货币成本、时间成本、精神成本和体力成本等。

顾客在选购旧汽车时，总希望把有关成本包括货币、时间、精神和体力等降到最低限度，而同时又希望从中获得更多的实际利益，以使自己的需要得到最大限度的满足。因此，顾客在购买产品时，往往从价值与成本两个方面进行比较，从中选择出价值最高、成本最低，即顾客让渡价值最大的产品作为优选的对象。

（2）**顾客总价值**　使顾客获得更大顾客让渡价值的途径之一，是增加顾客总价值。顾客总价值由旧汽车产品价值、服务价值、人员价值和形象价值构成，其中每项价值因素的变化均会对总价值产生影响。

1）旧汽车产品价值。产品价值是由产品的功能、特性、品牌等产生的价值。它是顾客需要的中心内容，也是顾客选购产品的关键和主要因素。

2）服务价值。服务价值是指伴随产品实体的出售，旧汽车销售中心向顾客提供的各种附加服务，如为顾客寻找资源、提供信息、免费刊登广告、提供咨询、代办工商验证、领号牌、车籍过户等产生的价值。

3）人员价值。人员价值是指旧汽车销售市场企业员工的经营思想、知识水平、业务能力、工作效率与质量、经营作风、应变能力等所产生的价值。企业员工的素质决定了为顾客提供服务的质量。

4）形象价值。形象价值是旧汽车销售市场及其产品、服务在社会公众中形成的总体形象所产生的价值。形象价值包括市场的展车、工作场所及工作场所的硬件设施所构成的有形形象产生的价值，企业员工的职业道德行为、经营行为、服务态度、工作作风等行为形象所产生的价值，以及企业的价值观念、管理哲学等观念、形象所产生的价值等。形象价值与产品价值、服务价值、人员价值密切相关，在很大程度上是上述三个方面价值综合作用的反映和结果。形象对于企业来说是宝贵的无形资产，良好的形象会对企业的产品产生巨大的支持作用，赋予产品较高的价值，从而带给顾客精神上和心理上的满足感、信任感，使顾客的需要获得更高层次和更大限度的满足，从而增加顾客购买的总价值。

（3）**顾客总成本**　使顾客获得更大顾客让渡价值的另一个途径是降低顾客总成本。顾客总成本不仅包括货币成本，而且还包括时间成本、精神成本、体力成本等非货币成本。一般情况下，顾客购买产品时首先考虑货币成本的大小，因此，货币成本是构成顾客总成本大小的主要和基本因素。在货币成本相同的情况下，顾客在购买时还要考虑所花费的时间、精力等，因此这些支出也是构成顾客成本的重要因素。

1）货币成本。货币成本是指顾客购买旧汽车的货币总支出，包括车辆自身的购置价格、运输费、销售手续费、转籍过户的手续费等。

2）时间成本。时间成本是指顾客购买旧汽车，从比较挑选阶段至车辆转籍过户所花费的总时间，它包括本人对车辆的考察比较、挑选和成交手续以及转籍过户手续所花费的时间。在顾客总价值与其他成本一定的情况下，时间成本越低，顾客总成本越低。因此，旧车流通企业应该利用自身的资源优势协助顾客分析信息资料，比较选择车辆，协助指导顾客办理过户手续，尽可能为顾客减少时间成本。

3）精力成本，即精神与体力成本。它是指顾客购买旧汽车时，在精神、体力方面的耗费与支出。在顾客总价值与其他成本一定的情况下，精神与体力成本越低，顾客为

购买产品所支出的总成本就越低,从而让渡价值越大。

在现代市场经济条件下,旧汽车销售市场树立顾客让渡价值观念,对于加强市场营销管理、提高企业经济效益具有十分重要的意义。顾客获得顾客让渡价值的最大化,必然导致企业成本增加,利润减少,因此市场管理者应该兼顾两方面的利益,不可偏废一方。

7.1.2 旧汽车交易市场的定义和功能

1. 旧汽车交易市场的定义

旧汽车交易市场是指依法设立、为买卖双方提供旧汽车集中交易和相关服务的场所。它是旧汽车信息和资源的聚集地,是买主和卖主进行交换的场所。从市场营销的角度看,卖主构成行业,买主则构成市场。这个市场是指具有特定需要和欲望,而且愿意并能够通过交换来满足这种需要或欲望的全部潜在顾客。因此,旧汽车市场的大小取决于那些有某种需要,并拥有使别人感兴趣的旧汽车及相关资源,同时愿意以这种资源来换取其需要的东西的人数。广义上的旧汽车交易市场应泛指旧汽车买、卖双方在公开市场上形成的并能实施的供求关系,它可以是一个具体的从事旧汽车流通和咨询服务的交易市场或交易中心,也可以是整车企业拓展的某品牌的以旧换新的业务。从旧汽车交易市场的功能上更容易理解其含义。

2. 旧汽车交易市场的功能

从国内外旧汽车交易市场的实践来看,它主要具备如下经营和服务功能:

1)从事旧汽车的收购、一般销售、寄售、代购、代销、租赁、拍卖、置换以及鉴定估价等经营活动。

2)提供旧汽车的各类信息,开展信息咨询服务,并为客户提供过户、上牌保险、维修检测和配件供应等服务。

3)管理旧汽车产权交易及相关手续。旧汽车交易市场是地方各级人民政府指定的市场,因此它辅之以必要的政府协调功能,严格按照国家的有关法规审查旧汽车交易的合法性,杜绝盗抢车、走私车、非法拼装车和证照与规费凭证不全的车上市交易。

7.1.3 国内旧汽车交易市场概况

1. 旧汽车交易市场的建立

我国的旧汽车交易市场是随着我国社会主义市场经济体制建立和发展而逐步形成的。在原来的计划经济体制下,汽车属于计划分配的紧俏商品,那时我国的旧汽车市场鲜有人知,提起旧汽车交易,人们多将其与废品回收联系在一起。改革开放初期,我国汽车工业得以迅速发展,汽车保有量、私人汽车需求不断上升,以公有制为主体的运输车辆、社会零散车辆开始向私有运输业流动,新车交易买卖双方自行交易而有市无场,那时的旧汽车市场以路边农贸市场的面貌留在人们印象中,自生自长,民间交易十分活跃,因总量不大,也还不能引起政府的足够关注。随着我国经济体制改革的不断深化和社会主义市场经济的逐渐形成,国民经济持续稳定发展,全国汽车保有量和私车保有量迅速增加，为了正确引导和满足社会对旧汽车交易的客观要求，国家把旧汽车交易纳入汽车市场流通进行管理。1985年9月，国务院办公厅转发了《国家工商行政管理局关于〈汽车交易市场管理暂行规定〉的通知》，通知中明确指出：旧汽车必须在各省、自治区、直辖市人民政府指定的市场交易。凭市场交易凭证办理过户手续。至此，各地的旧汽车交易市场相继建立。

2. 旧汽车交易市场的发展

由于国家经济体制改革、国家宏观政策和经济环境等多方面因素的影响，旧汽车交易市场的发展经历了缓慢发展时期和快速发展时期。

（1）旧汽车交易市场的缓慢发展时期　这个时期可以分为两个阶段，第一阶段是1985年旧汽车交易市场建立以前。在计划经济时期各种产品均实行"统管统分"，虽然用户对价廉实用的旧汽车有着广泛的需求，但是由于当时客观环境和各种条件限制，旧汽车交易市场的发展处于低速迟缓状态。第二阶段是1985年下半年至1993年上半年。在这个时期内，国家经济体制改革，由计划经济向有计划的商品经济过渡，最后确定为社会主义市场经济。在这个历史变革时期，汽车资源还不充足，汽车市场呈卖方市场，价格居高不下，私人购买能力相对不足。一些车主对旧汽车市场的法规政策观念淡薄，加之旧汽车交易的政策执法不严，致使旧汽车场外交易严重，虽然旧汽车交易量呈上升趋势，但场内交易增加缓慢，旧汽车交易市场大都建立在经济发达地区。

（2）旧汽车交易市场的快速发展时期　1993年下半年至今，旧汽车交易市场经历了快速发展时期，1993年11月党的第十四届中央委员会第三次全体会议通过了《中共中央关于建立社会主义市场经济体制若干问题的决定》。从1994年年初开始，为加快社会主义市场经济体制的建立进程，国家加大了改革力度，出台了一系列改革措施，之后的几年间国民经济持续稳定发展，汽车产量逐年上升，汽车市场逐渐呈现买方市场，汽车价格逐年下降，私人汽车保有量以平均每年27%的速度迅速增长，社会汽车保有量也不断增加，在这个时期内，旧汽车交易量大幅度增加。据有关资料显示，从1994年至2000年左右，旧汽车交易量每年均以20%~30%的速度增长，使旧汽车交易市场得以快速发展。

但是2000年后旧汽车交易速度放缓，每年均以10%左右增长。

3. 旧汽车交易市场现状

现代汽车流通体系包括新汽车销售、旧汽车交易和报废车回收三个组成部分。现代旧汽车交易作为汽车流通的重要组成部分，有别于传统的旧车交易方式和运作模式，具有广阔的市场前景和发展潜力。随着我国经济的发展和人民生活水平的日益提高，汽车保有量将加速提高，这就为旧汽车交易提供了潜在的发展空间。与此同时，随着汽车消费结构的变化，私人购车量已在汽车销售总量中占有相当大的比重，国有企事业单位的用车制度逐步走向市场化。

旧汽车满足了城乡居民多档次、多品种、低价位的需求，具有较大的选择空间，市场需求巨大。截至2018年年底，全国已成立的旧汽车交易市场近2.1万家。根据对全国507个市、1068家旧汽车交易市场的统计，2018年全国旧汽车交易量超过1382万辆，同比增长 11.5%。2019 年全年旧车累计交易 1492.28 万辆，累计同比增长 7.98%，交易金额为 9356.86 亿元，累计同比增长 8.76%。

发达国家旧汽车的交易量是新车的 2~3 倍，而我国旧汽车市场的交易量仅为新车的 1/3。我国的旧汽车交易市场起步较晚，虽然近些年取得了较快的发展，但作为新车流通的延伸，发展依然相对滞后，与汽车工业发达国家相比差距明显，主要表现在以下几个方面：

(1) **旧汽车规费政策滞后** 目前，各地对旧汽车交易征收的税种、税率不统一，旧汽车交易市场按交易额对客户征收 2%~5% 的交易服务费。由于税费负担较重，交易成本上升，致使一部分交易者为逃避税费而采取场外交易、私下交易、非法交易等手段。这种状况既不利于公安交通的管理，也为很多法律责任的承担留下了隐患。同时，对旧汽车经销企业或旧汽车市场来说，由于旧汽车来源分散，且无法取得进项税发票进行抵扣，若按交易额征收增值税，经销企业就很难盈利。近年来有些地区开始降低 2% 的评估费，市场规模在扩大，竞争更加激烈。

(2) **评估体系不健全** 当前，我国的旧汽车估价过程比较主观，没有标准可言，难以量化。没有第三方独立的估值机构，旧汽车市场很多评估人员并无认证的旧汽车评估资质，评估的服务流程和专业化程度也不尽相同，这导致了一辆车不同的评估师评估价格相差很大的现实情况，使得消费者去不同的旧汽车市场获得的信息和感受也不一样，很容易给消费者造成无所适从的不信任感。无论是车主卖车，还是消费者买车，都对旧汽车价格存在疑虑，希望自己在交易过程当中不会上当受骗。这需要竞价机制的引入，如今市场化的定价机制正在形成，未来车况信息透明化将为价格透明化打下基础。

(3) **行业诚信缺乏有效监督** 旧汽车交易市场是严重的信息不对称市场，信息不对称往往会引发道德风险和逆向选择问题，道德风险和逆向选择导致旧汽车市场资源配置方面的低效率。在旧汽车交易过程中，信息不对称，消费者是信息弱势群体，消费者对旧汽车了解不透彻，对于旧汽车认知度不高，担心买到问题汽车。目前，虽然一些企业看到了市场空白，推出了延保产品，但国家没有相应的支持政策，行业没有可以参考的准则。调查显示，只要旧汽车的车况能够经过第三方公司的认证，又有质保和延保服务，那么就可以打消 80% 消费者的顾虑。

(4) **受新汽车频繁降价的影响，旧汽车经营风险增加** 以前我国汽车产业高利润一直是消费者关注的焦点，居高不下的汽车价格从 2003 年开始松动，各类汽车也开始采用降价的促销策略。一般来说，新汽车价格下降 10%，其旧汽车价格同步下降 7% 左右，甚至更高。新汽车价格的不稳定使旧汽车的经营企业承担着巨大的经营风险。

(5) **全国旧汽车交易市场信息网络系统需要进一步完善** 旧汽车交易网站的数据、保险公司的数据、交易商的数据、协会的数据都掌握在各自的手中。各地旧汽车交易市场准入制度、交易方式、交易功能和交易程序等方面存在差异，导致各地交易市场的业务主要面向本地区，由于缺乏跨地区旧汽车流通的市场网络，运输成本高，各地对旧汽车档案移送和落户具有不同的要求，妨碍了旧汽车的异地流通。这也为旧汽车电商提供了一个非常好的契机，电商通过构建一个透明的交易平台，不仅为客户提供方便的选择，同样可以通过线上线下结合，给客户提供优秀的服务，实现完美的客户体验。

7.1.4 国外旧汽车交易市场简介

1. 国外旧汽车交易市场概述

世界各国经济发展水平不同,其旧汽车交易市场的情况也不同,一般来说,经济越发达,旧汽车交易越活跃。这一方面可以促进新汽车销售,另一方面也可以促进经济发展。

发达国家经济发展水平很高,汽车工业高度发达,汽车保有量很大。美国汽车更新率特别快,车主基本上每三年换一辆车。因此,美国新汽车交易频繁,而且价格便宜。部分日本人有一种汽车行驶 10 万 km 就是旧汽车的心理,有大约每五年换一次车的习惯。日本每年外销旧汽车 36 万辆,其中 10 万辆销至新西兰、俄罗斯、爱尔兰等国。这些国家相关政策健全完善,车辆更新率高,使得交易量大,且旧汽车市场发育也很成熟。下面简单介绍美国和日本的旧汽车交易市场情况。

2. 美国旧汽车交易市场

美国旧汽车交易市场的发展也经历了一个过程。最初,美国人对旧汽车的质量持怀疑态度。后来美国政府和汽车经销商逐步意识到,旧汽车对汽车的保值以及刺激新汽车的购买影响深远,旧汽车交易市场的持续稳定发展对汽车工业整体的健康发展至关重要。因此经过努力,美国逐步建立起了一套比较完善的旧汽车认证、置换、拍卖、收购和销售体制。目前,美国的旧汽车市场呈现如下特点:

(1) **旧汽车销量大于新汽车** 美国从 20 世纪 80 年代中期开始,新汽车与旧汽车相比较,新汽车销量呈下降趋势,旧汽车销量在逐年上升。自 2016 年,美国旧汽车的年销量就稳定在 4000 万~4500 万辆之间,是新汽车销量的 3 倍左右,而平均每辆旧汽车价格大约为 1.65 万美元,则每年的旧汽车市场空间大约有 6000 亿~7000 亿美元。在全美有 1.7 万家汽车经销商,其中最大的是 AutoNation,共计拥有 360 家 4S 店,分为四个大区,总共代理 20 多个品牌,员工 2.6 万人,2017 年销售额为 211 亿美元,销售车辆 22 万辆。2016 年 AutoNation 旧汽车销售业务占总业务的 23.1%、毛利润的 9.6%,平均每月单店置换率达 35%~40%。

独立的旧汽车连锁店也是旧汽车销售的一个重要途径,约占市场 34% 的份额。这类连锁店通常对出售的旧汽车做一些外部修理,对部分旧汽车提供一定时间的保修服务,出售的价格比授权汽车经销商低。美国最大的旧汽车连锁店是 Carmax,其交易量约占全美旧汽车交易量的 2%。其中主要的收入和主要的利润均来自旧汽车零售,并主要销售 1~6 年车龄的旧汽车,平均单台旧汽车的毛利润在 2100 美元左右,毛利率在 11% 左右。

(2) **价格便宜** 在美国,旧汽车价格不到新汽车价格的一半。现在市场出售的旧汽车,大多是只使用了 2~3 年的汽车,其中许多是汽车租赁公司淘汰下来的,与新汽车质量差别不是很大,再使用 2~4 年性能仍然十分可靠,使用后的价值损失远比购新汽车小得多。

(3) **旧汽车认证方案解除消费者顾虑** 旧汽车认证方案的开展是市场对旧汽车刮

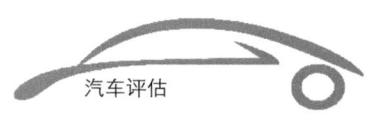

目相看的首要原因，现在已得到广泛的支持，更何况很多汽车生产厂家还针对旧汽车推出一些消费鼓励措施。美国当前的认证方案项目一般包括合格的质量要求、严格的检测标准、质量改进保证、过户保证以及比照新汽车销售推出的送货方案。特别是一些大公司开展的认证还包括提供与新汽车一样利率的购车贷款。应该说，顾客和经销商双方都从旧汽车认证中得到了实惠。首先顾客对自己购买旧汽车的心态更加趋于平和，相应地，经销商也实现了认证车辆的溢价销售。而且，顾客再不会有汽车刚到手就发生故障的经历，经销商也不必再面对恼怒顾客的争吵。尽管认证的旧汽车要比没经过认证的旧汽车平均售价高出 1000 美元，但仍然受到消费者的青睐。

（4）**售后服务延伸** 在现今的美国，广大客户购买旧汽车的心态发生了很大变化。不仅在价格方面同零售商讨价还价，而且对外观效果、使用性能都提出了很高的希望，同时要求零售商为其提供有效的售后服务。旧汽车的售后服务是对整个售后服务体系的一种延伸，汽车制造商只承诺对少量品牌的旧汽车提供售后服务，而且对其范围也做出相应的限制，只有少数零售商能够获得授权。一般只有不到 30% 的旧汽车客户可以享受由制造商提供的售后服务，余下的客户如果提出售后服务的要求，所有的费用必须由零售商自己承担。未得到授权的零售商，为保证销售市场稳定，从考虑客户的利益出发，确保信誉不受到损害，就必须自己出资为客户提供旧汽车的售后服务。这样一来，就实现了从新汽车售后服务到旧汽车售后服务的跨越。

（5）**利润丰厚** 在美国，旧汽车买卖已成为具有相当大规模的行业，不仅市场大而且利润丰厚。美国新汽车价格近年来一直上扬，经销商售出一辆新汽车的纯利润平均仅有 130 美元，而销售一辆旧汽车却达到 265 美元。因为生意兴隆，旧汽车行业在美国得到了长足的发展。现行的单一品牌汽车销售模式已逐步向多品牌、多品种、多功能、新旧汽车共同销售格局方向发展。大型旧汽车超级市场也应运而生，其规模大大超过了一般的车行，给顾客提供了一个更为广阔的选择空间。

（6）**完善的交易方式** 美国旧汽车市场的发达与其完善的交易方式分不开，比如汽车置换和汽车拍卖。

在美国，汽车置换很普遍，它的好处是消费者可以享受到一站式服务，在一个经销商那里既卖了旧汽车，又买了新汽车。一些车行的旧汽车收购采取以旧换新方式。销售员会从新汽车购买者那里了解有没有旧汽车，愿不愿意以旧汽车换新汽车。如果顾客同意，车行就会请来专业的汽车评估师仔细检查车况，填写评估表定出收购价，顾客就可以把旧汽车卖给车行补缴差额后取得新汽车。

美国的拍卖有很多种类，甚至有事故车、老爷车专项专场拍卖等，但是大型拍卖一般不针对个人车源和买家，有少量的买家会委托车商到现场拍车，绝大多数是车商在出价拍卖，2019 年拍卖 1000 多万辆。美国的旧汽车拍卖企业设施齐全，操作规范，拍卖次数频繁，成交量很大。汽车拍卖行根据客车、货车和小汽车的不同种类加以分类，这些车跑过的里程不同，因此折旧处理的价格相差很大。有些公司还通过卫星系统进行拍卖，客户可以在电视上看到现场实况，通过电话进行报价、竞买。

3. 日本旧汽车交易市场

作为一个汽车生产和消费大国，日本近年来的旧汽车销售已经与新汽车销售平分天下，甚至旧汽车登录台数已超过新汽车登录台数。受旧汽车市场扩大和新汽车市场低迷的影响，许多汽车制造商和经销商纷纷加入到旧汽车经营中，日本的旧汽车市场竞争更加激烈。日本旧汽车经营效益不断提高，各汽车公司不断强化旧汽车经销业务。

日本汽车生产企业和经销商对新汽车销售总有一种不稳定感。为了扩大收益，对旧汽车经营都非常关注。各汽车生产企业都把收购和拍卖旧汽车作为扩大业务的主要内容，并形成各生产企业与旧汽车专营者竞争的局面。从生产企业来说，收购和拍卖旧汽车只是作为一个经营手段，主要是为了减少服务外溢，获取多种技术信息，并以此确定科研课题等。各经销商为了促销，利用技术和更加形象的广播电视网进行车型以及旧汽车的介绍，已从过去的各种专营，向汽车零售、旧汽车收购及拍卖等综合业务融合的方向发展；另外，利用信息技术，向销售网络化、服务网络化的方向发展。

日本共有150余家拍卖场所，每年约有60万辆汽车参加拍卖，市场规模居世界第二位。旧汽车拍卖已成为日本旧汽车市场的主要交易方式。它的突出特点是拍卖场所多、分布广、参与度高。在日本旧汽车市场上，经销商收购的车辆中约有90%首先进入拍卖渠道，然后在拍卖会场上批发给专门的销售公司零售或出口。其拍卖形式除现场拍卖之外还有网络拍卖。参与者的特殊性和交易手段的现代化使成交率达80%以上。规模化、专业化的拍卖企业作为汽车产业循环中的重要链条，与旧汽车收购、销售业务，既相互独立又紧密联系，既自成体系又互为依托，发挥着不可替代的作用。

拍卖价格与新车价格没有关系，而是根据旧汽车的人气指数变动来设定价格。即使是新汽车的价格相同，由于用户的喜好和掌握信息的情况不同，旧汽车也会产生价差，这也使拍卖行业和旧汽车企业获得的利润进一步增加。

在日本，个人之间的旧汽车交易并不盛行，而由销售店设定售价标准。为了进行公平的审核，成立了日本评估协会，设定基本价格，审核价格则取基本价格的下限。事实上并不存在标准的零售价格。因此，根据折旧的原则，考虑到汽车的车型，按汽车生产年代、现时市场价格及车况等规定了固定的价格。

7.2　旧汽车销售的特点、类型和风险

7.2.1　旧汽车销售的特点

旧汽车销售是指以合法的、可销售的在用车为销售对象，在国家规定的旧汽车销售市场或其他合法的销售市场中进行的旧汽车的商品交换和产权销售。

旧汽车收购的来源主要有运营车辆、单位非运营车辆、私人用车、拍卖的车辆等。

1. 运营车辆

运营车辆具有品种单一、量大、更新周期短的特点，是旧汽车收购的重要来源。

2. 单位非运营车辆

单位非运营车辆包括公务车和商务车两大类，具有车型结构品种多、档次较高、量较大的特点。非运营车辆使用年限一般较长，也是旧汽车收购的重要来源。

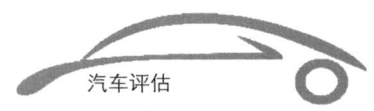

3. 私人用车

私人用车一般是指家庭个人使用的车辆，属于非运营车辆。以家庭轿车为主，车型涵盖高、中、低档各类层次结构，随着我国人民生活水平的提高，私人用车市场的潜力很大，是目前旧汽车收购的主要来源。

4. 拍卖的车辆

海关罚没车辆、涉案车辆都要经过拍卖程序处理，也是旧汽车的收购来源。

旧汽车销售是汽车销售的一种，具有汽车销售的共同特点，但同时又有别于新车的销售，主要有四个特点。

(1) **技术性和专业性强** 不同的旧汽车之间技术状况差异很大，从事旧汽车销售的人员对各种品牌型号汽车的各种检查检测方法、故障现象、故障原因以及维修工艺和费用都要有较深的了解，还要熟悉旧汽车销售的相关法律法规和销售程序。

(2) **涉及价值评估技能** 由于当前旧汽车销售量不是很大，市场不够成熟，信息不对称，销售人员定价随意，投机心态强，销售价格往往会偏离合理的价值范围，评估销售人员必须掌握价值规律的相关知识，具备价值评估技能。

(3) **销售技巧要求高** 旧汽车产品的结构和技术复杂性决定旧汽车销售在难度上比一般的旧货销售大得多，在销售的收购阶段，还要鉴定技术状况、评估价格、确定销售价格、签订销售合同、办理过户手续、进行车辆交接、负责售后服务等，使整个销售过程延长。

(4) **销售管理难度大** 由于旧汽车经营者在技术上相对买主而言具有绝对的优势，一方面由于监控管理困难易受利益驱使，出现了调里程表、隐瞒事故现实等违规行为，致使行业普遍缺乏信任；另一方面经营者自身管理难度较大，由于每一辆旧汽车车况差异较大，价格的高低、成交与否在很大程度上取决于收购评估师或销售人员，经营者无法掌握每一辆旧汽车的销售过程，高额利润驱使许多人参与暗箱操作。

7.2.2 旧汽车销售的类型

依据销售双方的行为和参与程度的差异，可以将旧汽车销售分为寄售、代购、代售（销）、租赁、经纪、直接销售（转让）、让与、拍卖、置换、收购等。其中收购、置换、直接销售、拍卖为最主要的销售形式。

1. 寄售

寄售是卖车方为了获得更高的售价，在不急于回收资金的情况下，与旧汽车车行签订协议，将所售车辆委托车行保管并寻找买主，车行从中收取一定的场地费、服务费及保管费的销售方式。

2. 代购

代购是在无须客户进场直接购置的前提下，旧汽车经营主体（旧汽车车行）按照客户的要求，代客户购置旧汽车的行为，车行可帮助办理其他手续。

3. 代售（销）

代售（销）是在无须客户进场直接销售的前提下，旧汽车车行按照客户的要求代为销售旧汽车的行为。代售与收购的不同之处是：收购原车主可立即收到售车款，代售要等到旧汽车卖出去后才能收到售车款，代售有可能卖出一个较高的价钱。

4. 租赁

租赁是旧汽车车行将旧汽车租给用户使用，按日或按周收取租金的行为。这项业务一般在专门的汽车租赁公司进行，规模较大的旧汽车经营者也会兼营租赁业务，利用某些闲置的车辆或者销售周期较长的车辆开展租赁业务。但这些车辆必须已过户至经营者自己。

5. 经纪

经纪是旧汽车经营主体（经纪公司）以收取佣金为目的，为促成他人销售旧汽车而从中提供信息服务的行为。

6. 直接销售（转让）

直接销售（转让）是旧汽车所有人不通过经销企业、拍卖企业和经纪机构等旧汽车经营商，将车辆直接出售给买方的行为。直接销售的双方必须到办证大厅开专用的旧汽车销售发票并交纳过户费和其他费用后才能办理过户手续，未经过户的销售行为法律不予承认。

7. 让与

让与是将旧汽车让与别人而不要求任何实体性回报的旧汽车处理方式。直系亲属之间的让与不需到旧汽车办证大厅办理过户手续，只需到车管所申请办理变更手续即可。

8. 拍卖

拍卖是旧汽车拍卖机构以公开竞价的形式将旧汽车转让给最高应价者的经营活动。对于公务车辆、执法机关罚没车辆、抵押车辆、企业清算车辆、海关获得的抵税和放弃车辆等，都需要对车辆进行鉴定评估，以在预期之日为拍卖车辆提供拍卖底价。

9. 置换

过去卖新汽车的品牌专卖店参与旧汽车的经营，取代存在争议的中介机构，用以旧换新的方式促进新汽车的销售，这就是汽车置换。汽车置换在国外很普遍，经营模式已经相当成熟，以美国为例，很多汽车品牌专卖店都有经营旧汽车的业务。在我国汽车置换业务还处于起步阶段，上海通用汽车"诚新旧车"率先在国内以品牌化的方式经营旧汽车业务，这其中包括以旧汽车（任何品牌）换新汽车（别克品牌）的置换业务。

10. 收购

旧汽车的收购是旧汽车交易市场的经营业务之一。它是指旧汽车经营主体在方便客户直接购置的前提下，按照客户的要求，代为购置旧汽车的一种经营活动。收购价格由于受到快速变现原则的作用，大大低于市场价格。旧汽车经营主体是经工商行政部门依法登记，从事旧汽车经销、拍卖、经纪、鉴定评估的企业。

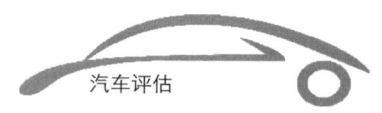

7.2.3 旧汽车销售的风险

目前，旧汽车市场中销售的主体包括旧汽车销售中的买方（个人或机构）、卖方（个人或机构）以及中间商（评价机构、经纪公司、鉴定中心等）。旧汽车销售风险是指由于旧汽车销售主体的特定行为而使整个旧汽车销售市场陷入不公平竞争，甚至停滞发展。旧汽车销售风险分为客观事件风险和主观事件风险。客观事件风险主要是指某一个旧汽车销售的外部环境的不完善、体制的不健全等所引发的风险。主观事件风险是指某一个旧汽车销售由于经验不足、道德水平低、不公平竞争、寻租等行为所引发的风险。主观事件风险与客观事件风险相比，具有其特殊性，它是销售行为中的基本风险，存在于旧汽车销售主体行为之中，与旧汽车销售主体的决策行为密切相关，具有更大的不确定性和可管理性，其风险的结果直接影响到整个旧汽车销售过程。

旧汽车销售主体贯穿于整个旧汽车销售的始终，主体中的任何一方均会对旧汽车销售产生重大的影响。同时，旧汽车销售主体是一个利益群，必定会受到利益驱动机会主义的影响，从自身角度出发谋取最大的利益，从而产生逆向选择和道德风险。因此，对于旧汽车销售中风险管理的核心应当在于对旧汽车销售主体行为的管理，在于对各主体之间信息不对称的管理，从而减少逆向选择和道德风险，降低风险。

1. 旧汽车销售动机分析

（1）**顾客买卖旧汽车是一种需要** 随着市场经济体制的建立和发展，各经济组织和行政事业单位根据自己的需要，将汽车使用于市场经济的各个领域和社会交际的各种场合。在变化的市场经济环境中，人们根据自己在生产、工作和生活的需要，不断调整和配置车辆，使得这些车辆的流动和转让成为一种必然，成为一种经济现象。

（2）**买卖旧汽车的心理动机** 因为每个人的需要不同，经济条件、购买能力不同，再加上社会、周围各种环境的影响作用，人们在买卖时的心理活动也因人而异，形成各式各样的具体的买卖动机。

2. 旧汽车消费者购买决策过程

（1）**参与购买的角色** 人们在购买决策过程中可能扮演不同的角色，包括：发起者，即首先提出或想购买旧汽车的人；影响者，即其看法或建议对最终决策具有一定影响的人；决策者，即对是否买、为何买、如何买等方面的购买决策做出完全或部分最后决定的人；购买者，即实际采购人；使用者，即实际使用车辆的人。

（2）**购买行为** 消费者购买旧汽车是有风险的。由于车辆品牌差异大，而且对车辆的性能、新旧程度的识别存在信息不对称，因此购买者需要有一个学习过程，广泛了解产品性能和特点，反复调研、权衡车辆的新旧程度与价格的关系，从而对车辆产生某种看法，最后决定是否购买。

（3）**购买决策过程** 在旧汽车的复杂购买行为中，购买者的购买决策过程由引起需要、产生动机、收集信息、比较挑选、决定购买和购买后的感受等阶段构成。

购买者的需要和产生的动机不是马上就能满足的，他们要寻找某些相关信息。购买者的信息来源主要有个人（家庭、朋友、邻居和其他熟人）、市场（广告、车辆展示、销售人员、旧汽车市场)和经验(实际使用、联想、推断)。这一阶段购买者在寻求的中心问题是"该买什么样的车?""去哪里买"。

比较挑选阶段是购买者决定购买的前奏,他们根据收集的信息,知道市场上正在销售的旧汽车品牌后,进行比较、评价、衡量。他们常常根据购买目的设想出一种"理想"的品牌和车辆,然后在市场上找到实际品牌车辆,通过比较,衡量车辆的效用大小、新旧程度与价格的关系以及今后收益的大小等。找到接近理想的品牌车辆,就是购买者选中的对象。

顾客选定购买对象后,还没有最后采取购买行为,他们还要根据选定对象的过户手续的简繁、费用大小、资金的筹措等,最后做出具体决定,购买决定一经确定,随即采取购买行为。

顾客购买后,一般通过维修后试用,对自己的选择进行检验和反省,如购买这部车辆是否理想、价格与新旧程度是否相当、服务是否周到等。如果得出满意的结论,则购买者就会成为义务宣传员。

7.3 旧汽车销售定价

7.3.1 旧汽车销售定价的步骤

在旧汽车收购与销售经营活动中,旧汽车的销售价格是决定旧汽车流通企业收入和利润的唯一因素。决定价格是一个十分复杂又充满风险的过程,它往往决定企业的命运。因此,企业必须根据成本、需求、竞争及国家方针、政策、法规,并运用一定的定价方法、技巧来对其产品制定切实可行的价格政策。为了使定价工作有效、顺利地进行,保证定价工作的规范化,定价一般按以下五个步骤进行:分析定价因素→确定定价目标→选择定价方法→制定定价策略→确定最终价格。

1. 旧汽车销售定价应考虑的因素

(1) **成本** 在旧汽车销售定价时,成本是首先必须考虑的基本因素。旧汽车的销售价格如果不能补偿成本,则企业的经营活动就难以继续维持。旧汽车销售定价时应考虑收购车辆的总成本费用,总成本费用是由固定成本费用和变动成本费用构成。

1) 固定成本费用。固定成本费用是指在既定的经营范围内,不随收购车辆的变化而变动的成本费用。例如分摊在这一经营项目的固定资产的折旧、管理人员的工资等。

固定成本费用摊销率是指单位收购价值所包含的固定成本费用,即分摊固定成本费用与收购车辆总价值之比。某企业根据经营目标,预计某年度收购100万元的车辆,分摊固定成本费用1万元,则单位固定成本费用摊销率为1%。例如花费4万元收购一辆旧桑塔纳,则应该将400元计入固定成本费用。

2) 变动成本费用。变动成本费用是指收购车辆随收购价格和其他费用而相应变动的费用,主要包括车辆的实体价格、运输费、保险费、日常保养费、维修费、资金占用的利息等。

由上面的成本分析可知,一辆旧汽车收购的总成本费用是这辆车收购价格、应分摊

的固定成本费用以及变动成本费用之和，用数学式表达为

一辆旧汽车的总成本费用=收购价格×(1+固定成本费用摊销率)+变动成本费用

（2）**供求关系** 在市场经济体系下，供求状态也是制定销售价格时所依据的基本因素之一。旧汽车的销售定价，一方面必须补偿所付出的成本费用并保证一定利润的获得；另一方面也必须适应市场对该产品的供求变化，能够为购买者接受。否则，旧汽车的销售价格便只是一厢情愿。旧汽车的销售同其他商品的销售一样要遵守供求价格规律。

1）需求-价格规律。所谓需求，是指在一定价格条件下，消费者对商品和劳务具有货币支付能力的需要。经济学上的"需求"和"需要"是两个不同的概念。"需要"是指消费者购买商品的愿望和欲望，而"需求"不仅要求消费者具有主观愿望，而且还必须有购买力。这样，一种商品的需求量，就是指在一定条件下，消费者想购买并且有支付能力，在一定时期、一定地点的需要量。

从某商品的需求量与价格看来，在其他因素不变的情况下，价格上升需求量就会减少，价格下降需求量就会增加。需求量与价格呈反比例关系变化。这通常被称为需求-价格规律，如图7-1所示。

2）供给-价格规律。所谓供给，是指在一定时期、一定价格条件下，经营者愿意并可能出售的商品数量。关于供给量，我们应理解为：它是经营者愿意向消费者提供的商品数量，而不是实际销量；它是能够提供销售的数量，即是一种有效供应量；它是一定价格条件下的供给量；它只是反映一定时期的供给量。

从某商品供给量与价格看来，在其他因素不变的情况下，价格上升刺激供应量增加，价格下降供应量就减少。价格与供应量呈正比例变化。这就是供给-价格规律，如图7-2所示。

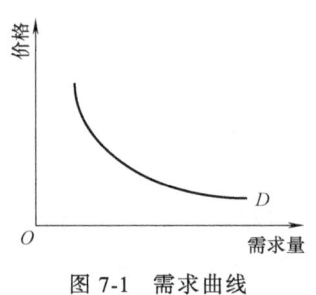

图7-1 需求曲线　　　　　　　　图7-2 供给曲线

3）供求与均衡价格。上面讲的供给规律和需求规律只侧重了一个方面，而没有综合考虑供求两个方面，应同时考虑供求两个方面。

① 买卖双方的界限几乎是绝对的。除了少数例外情况，大多数情况下经济力量的直接影响或指向市场上的需求方，或指向市场上的供给方，而不是同时指向供求双方，例如，消费者收入水平下降指向需求方，而生产成本提高则指向供给方。

② 买卖双方通过价格方式从对方那里获得所需的信号。如果买者欲购买更多商品，则价格上升，卖者相应地会增加该商品的供给量，如果买者想买较少的商品，则价格下跌，卖者也会相应地减少该商品的供给量。

这就是说，在竞争市场上，供求同时决定价格的形成。假定其他条件不变，供不应求会导致价格上升，供过于求导致价格下降。或者说，价格上升，导致供给增加、需求减少；价格下降，导致供给减少，需求增加。价格变化使供求呈反向运动，运动的结果使市场趋于均衡点。这时，供给量等于需求量，供给价格等于需求价格，这种价格称为均衡价格。因此，均衡价格是市场上某种商品供给量和需求量相等时的价格，也是需求价格和供给价格相一致时的价格，如图7-3所示，需求曲线和供给曲线的交叉点 E 为均衡点。

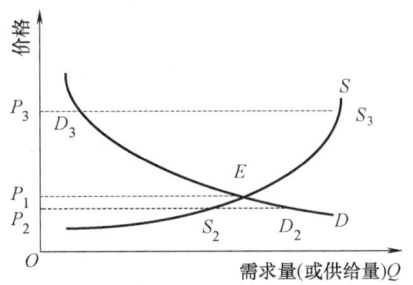

图 7-3　供求均衡与均衡价格

③ 供求均衡，价格也会趋于稳定。从图 7-3 可看出平稳点为 E，平稳点对应的价格是 P_1，即均衡价格。如果价格下降到 P_2，则供应量减少到 S_2，需求量则增加到 D_2。需求量超过供应量，该商品处于供不应求状态，则引起价格上涨；如果价格上升到 P_3，则供给量会增加到 S_3，需求量却减少到 D_3，供给量超过需求量，就会产生供过于求的状态，供应商之间会发生激烈竞争，导致价格下跌。

在完全竞争的市场条件下，通过价格可以调节市场的供求，使供需达到均衡，这就是价格机制的原理，是市场变化的基本规律。

④ 只有当商品自身价格之外的某一因素发生变化时，该商品的需求曲线和供给曲线本身才发生移动。

市场达到均衡，意味着所有消费者在愿意支付的市场价格上都买到了所需的商品，而生产者也是在该价格水平上卖出了其愿意出售的全部商品。但是，市场均衡并不意味着所有消费者和供应者对当前的均衡价格都满意，如有的消费者因无支付能力被淘汰，有的生产者由于过低的市场价格而无法提供更多高质量的产品等。

下例可能更有助于了解供给和需求的均衡问题。

例 7-1　在美国经济衰退时期，家庭收入下降对旧汽车市场价格产生影响。表 7-1 中的前 3 列为经济衰退前的价格、供给量及需求量的数据。

表 7-1　旧汽车供求量

价格（美元）	供给量（辆）	需求量（辆）	新量（辆）
500	100	400	55
600	150	300	—
700	200	200	155
800	250	100	—
900	300	0	255

对表 7-1 所列数据作图得图 7-4。

由图 7-4 得出如下结论：

该市场的需求曲线和供给曲线如图 7-4 的 D、S 线所示。

该市场供求平衡点，其均衡价格为 $P=700$ 美元，均衡供给量 $Q=200$ 辆。

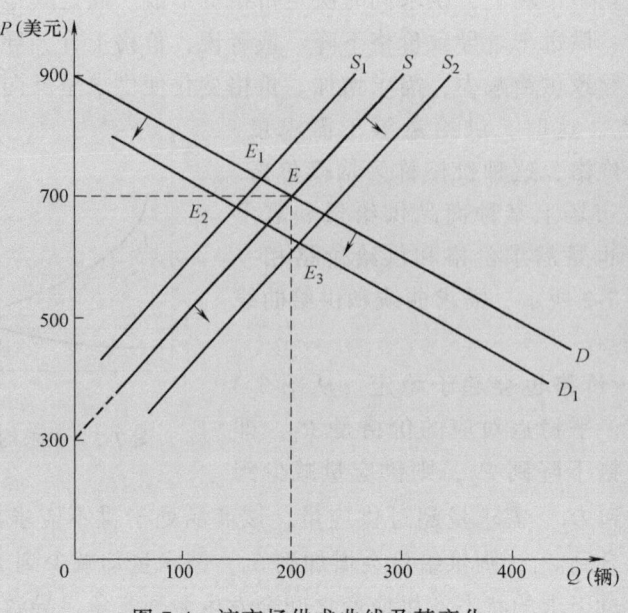

图 7-4 该市场供求曲线及其变化

如价格下降到 300 美元，则供给量下降为零。

假设该旧汽车市场有一特征：就是供给方和需求方都是家庭消费者。

当衰退来临时，旧汽车价格与数量问题出现表 7-1 上所示的新关系（以"新量"表示），此新关系在图 7-4 上由新供给曲线 S_1 所示。

这时该市场供求均衡点为 E_1，均衡价格 P_1 约等于 720 美元，均衡供给量 Q_1 约等于 164 辆。

均衡供给量的下降结果说明衰退期间，汽车所有者将更长时间地使用同一辆汽车，而不是去为更新车卖掉旧汽车，这可能是收入减少或失业造成的。因此，在同一价格下汽车供给方供应旧汽车的数量下降了，导致了均衡价格上升、均衡供给量下降。

由于衰退，原决定购买旧汽车的家庭决定推迟购买，需求曲线将向左移动，移到 D_1，则均衡点 E_2 的均衡价格 $P_2<P_1$，均衡供给量 $Q_2<Q_1$，说明均衡价格和均衡供给量均下降了。

如果家庭收入显著下降，则有人会被迫出售其汽车以换取货币（这可能是一次经济萧条），这时旧汽车供应增加，供给曲线将向右移动，以 S_2 表示。

如这时市场均衡点为 E_3，则其均衡价格 $P_3<P_2$，均衡供给量 $Q_3>Q_2$，说明均衡价格将进一步下降，均衡供给量则有提高。

4）需求价格弹性。价格在受供求影响而有规律性的变动过程中，不同商品的变动幅度是不一样的。为了定量地描述不同商品变动幅度的差别，经济分析中引入了需求价格弹性的概念：

需求价格弹性用来衡量当某种商品的价格变化时，其需求量变化的大小。在计算需求曲线上任意两点间的需求价格弹性时，用下列公式表示：

$$E = \frac{需求量变动的百分比}{价格变动的百分比} = \frac{(Q_1-Q_0)/Q_0}{(P_1-P_0)/P_0}$$

式中　P_0、Q_0——价格变动前的价格及所需数量；
　　　P_1、Q_1——价格变动后的价格及所需数量；
　　　E——需求价格弹性系数。

需求价格弹性系数总是负数，因为需求曲线是向下倾斜的，价格与需求量之间呈反比关系，因此，在讨论该弹性系数时只需要考察其绝对值而忽略其负号，用这个系数是大于1、小于1，还是等于1来表示。当$|E|>1$时，需求被定义为富有弹性；当$|E|<1$时，需求被定义为缺乏弹性；当$|E|=1$时，需求被定义为单位弹性。各种不同的需求价格弹性图线如图7-5所示。

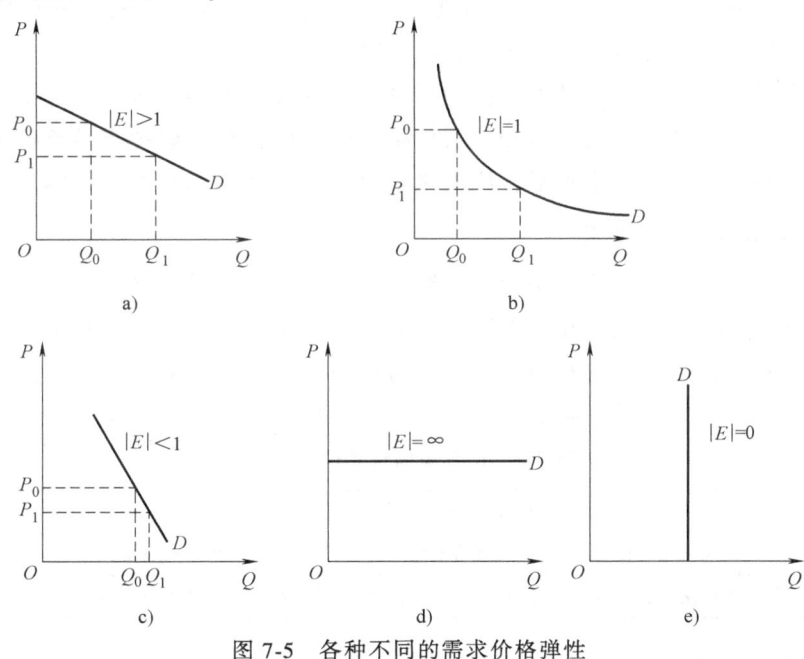

图7-5　各种不同的需求价格弹性

了解商品的需求价格弹性非常重要，它对企业制定价格有直接的指导意义，现举例说明。

例7-2　一个公司将一种护发素的价格从15元降到13元，其需求量从10个增加到14个，该护发素的需求价格弹性为

$$E = \frac{(14-10)/10}{(13-15)/15} = -3$$

$$|E| = 3$$

若某种商品的$|E|>1$，需求价格弹性大，企业会因降价而增加企业的总收入，如图7-5a所示，$P_1Q_1>P_0Q_0$。若某商品的$|E|=1$，表示价格变动后，企业的总收入保持不变，即$P_0Q_0=P_1Q_1$，如图7-5b所示。若某商品的$|E|<1$，表示价格变动后，如价格从P_0下降到P_1，企业的总收入减少，即$P_0Q_0>P_1Q_1$，如图7-5c所示。

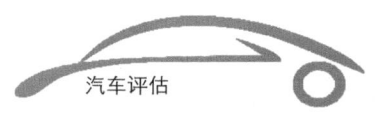

> 在以下这些情况下，需求只有很少的弹性（即|E|<1）：
> ① 代用品很少或没有，或没有竞争。
> ② 买者对较高的价格不敏感。
> ③ 买者对改变购买习惯或寻找较低价格，表现迟缓。
> ④ 买者认为由于产品质量改进，或正常的通货膨胀等原因，较高价格是应该的。
> 新汽车销售市场和旧汽车销售市场均不符合|E|<1这些点。从我国的国情来看，在相当长的一段时间内，汽车（包括旧汽车）尚不能说是人人都必需的必需品（虽然是大部分人向往的商品），因此，它属于弹性较大的商品，所以，在旧汽车的销售定价时，应该把价格定得低一些，应该以薄利多销来实现增加盈利、服务顾客的目的。

（3）竞争状况 旧汽车的销售定价要考虑本地区同行业竞争对手的价格状况，根据自己的市场地位和定价目标，确定自己的价格水平。

以上三个因素的关系是，某种产品的最高价格取决于市场需求，最低价格取决于这种产品的成本，在产品的最高价格和最低价格的幅度内，企业能把产品价格定多高，则取决于竞争者同种产品的价格水平，因为供求价格规律是市场经济的基本规律。

2. 旧汽车销售定价的目标

旧汽车销售定价的目标是指企业通过制定价格水平，凭借价格产生的效用来达到预期目的。企业必须根据其内部和外部环境，制定出既不违背国家方针政策，又能体现企业其他经营目标的价格。旧汽车销售定价的目标见表7-2。旧汽车流通企业应根据市场观念、市场微观和宏观环境，确立自己的销售定价目标。

表7-2 旧汽车销售定价的目标

利润目标	最大利润目标、适度利润目标、预期投资收益目标
销量目标	最大销量目标、保持和扩大市场占有率目标、保持和分销渠道的良好关系目标
竞争目标	维持企业生存目标、保持和稳定价格目标、应付和避免价格竞争目标、取得市场领先地位目标

3. 旧汽车销售定价方法

定价方法是企业为实现其定价目的所采用的具体方法。根据企业的定价目标，价格的计算方法有成本导向定价、需求导向定价、竞争导向定价三大类，每大类中又有许多种具体方法。

4. 旧汽车的销售定价策略

定价方法为定价人员或价格决策者指出了通过何种方法计算旧汽车销售的基本价格。定价策略则考虑市场环境的各种要素，对基本价格进行权衡、调整和修改，使之更加适合于市场条件。企业常用的价格策略有心理定价策略、阶段性定价策略等。

5. 旧汽车销售最终价格的确定

经过以上分析、判断、比较、计算、调整和修改，价格制定者或价格决策者最终得到实际执行价格。

7.3.2 旧汽车销售中的四种价格

1. 收购价

收购价是旧汽车经纪公司旧汽车买入价。通常旧汽车经纪公司得到车源消息后，会迅速与车主联系，或是上门或是请车主开车到公司进行收购。公司的收车人员会根据该款车在市场的销售价格有一个基本的市场判定，车况是影响价格判定的主要因素。收车人员会先查看车辆的外观有否划、碰撞，如果前部被撞过而且伤及车架，那么，会对这辆车的价格影响很大，可能要相差 4000～5000 元。收车人员的目标是尽可能低价收入车辆。

2. 标价

标价是旧汽车经纪公司的旧汽车卖出价。旧汽车市场的车上都有一个标价，该标价是旧汽车经纪公司出让该款车的理想价格，一般都高于最终的销售价格。如何确定这个标价呢？旧汽车行内都有一个说法叫"卖有卖相"，即收购来的旧汽车，经纪公司都会进行简单的翻新。现在普遍采用的翻新方法是先对整车清洗，这种清洗包括对发动机、车内都进行清洗，细到有些部件用牙刷清洗，划痕严重的还要补漆，另外还要进行简单的维修，对于严重损坏的易损件还要进行更换，如换轮胎、脚垫等，尽可能使车辆外观看上去亮丽如新。

3. 销售价格

销售价格是旧汽车的最终成交价。一般旧汽车从收购到最终销售在一两个星期之内，高档车如奔驰、宝马可能会超过一个月。如果超过这个周期，旧汽车经纪公司的利润会急剧下滑，甚至赔本，这就使得最终的销售价格在市场内这一款旧汽车平均销售价格上下浮动。

4. 评估价

评估价是旧汽车纳税基准价。消费者会把评估价误认为是旧汽车的指导价，实际上评估价只是销售旧汽车缴纳税费的基准价。

一辆旧汽车销售完成后，都要向市场缴纳过户费，而缴纳这个费用就需要一个基准价，为防止销售双方谎报销售价格致使税费损失，市场会对每一辆车进行科学估价。所以旧汽车销售定价为

$$旧汽车销售定价 = 评估价格 + 市场过户费 + 其他费用$$

式中　其他费用——评估中未包含的因素影响带来的费用。

思 考 题

1. 如何理解顾客让渡价值？
2. 对比国内外，分析我国旧汽车销售市场的现状。
3. 简述旧汽车销售的特点及类型。
4. 举例说明旧汽车销售中的四种价格。

第8章　旧汽车评估系统与软件

8.1　旧汽车鉴定估价信息系统

8.1.1　建立旧汽车鉴定估价信息系统的意义

旧汽车鉴定估价是一项复杂烦琐、技术性很强的工作，鉴定估价人员要花费大量的时间在收集、整理、分析、储存等工作。旧汽车鉴定估价信息系统是以计算机为手段对鉴定估价中的信息进行处理的系统。目前，计算机技术和信息技术发展得非常迅速，将其应用到鉴定估价信息系统具有以下意义：

1) 建立旧汽车鉴定估价信息系统，可以减轻鉴定估价人员的机械劳动，提高工作效率。

旧汽车鉴定估价要处理的信息量比较大，用手工处理，要耗费鉴定估价人员大量的精力和时间，而旧汽车鉴定估价信息系统利用计算机可以快速、准确地处理大量的信息，把鉴定估价人员从烦琐、机械的工作中解放出来，把工作重点转移到信息的分析、判断决策等创造性工作中。同时，利用计算机强大的运算速度，可以大大提高数据处理的速度，提高工作效率。

2) 建立旧汽车鉴定估价信息系统，可以提高旧汽车鉴定估价结果的准确度。

旧汽车鉴定估价信息系统是在分析手工鉴定估价工作的基础上，反复探索鉴定估价中信息处理的规律而建立起来的，它反映了鉴定估价工作的实践经验，具有一定的科学性。利用旧汽车鉴定估价信息系统，可以克服目前旧汽车鉴定估价中很大程度上依赖鉴定估价人员的个人水平和经验的不足，减少手工处理信息过程中易出现的错误，并可用不同的评估方法互相校验鉴定估价结果，从而提高鉴定估价结果的准确性。

3) 建立旧汽车鉴定估价信息系统，可以引入数学方法，提高鉴定估价的科学性。

8.1.2　旧汽车鉴定估价信息系统的开发概述

"系统开发"一词通常用来概括一个信息系统从项目提出直到运行、评价为止的整个过程。这个过程有时又称为"系统分析与设计"。

1. 旧汽车鉴定估价信息系统开发的任务

旧汽车鉴定估价信息系统开发的任务是根据旧汽车鉴定估价的目标、内容和特点等具体情况,从系统论的观点出发,运用系统工程的方法,建立一个计算机化信息系统。其中最核心的工作,就是设计出一套适合于旧汽车鉴定估价要求的应用软件。

2. 旧汽车鉴定估价系统开发的特点

(1) **复杂性** 旧汽车鉴定估价信息系统涉及面广,是一项十分复杂的工作,如制订规划、方案审定、费用预算、人员培训等,这些工作仅仅依靠几个鉴定估价人员是无法解决的。同时,系统开发本身又是一项综合性技术,它涉及计算机科学、通信技术、经济学、应用数学、工程技术等多种学科,因此,具有较大的难度,要耗费大量的人力、物力和时间资源。

(2) **需要多方面的协作** 由于旧汽车鉴定估价信息系统开发的复杂性,加上应用软件系统一般都不能直接移植等原因,因此,要根据旧汽车鉴定估价的特点和要求进行研究,需要集中系统分析、鉴定估价、程序设计等多方面人员的智慧,协调努力方可完成。

(3) **质量要求高** 旧汽车鉴定估价信息系统在性能、质量、经济效果等方面,必须切实满足客户的要求,满足车辆客观实际的要求。否则,人们又会回到沿用已久的手工系统,恢复原来的工作方式,使信息系统应用失败。

(4) **需要具备一定的条件** 旧汽车鉴定估价信息系统开发应保证或创造以下条件:领导的重视和支持是信息系统建立的保证;较好的鉴定估价基础工作是信息系统建立的基础;有建立信息系统的需要和迫切性;有必要的资金以保证设备的购买、软件的开发及人员的培训;有一定的专业人才;等等。

3. 旧汽车鉴定估价信息系统开发的方式

1) 由旧汽车交易中心(市场)自行开发。当然这就需要本单位计算机技术力量强,有既懂鉴定估价业务又懂计算机的复合人才,才可以自行开发旧汽车鉴定估价信息系统。

2) 委托软件开发公司或科研单位开发。这种开发方式的优点是:开发期短,旧汽车鉴定估价单位不必组织自己的开发队伍,如果选择好的开发单位,鉴定估价单位能密切配合,使之符合旧汽车鉴定估价信息处理的要求,则可开发出水平较高的系统,其缺点是系统维护工作困难。

3) 旧汽车鉴定估价单位与科研单位合作开发。这种开发方式的主要优点是:在合作开发中,可以发挥科研单位技术力量强、估价单位人员对鉴定估价业务熟悉的优势,共同开发出具有较高水平适用性强的系统;有利于鉴定估价单位计算机应用队伍的培养和提高。

4. 旧汽车鉴定估价信息系统开发的指导原则

深入分析系统和特征,根据系统发展的规律来建立系统,是系统开发的指导原则。其要点如下:

(1) **确立面向用户的观点** 系统开发要以符合用户的需要、满足用户的要求作为

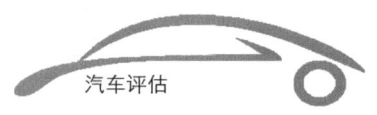

开发工作的出发点和归宿,用户是否满意是衡量系统开发质量的首要标准。在系统开发的整个过程中,开发人员应不断地、及时地了解用户的要求和意见,这是开发工作取得成功的必要条件之一。

(2) 采取整体化开发方式　　计算机化的信息系统如果只是改变处理手段,仍然模拟手工的处理方式,就会把手工信息分散处理的弊端带到新系统中来,使信息大量重复存储,不能实现资源共享,不能形成一个完整的系统。所开发的新系统必须既能实现原系统的基本功能和用户新的功能要求,又要摆脱手工系统传统工作方式的影响,寻求系统的整体优化。

(3) 增强环境适应性　　旧汽车鉴定估价信息系统必须适应外界环境的变化,能够经常与外界环境保持最佳适应状态的系统,才是理想的系统。为此,旧汽车鉴定估价信息系统必须具有开放性、扩展性、易维护性。

8.1.3　旧汽车鉴定估价信息系统开发的方法

旧汽车鉴定估价信息系统开发的方法主要有生命周期法、原型法和增长法。

1. 生命周期法

生命周期法也称结构化生命周期法或结构化方法。该方法将系统开发和运行的全过程划分阶段和确定任务,并分离系统的逻辑模型和物理模型,即分离系统的"做什么"和"怎样做",以保证界限明确、实施有效。

(1) 生命周期法的特点

1) 面向用户的观点。在开发的全过程中尽量吸收旧汽车交易市场的管理人员和鉴定估价人员参加,加强与用户的联系,及时解决问题。

2) 逻辑设计和物理设计分别进行。新系统逻辑模型是系统物理设计的依据。

3) 采用结构化模块化方法。模块的划分采用"自上而下"的方法,在保证总体模块正确的情况下,逐步分层细化,划分为适当的模块,在此基础上进行程序设计。

4) 严格按照阶段进行。各阶段依次进行,后面的阶段以前面阶段的成果为依据。

5) 工作文件标准化和文献化。

(2) 生命周期法的工作流程　　生命周期法的工作流程如图8-1所示。生命周期法在实践过程中也暴露出一些缺陷:系统开发各阶段须严格按顺序进行,并以各阶段提供的文档的正确性和完整性来保证最终应用软件产品的质量,这在许多情况下是难以做到的。另外,系统分析和设计的时间较长,用户长时间看不到运行的系统,不便于用户与设计者的交流。

2. 原型法

原型法的基本思想是不过分地强调系统开发的阶段性,而更多地注重快速地塑造一种接近用户的模型,称为原型,先运行这个原型,再不断地评价和改进原型,使之逐步完善。其开发过程是分析、设计、编程、运行、评价多次重复,不断演进的过程。

(1) 原型法的特点

1) 原理简单、形象、直观,容易被人们接受。

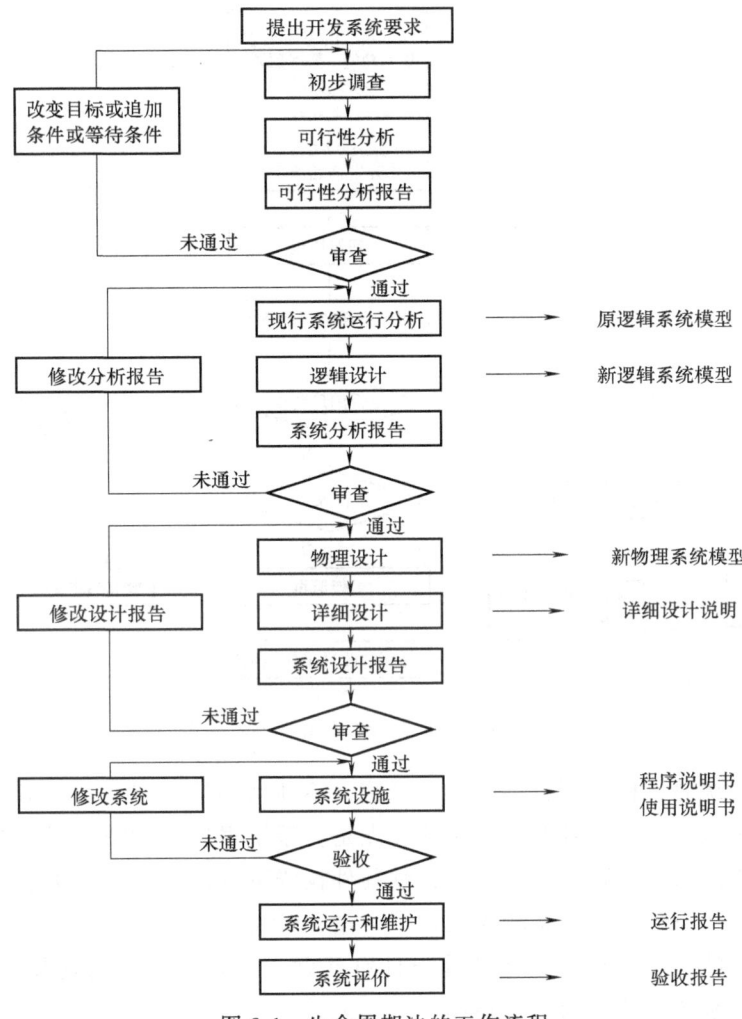

图 8-1　生命周期法的工作流程

2）采用模拟手段，有利于用户的参与，缩短了用户与分析设计人员的距离。

3）在整个开发过程中，便于及时反馈信息，及时暴露问题，及时解决问题，缩短开发周期，确保系统实现的正确性。

（2）原型法的工作流程　原型法的工作流程如图 8-2 所示。使用原型法可能大大缩短开发周期，能很快见效。但使用这种方法要有一定的条件：一是规模不太大的系统；二是用户愿意不断提供反馈意见；三是有快速实现（修改）的开发工具，如系统分析和设计中各种图表生成器、数据字典、程序生成器等。这些支撑工具的发展对原型法的推广使用起着相辅相成的作用。

3. 增长法

增长法的开发过程是先开发一个系统总体框架，确定整个系统的目标范围、各子系统之间的信息联系，然后有计划地逐步开发各子系统。暂时不开发的子系统其内部状况可不做分析与设计，先当作"黑箱"看待，只对立即要开发的部分进行详细分析和设

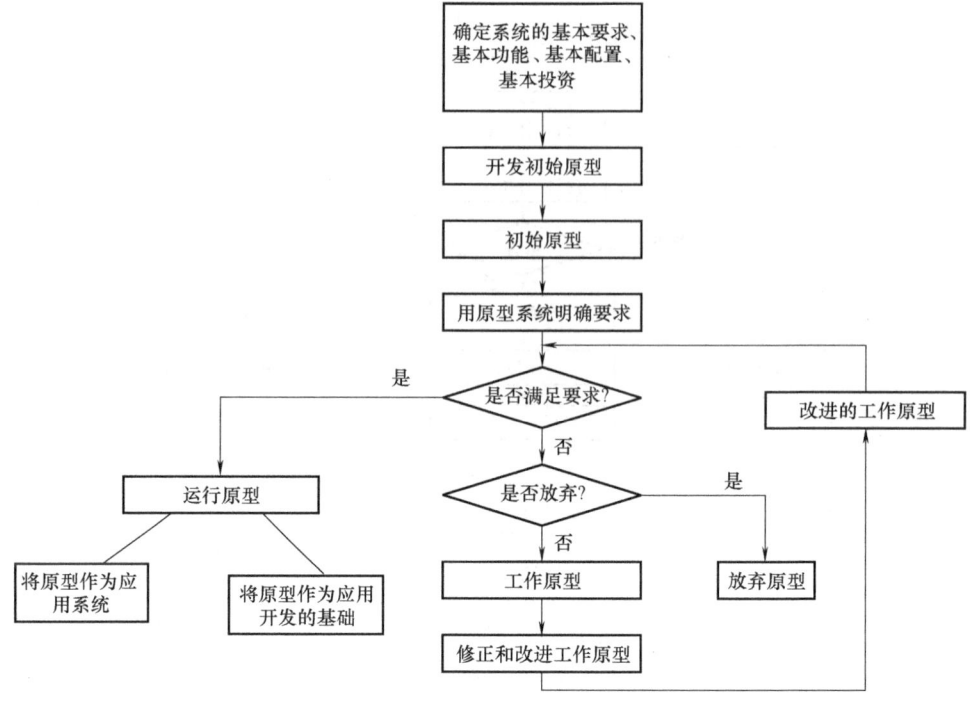

图 8-2 原型法的工作流程

计。这样，在系统总体框架下，不断增长系统，不断增加信息与功能，每隔一段时间就有一新的内容投入运行。这种开发方法的优点是：系统根据实际需要逐步增长，用户可以分段看到软件成果，失败的风险较小；软硬件投资可分期投入，一次性投资较少。但是这种方法在总体设计上要花费较大的技术力量和较长的时间，总体设计是否合理、正确，是系统开发的一个关键。如果总体设计有问题，则各子系统的连接就可能产生问题，从而使整个系统不能联为一个整体。

在我国目前产权交易市场发育还不完善的条件下，可以采用增长法，在设计出总体框架的前提下，先行开发用成本法评估的子系统及用收益法评估的子系统，并逐步开发、完善用市场法评估的子系统。另外，由于旧汽车鉴定估价信息系统是一个规模较小的系统，而且用户在使用过程中可以不断地提供反馈意见，程序设计人员又可以根据用户的建议快速地修改系统，因此选用原型法作为旧汽车鉴定估价信息系统的开发方法也是可行的。

8.1.4 旧汽车鉴定估价信息系统的分析与设计

1. 系统分析

系统分析的主要任务是明确新系统要"做什么"，即通过对现有系统进行全面详细的调查分析，运用一定的方法和技术，用图表、文字等综合地反映现有系统的业务内容、范围处理过程和方法，并在此基础上改进现有系统的不合理部分，建立旧汽车鉴定估价的信息系统的逻辑模型。

（1）现行系统运行分析　现行系统运行分析包括分析旧汽车鉴定估价业务流程、信息流动规律等。现行系统运行分析是对目前的手工信息系统进行深入的调查和分析，目的是收集一切有关资料和数据，为下一步的需求分析和建立逻辑模型提供依据。旧汽车鉴定估价，首先要根据客户填报的资料，结合实地考察确定材料的真实性，查看车辆名称、型号、新车注册登记日期、账面原值、规定使用年限、已使用年限等一系列原始资料和手续是否与实物相符；然后对旧汽车进行技术状况鉴定，了解车辆的性能、完好程度，确定成新率，再综合考虑车辆的功能性贬值和经济性贬值等因素，以系数对成新率进行调整。其次根据鉴定估价的目的和条件，用不同的评估方法确定旧汽车的评估值。最后对鉴定估价结果进行核查、分析，输出鉴定估价结果。

（2）需求分析和新系统逻辑模型的建立　现行系统运行分析完成了原手工鉴定估价系统是"如何工作"的描述，需求分析和新系统逻辑模型的建立则是对系统的功能和信息做进一步的分析和抽象，以确定新系统应当"做什么"的问题，从而完成新系统的逻辑设计。这个分析和抽象工作可以分以下三步进行：

1）数据流程图的绘制。数据流程图是反映旧汽车鉴定估价业务处理过程和评估信息流向的图表。这种画法的基本思路是：先把整个系统当作一个"处理功能"来看，画出粗略的系统概图，然后逐层往下分解，逐步加入各种详细处理功能，如图8-3所示。

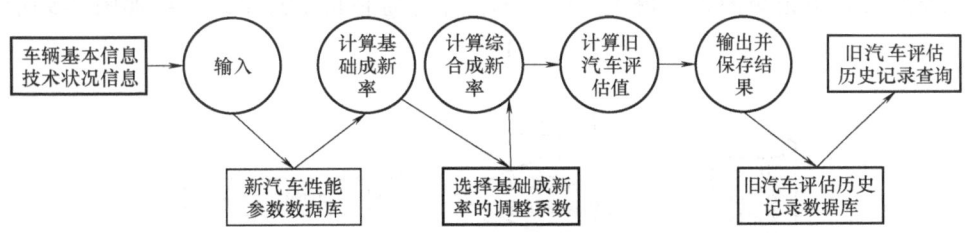

图 8-3　旧汽车鉴定估价数据流程图

2）数据字典的编制。数据字典是数据流程图中各种数据类型的属性的清单，通过对数据流程图上的所有数据加以定义，并把它们按特定格式记录下来，就形成了数据字典。数据字典由以下四个条目组成：数据项、数据流、数据文件和基本加工说明。

3）功能分析。功能分析是对数据流程图中处理过程的功能做详细的说明。从逻辑上进行分析，处理功能可归纳为三类：数据的输入和输出处理、算术运算和逻辑判断。

数据流程图、数据字典等在逻辑上表示了新系统的目标、范围和所应具备的功能、数据的组织形式，以及输入、输出的信息流程，由此构成了新系统的逻辑方案。通过对方案的反复讨论和修改，作为新系统的逻辑模型。

2．系统设计

将旧汽车鉴定估价信息系统的数据流程图转化为系统结构图，如图8-4所示。旧汽车鉴定估价信息系统可以分为四个模块：①输入车辆信息模块，包括输入车辆基本信息、车辆价格信息、综合性能检测参数和技术状况鉴定结果；②计算估价值模块，一般根据重置成本法计算；③输出鉴定估价值模块，输出鉴定估价结果并保存估价参数和结果；④历史评估记录查询模块，可查询估价历史记录。

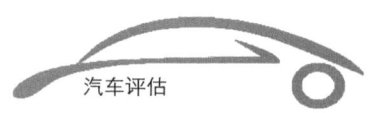

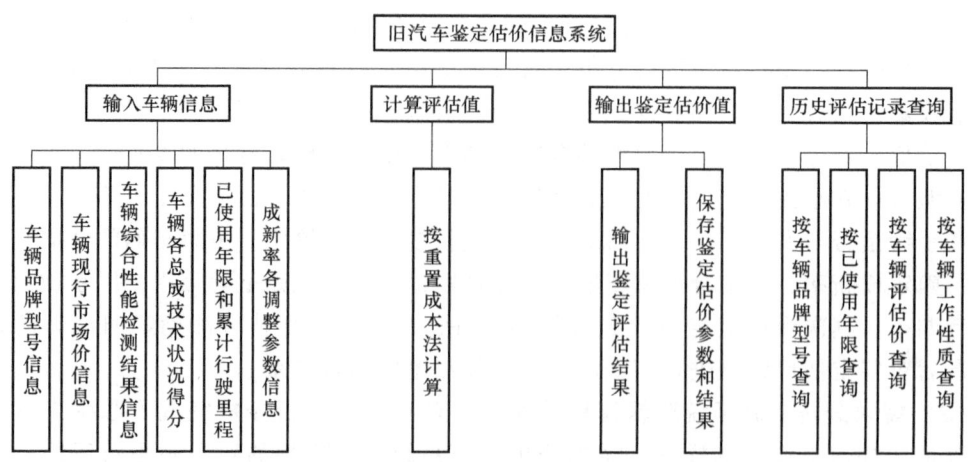

图 8-4　旧汽车鉴定估价信息系统结构图

在旧汽车鉴定估价信息系统设计中，综合考虑鉴定估价的计算参数和计算方法的需要，可建立两个支持鉴定估价信息系统的数据库，以及新车性能参数数据库和旧汽车估价历史记录数据库。其中，新车性能参数数据库为计算旧汽车的基础成新率提供数据支持；旧汽车估价历史记录数据库用于保存鉴定估价的结果和车辆的估价参数等信息，并为旧汽车历史评估记录的查询提供支持。旧汽车鉴定估价信息系统流程如图 8-5 所示。

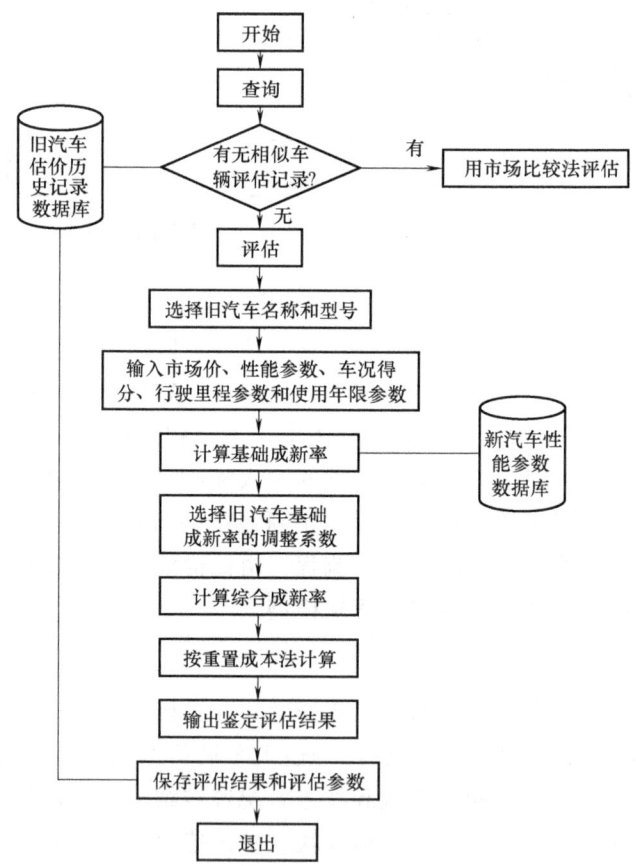

图 8-5　旧汽车鉴定估价信息系统流程

可采用多种方式建立数据库（如 Access、FoxPro 等），并用结构化查询语言（SQL）实现数据的保存和查询功能。旧汽车鉴定估价信息系统数据输入采用键盘输入，输入的内容和格式要适应计算机程序处理的要求，当出现输入错误时，系统会弹出提示对话框要求用户纠正错误的输入。旧汽车鉴定估价结果可输出在 VB 窗口的控件中，估价参数和结果保存于历史记录数据库中，查询时以表格的形式显示。

8.2 汽车评估软件

8.2.1 软件介绍

1. C2 二手车评估软件

C2 二手车评估软件 1.0 是由二手车之家网站开发，专门提供二手车鉴定评估使用的一套绿色免费软件。

（1）**软件的主界面** C2 二手车评估软件的主界面如图 8-6 所示。

图 8-6　C2 二手车评估软件的主界面

（2）**软件的特点**

1）本软件是绿色免费软件，不收取任何费用。

2）包含 30 项详细参数指标。

3）包括多项评估算法：重置成本法、现行市价法、收益现值法。

4）提供网上直接评估和下载本地评估两种方式。

2. 二手车鉴定评估管理系统软件

二手车鉴定评估管理系统软件是廊坊天智软件公司于 2014 年开发的一款网络版软件。

(1) 软件主界面　二手车鉴定评估管理系统软件的主界面如图 8-7 所示。

图 8-7　二手车鉴定评估管理系统的主界面

(2) 软件的特点

1）集成了两套评估系统：一套是严格按照国家的规范评估；另一套是采用目前行业普遍使用的方法评估。用户可根据自己需要选择。

2）提供了最新的车型库，并可随时更新。

3）评估方法有两种：重置成本法和现行市价法。现行市价法评估的价格准确，有极强的参考性。

4）提供丰富的报告和实用的报表。例如二手车鉴定评估完整报告，报告格式有 Word 和 PDF 两种，以及委托报表、评估报表、车型评估分组统计报表、工作量统计报表等。

5）软件设计人性化，流程清晰，使用方便。

8.2.2　软件使用

1. 软件安装和启动

软件的安装较为简单，安装方法和绝大多数 Windows 下的软件一样，执行安装软件中的 setup.exe 文件即可按提示安装到用户指定的目录下。

安装完毕后，启动软件，只需执行文件 rate.exe。

2. 软件的操作与使用

(1) C2 二手车评估软件操作　执行文件 rate.exe 后，屏幕上会出现一个菜单，即为主菜单，在此以一实例来解释该软件的操作使用。

例 8-1 某公司欲出售一辆进口高档轿车。根据调查，目前全新的此款车的售价为 35 万元。至评估基准日止，该车已使用了 2 年 6 个月，累计行驶里程 65000km。现场勘察发现，该车车身有两处擦伤痕迹，后悬架局部存在故障，前排座椅电动装置工作不良，一侧电动车窗不能正常工作，发电机工作不正常，其他车况与车辆的新旧程度相符。试评估该车的价格。

1）收集数据。

① 根据调查、比较，该车的重置成本为 35 万元，功能性贬值、经济性贬值均很小，可忽略不计。

② 对车辆进行技术鉴定，确定车辆各部分的成新率及整车的成新率见表 8-1。

表 8-1 车辆成新率估算明细

总成部件	权重(%)	成新率(%)	加权成新率(%)
发动机及其控制系统	30	80	24
变速驱动桥及其控制系统	15	80	12
悬架与车桥	12	65	7.8
制动及转向系统	12	80	9.6
车身及其附属装置	25	70	17.5
电器及仪表装置	4	70	2.8
轮胎	2	80	1.6
合计	100		75.3

2）输入数据。

新车成本：35 万元。

已使用年限：30 个月。

行驶里程：6.5 万 km。

维修保养良好，进口高档车，公司公务用车，工作条件良好。

3）估算结果。把数据输入系统，得出被评估车辆的价格，如图 8-8 所示。

（2）二手车鉴定评估管理系统软件的操作　执行文件 rate.exe 后，屏幕上会出现一个菜单，即为主菜单，如图 8-9 所示。以例 8-2 来解释该软件的操作使用。

例 8-2 榆林市某汽车运输有限公司预出售一辆货运牵引车，陕汽牌××××××，初次登记日期为 2017 年 9 月 29 日，已使用 24 个月，累计行驶里程 10 万 km，车况良好，原始售价 80 万元。

1）收集数据。

新车成本：80 万元。

已使用年限：24 个月。

行驶里程：10 万 km。

维修保养良好，国产名牌车，公司营运用车，工作条件一般。

2）输入数据。把与车相关的数据输入系统中，与评估报告有关的信息也输入系统，如图 8-9 所示。

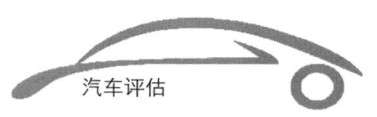

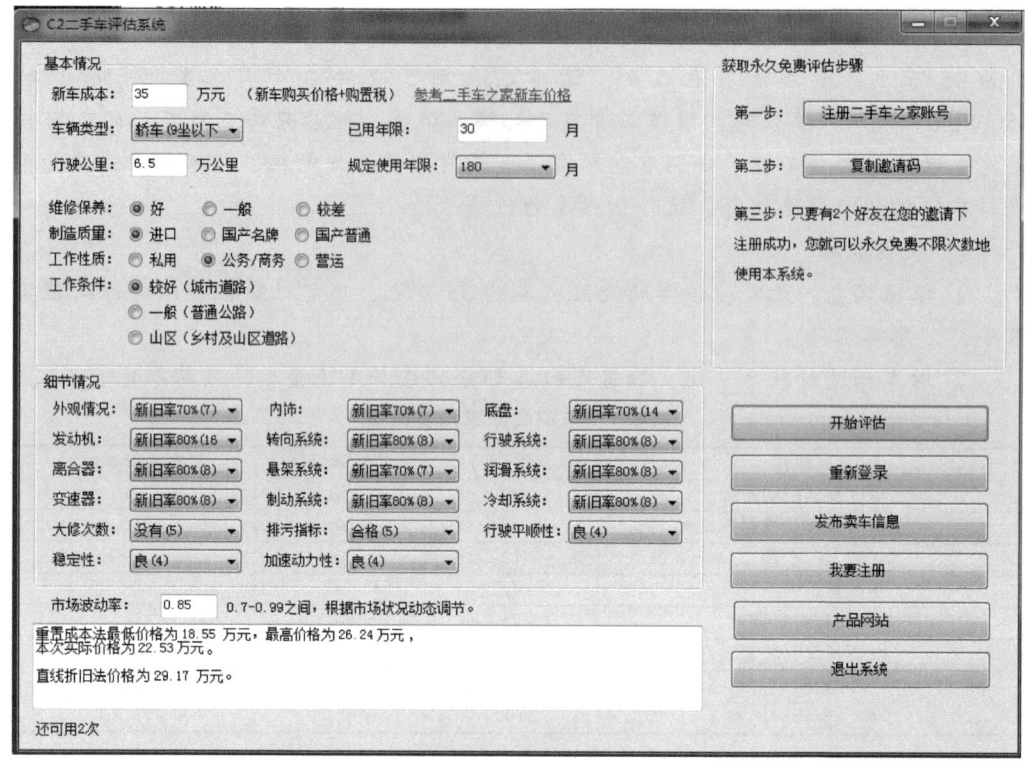

图 8-8 评估结果

图 8-9 车的数据及信息

3）估算结果。技术鉴定的数据输入系统，就得出相应的被评估车的价格，如图 8-10 所示。

图 8-10　估算结果图

思　考　题

1. 阐述建立旧汽车鉴定估价信息系统的意义。
2. 简述旧汽车鉴定估价信息系统流程。
3. 查找案例，运用软件评估汽车价格。

参 考 文 献

[1] 张克明. 汽车评估 [M]. 北京：机械工业出版社，2002.
[2] 陈家瑞. 汽车构造 [M]. 4版. 北京：人民交通出版社，2002.
[3] 王志洪. 汽车检测诊断与维修 [M]. 北京：人民交通出版社，2013.
[4] 鲁植雄. 旧机动车鉴定评估 [M]. 2版. 北京：人民交通出版社，2013.
[5] 赵培全，蔡云. 汽车评估学 [M]. 2版. 北京：中国水利水电出版社，2015.
[6] 储江伟. 汽车维修工程 [M]. 2版. 北京：人民交通出版社，2015.
[7] 汪海粟，张世如. 资产评估 [M]. 3版. 北京：高等教育出版社，2016.